2015年度山东省本科高校教学改革研究项目(2015M216)成果

地方特色资源融入 高校思想政治理论课的实践教学问题研究

——以枣庄学院为例

李东清 著

中国矿业大学出版社

·徐州·

图书在版编目(CIP)数据

地方特色资源融入高校思想政治理论课的实践教学问题研究：以枣庄学院为例 / 李东清著. —徐州：中国矿业大学出版社，2020.6

ISBN 978-7-5646-4759-9

Ⅰ. ①地… Ⅱ. ①李… Ⅲ. ①高等学校—思想政治教育—教学研究—中国 Ⅳ. ①G641

中国版本图书馆 CIP 数据核字(2020)第 096195 号

书　　名　地方特色资源融入高校思想政治理论课的实践教学问题研究
　　　　　　——以枣庄学院为例
著　　者　李东清
责任编辑　陈振斌　史风萍
责任校对　王慧颖
出版发行　中国矿业大学出版社有限责任公司
　　　　　　(江苏省徐州市解放南路　邮编 221008)
营销热线　(0516)83885370　83884103
出版服务　(0516)83995789　83884920
网　　址　http://www.cumtp.com　**E-mail**:cumtpvip@cumtp.com
印　　刷　江苏凤凰数码印务有限公司
开　　本　787 mm×1092 mm　1/16　**印张** 12.75　**字数** 229 千字
版次印次　2020 年 6 月第 1 版　2020 年 6 月第 1 次印刷
定　　价　35.00 元

目　录

绪 论

高校思想政治理论课(简称“思政课”)是对大学生进行思想政治教育的主渠道和主阵地,在我国高校教育中有着特殊的地位和作用。自我国改革开放及社会主义市场经济体制建立以来,特别是随着经济成分、组织形式、物质利益、就业方式等的多样化,这既给思想政治教育的发展注入了源源不断的生机和活力,也促使一部分人的世界观、人生观和价值观发生了嬗变,使社会风气和社会道德出现了一些令人担忧的现象,给高校思想政治理论课的教育教学工作带来了新情况、新问题、新挑战,不但消解了思想政治理论课的正面教育作用,使教学陷入了理论与实际相冲突的尴尬境地,弱化了课程的学科地位,也挫伤了思想政治理论课教师的专业自信心,一度使思想政治理论课教学面临着被边缘化的境地。

在新时代,如何更好地发挥“思想政治工作是经济工作和其他一切工作的生命线”的重要作用,如何实现高校思想政治理论课的教材理论与社会现实相结合、传授理论知识与引导学生的思想认识相结合,实现“坚持理论性和实践性相统一,用科学理论培养人,重视思政课的实践性,把思政小课堂同社会大课堂结合起来”[①],如何更好地引导学生“正确认识中国特色和国际比较,全面客观认识当代中国、看待外部世界;正确认识时代责任和历史使命,用中国梦激扬青春梦,为学生点亮理想的灯、照亮前行的路,激励学生自觉把个人的理想追求融入国家和民族的事业中,勇做走在时代前列的奋进者、开拓者;正确认识远大抱负和脚踏实地,珍惜韶华、脚踏实地,把远大抱负落实到实际行动中,让勤奋学习成为青春飞扬的动力,让增长本领成为青春搏击的能量”[②],已成为当前思想政治理论课教育教学亟须解决的重大课题。因此,在

---

① 习近平.用新时代中国特色社会主义思想铸魂育人 贯彻党的教育方针落实立德树人根本任务[N].人民日报,2019-03-19(1).

② 习近平.习近平谈治国理政(第2卷)[M].北京:外文出版社,2017:378.

我国实现“两个一百年”奋斗目标的历史时期，研究本课题具有非常重要的意义。

一、问题的提出与研究意义

高校思想政治理论课承担着对大学生进行系统的马克思主义理论教育的任务，是巩固马克思主义在高校意识形态领域指导地位、坚持社会主义办学方向的重要阵地，是全面贯彻党的教育方针、落实立德树人根本任务的主干渠道和核心课程，是引导帮助大学生树立正确的世界观、人生观、价值观，并在此基础上把大学生培养成德智体美劳全面发展的社会主义建设者和接班人的灵魂课程。习近平总书记指出：“思想政治工作从根本上说是做人的工作，必须围绕学生、关照学生、服务学生，不断提高学生思想水平、政治觉悟、道德品质、文化素养，让学生成为德才兼备、全面发展的人才。”“做好高校思想政治工作，要因事而化、因时而进、因势而新。要遵循思想政治工作规律，遵循教书育人规律，遵循学生成长规律。”[①]但重视课堂理论灌输，忽视实践教学、忽视教材理论与社会现实的有机统一，是过去我国高校思想政治理论课教学的基本缩影。这种教学方式制约了高校思想政治理论课教师和学生的积极性、主动性和创造性。因此，加强和改进思想政治理论课是适应教育教学规律的体现，是适应社会发展的需要。

（一）问题的提出

高校思想政治理论课承载着学习研究宣传马克思主义，培养中国特色社会主义事业合格建设者和可靠接班人的重大任务。由于“马克思主义是科学，它始终严格地以客观事实为根据。而实际生活总是在不停地变动，这种变动的剧烈和深刻，近一百多年来达到了前人难以想象的程度。因此，马克思主义必定随着时代、实践、和科学的发展而不断发展，不可能一成不变，社会主义从来都是在开拓中前进的”[②]，所以，如何讲解思想政治理论课，如何把该课程的基本理论、基本概念的分析、讲解与客观的现实生活结合起来，把基本规律的揭示与丰富的历史资源结合起来，把基本原理的讲述与多样的社会实践结合起来，坚持主渠道和多途径、理论教学与实践教学相结合，如何充分发挥思想政治理论课的主阵地、主渠道作用，既是高校思想政治理论课教师的使命和职责，也是党和

---

① 习近平．习近平谈治国理政(第 2 卷)[M]．北京：外文出版社，2017：377-378．

② 江泽民．江泽民文选(第 2 卷)[M]．北京：人民出版社，2006：12．

国家不断进行高校思想政治理论课教育教学改革的宗旨和目的。

为适应我国发展要求和世界发展形势的变化，为充分调动教师和学生两方面的积极性，为增强教学的针对性、实效性、说服力和感召力，使高校思想政治理论课具有强大的感染力、引导力和生命力，为把思想政治理论课程建设成为大学生真心喜爱、终身受益、毕生难忘的课程，党和国家相继制订并实施了思想政治理论课"1978 方案"、"1985 方案"、"1993 方案"、"1998 方案"和"2005 方案"。这些方案的制定实施既体现了马克思主义理论与社会实际相统一的理论品质，也体现了要通过加强社会实践教学环节强化高校思想政治理论课的教学水平和教学质量，使受教育者在德育、智育、体育等方面都得到发展，成为有社会主义觉悟的有理想有文化的劳动者的内在要求。

实际上，早在 1978 年 4 月 22 日，邓小平就指出："我们的学校是为社会主义建设培养人才的地方。培养人才有没有质量标准呢？有的。这就是毛泽东同志说的，应该使受教育者在德育、智育、体育几方面都得到发展，成为有社会主义觉悟的有文化的劳动者。……学校应该永远把坚定正确的政治方向放在第一位。但这并不是说要把大量的课时用于思想政治教育。学生把坚定正确的政治方向放在第一位，这不仅不排斥学习科学文化，相反，政治觉悟越是高，为革命学习科学文化就应该越加自觉，越加刻苦。"在此基础上他又指出："为了培养社会主义建设需要的合格的人才，我们必须认真研究在新的条件下，如何更好地贯彻教育与生产劳动相结合的方针。马克思、恩格斯、列宁和毛泽东同志都非常重视教育与生产劳动的结合，认为在资本主义社会里这是改造社会的最强有力的手段之一；在无产阶级取得政权之后，这是培养理论与实际结合、学用一致、全面发展的新人的根本途径，是逐步消灭脑力劳动和体力劳动差别的重要措施。……要做到这一点，各级各类学校对学生参加什么样的劳动，怎样下厂下乡，花多少时间，怎样同教学密切结合，都要有恰当的安排。更重要的是整个教育事业必须同国民经济发展的要求相适应。……我们制订教育规划应该与国家的劳动计划结合起来，切实考虑劳动就业发展的需要。"关于教师的作用问题，他指出："一个学校能不能为社会主义建设培养合格的人才，培养德智体全面发展、有社会主义觉悟的有文化的劳动者，关键在教师。"①

这一思想也被鲜明地体现在了党和国家制定实施的高校思想政治理论课教学和改革方案中，并得到了不断强化。在"1978 方案"中就明确指出："开设马

① 邓小平. 邓小平文选(第 2 卷)[M]. 北京：人民出版社，1994：103-108.

列主义理论课，是新中国大学区别于旧中国大学，社会主义高等学校区别于资本主义高等学校的一个重要标志"；"由于'四人帮'的干扰和破坏，当前马列主义理论课在教学方法上，急待解决下面三个问题：关于理论联系实际问题，马克思主义理论课，主要是联系学生对当前党的方针、政策、路线的认识实际。必须在准确讲授基本原理的基础上，密切联系我国社会主义革命和社会主义建设的实际，联系国内国际的阶级斗争和路线斗争的实际，特别要联系批判'四人帮'的反革命修正主义路线，使学生分清理论、路线、思想是非"[①]。1985 年 8 月 1 日，中共中央在下发的《关于改革学校思想品德和政治理论课教学的通知》中再次提出，为适应社会主义现代化建设的需要，必须在课程设置、教学内容和教学方法上对思想品德课和政治理论课进行改革，已成为课程建设的紧迫任务。随后，国家陆续制定实施的"1993 方案""1998 方案"都对社会实践教学问题做了详细和明确的规定，但提出要加强和规范高校思想政治理论实践教学问题，提高其教学效果则是在进入 21 世纪以后。

为强化和规范高校思想政治理论课实践教学环节，2004 年 1 月，中共中央、国务院下发了《关于进一步加强和改进大学生思想政治教育的意见》(中发〔2004〕16 号文件)。该文件指出："社会实践是大学生思想政治教育的重要环节，要建立大学生社会实践保障体系，探索实践育人的长效机制，引导大学生走出校门，到基层去，到工农群众中去"；"积极探索和建立社会实践与专业学习相结合、与服务社会相结合、与勤工助学相结合、与择业就业相结合、与创新创业相结合的管理体制，开展形式多样的社会实践活动"；"要加强对思想政治理论课的宏观指导，采取有力措施，力争在几年内使思想政治理论教育教学情况有明显改善"。[②] 这在中国高校思想政治理论课教育教学改革发展史上具有里程碑的意义。2005 年 3 月，中宣部、教育部在《关于进一步加强和改进高等学校思想政治理论课的意见》(教社政〔2005〕9 号)中再次指出："高等学校思想政治理论课所有课程都要加强实践环节。要建立和完善实践教学保障机制，探索实践育人的长效机制。加强组织和管理，把实践教学与社会调查、志愿服务、公益活动、专业课实习等结合起来，引导大学生走出校门，到基层去，到工农群众中去。要通过形式多样的实践教学活动，提高学生思想政治素质和观察分析社会现象

---

① 教育部社会科学司．普通高校思想政治理论课文献选编(1949—2008)[M]．北京：中国人民大学出版社，2008：70，72．

② 教育部社会科学司．普通高校思想政治理论课文献选编(1949—2008)[M]．北京：中国人民大学出版社，2008：204．

的能力，深化教育教学的效果。”[①]这为提高高校思想政治理论课的教学效果规划了蓝图并指明了道路，标志着“2005 方案”的诞生。

为进一步规范高校思想政治理论课实践教学，2012 年 1 月，教育部在制定实施的《教育部等部门关于进一步加强高校实践育人工作的若干意见》（教思政〔2012〕1 号）中再次强调：“进一步加强高校实践育人工作，是全面落实党的教育方针，把社会主义核心价值体系贯穿于国民教育全过程，深入实施素质教育，大力提高高等教育质量的必然要求。党和国家历来高度重视实践育人工作。坚持教育与生产劳动和社会实践相结合，是党的教育方针的重要内容”；“以强化实践教学有关要求为重点，以创新实践育人方法途径为基础，以加强实践育人基地建设为依托，以加大实践育人经费投入为保障，积极调动整合社会各方面资源，形成实践育人合力，着力构建长效机制，努力推动高校实践育人工作取得新成效、开创新局面”。这一文件为各高校进行思想政治理论课教学改革进一步指明了方向，也为各高校进行思政课实践教学指明了道路。特别是自党的十八大以来，以习近平同志为核心的党中央更加重视高校思想政治理论课建设问题，这就要求我们必须适应形势变化，改革传统的高校思想政治理论课教育教学方式，强化思想政治理论课的实践教学环节。

随着“2005 方案”的颁布实施，枣庄学院也要求思想政治理论课教师关注实践教学问题，有教师还对这一问题进行了先期探索研究，但系统研究则是在 2011 年 5 月承担全校思想政治理论课教学科研任务的社科部，从政法与历史学系划分出来单独成立思想政治理论课教学部之后。为把思想政治理论课建设成为大学生真心喜爱、终身受益、毕生难忘的课程，在思想政治理论课教学部成立伊始，我们就对思想政治理论课教学进行了全方位改革。在实践教学方面主要做了四方面的工作。一是制定实施了相关制度文件。学校先后制定实施了《枣庄学院思想政治理论课教育教学改革与建设实施意见》（枣院政字〔2011〕172 号）、《枣庄学院思想政治理论课实践教学实施方案》（枣院政字〔2011〕173 号）和《枣庄学院思想政治理论课考试考核实施办法》（枣院政字〔2011〕174 号），为开展思想政治理论课实践教学提供了制度依据。二是结合本地实际开展了特色鲜明的实践教学活动。根据四门思想政治理论课的不同特点设置了社会服务类、调研类、观读类和微电影类等实践教学形式，组织参加植树活动、“三下

① 教育部社会科学司. 普通高校思想政治理论课文献选编（1949—2008）[M]. 北京：中国人民大学出版社，2008：216，218.

乡”、义务献血、社区服务、关爱留守儿童等社会服务实践活动，既受到了学生喜爱和社会各界的肯定，也提高了学校在枣庄地区的知名度和关注度。三是结合本地资源开展校本建设。2015 年 10 月，学校把思想政治理论课教学部升级为马克思主义学院，并要求我们进一步提升思想政治理论课的教学效果和课程建设。学院领导提出了“以校本建设工程促进我校思想政治理论课实践教学”的工作思路。我们结合枣庄地方特色文化资源，相继编写了《高校思想政治理论课分类实践教程》、《形势与政策专题教程》和《墨学精粹与思想政治教育》等图书。四是鼓励教师结合枣庄本地资源开展实践教学研究。立足枣庄红色文化和煤炭文化是实现枣庄学院思政课教学特色发展的关键。作为地方性高校，枣庄学院只有把枣庄地区的特色文化资源与高校思政课的实践教学结合起来，构建具有本校特色的思政课实践教学模式，通过挖掘特色资源的历史内涵和当代价值引导青年学生更加坚定“四个自信”，才能实现思政课实践教学的特色发展。2014 年 11 月，枣庄学院张昌林老师结合本地独特的墨家文化资源申报的山东省委高校工委思政课教改课题“推进墨家文化融入高校思想政治理论课教育教学”获批立项，开创了枣庄学院思政课教育教学研究的新篇章。

立足枣庄地区实际，以枣庄地区及周边的特色山地和红色场馆资源为依托，把以墨家文化为代表的枣庄地方特色文化融入高校思想政治理论课的实践教学之中，不仅可以使枣庄地区的优秀历史文化得到进一步的传承和发展，也会为枣庄学院思想政治理论课实践教学注入更多的地方特色文化内涵。习近平总书记指出：“重视历史、研究历史、借鉴历史是中华民族 5000 多年文明史的一个优良传统。当代中国是历史中国的延续和发展。”[①]“不忘历史才能开辟未来，善于继承才能善于创新。优秀传统文化是一个国家、一个民族传承和发展的根本，如果丢掉了，就割断了精神命脉。”[②]枣庄地区历史悠久，地方特色文化资源丰富且形式多样，特别是革命文化资源丰富，红色场馆众多。把枣庄地区包括墨家文化在内的地方历史文化、革命传统文化、历史名人文化、特色企业文化和代表性城市社区文化等资源，以多样形式融入高校思想政治理论课的实践教学之中，既给地方特色资源提供了再生的机会，也使学校的思想政治理论课实践教学获得了丰厚沃土。

---

① 习近平. 总结历史经验揭示历史规律把握历史趋势加快构建中国特色历史学学科体系学术体系话语体系[N]. 人民日报，2019-01-04(1).

② 习近平. 习近平谈治国理政(第 2 卷)[M]. 北京：外文出版社，2017：313.

（二）研究意义

“2005方案”及其《实施方案》的制定颁布，为高校做好思想政治理论课的实践教学工作提供了理论指导和政策依据，有助于增强大学生的社会认同感、历史自豪感和社会使命感，对于弘扬社会主义核心价值观、提高全民族的思想政治理论素质也具有示范、辐射和推动作用。社会主义核心价值观把涉及国家、社会、公民三个层面的价值要求融为一体，是决定文化性质和方向的最深层次要素。“一种价值观要真正发挥作用，必须融入社会生活，让人们在实践中感知它、领悟它。要注意把我们所提倡的与人们日常生活紧密联系起来，在落细、落小、落实上下功夫。”[①]这就要求高校思想政治理论课既要贴近学生实际，也要贴近本地社会实际，用真情实感来影响学生、感化学生，这样才能使学生认真听、深入想和真正信。只有如此，高校思想政治理论课的育人效果才能真正发挥出来。把地方特色资源融入高校思政课的实践教学之中，有利于进一步彰显马克思主义的生命力，有利于弘扬社会主义核心价值观，有利于更加坚定大学生的理想、信念。因此，我们研究本课题具有重要意义。

1. 有利于提高思想政治理论课的渗透力

尽管灌输论是思想政治教育的基本原则和基本方法，并在党的发展及其领导中国革命的历史长河中起到了至关重要的作用，但由于社会历史条件已发生了重大变化，理论灌输也受到了越来越多的质疑。特别随着改革开放的深入，社会上的各种思潮、价值取向、生活方式不可避免地渗入大学校园，对许多大学生的世界观、人生观和价值观产生了双重影响，传统的“课堂—教学—考试”的线性教育模式不仅受到了越来越多的质疑，以“课堂为主、书本至上、教师中心、内容驱动、分数评价”的教育评价机制也遭遇了挑战，苏联解体、东欧剧变更使一些人对社会主义的前途命运产生了质疑。在新的条件下，如何提升高校思想政治理论课的针对性、亲和力、吸引力、说服力、感染力是我们面临的紧迫任务，是我们一直思考并需要努力破解的难题。江泽民指出：“人民群众的社会实践，是知识常新和发展的源泉，是检验真理的试金石，也是青年锻炼成长的有效途径。”[②]把地方特色资源融入高校思想政治理论课实践教学之中，可以使学生有机会把理论学习与社会实践结合起来，深刻感受到课堂上所讲授的深奥理论与

---

① 习近平.习近平谈治国理政[M].北京：外文出版社，2014：165.

② 江泽民.江泽民文选（第2卷）[M].北京：人民出版社，2006：124.

自己生活地区所发生的事情息息相关，与自己生活地区的发展紧密相连。因此，把地方特色文化和革命场馆等地方特色资源有效融入高校思政课的实践教学环节，实现了理论灌输与地方丰富文化的有效结合，使枯燥的课堂充满了地方特色文化的味道，会让学生感到亲切、自然和欣喜，有利于提高当代大学生明辨是非的能力。

2. 有利于提升思想政治理论课的说服力

尽管思想政治理论课的教学内容丰富，但由于理论性较强，且教学形式单一等，学生容易失去兴趣和热情，从而制约了教学的效果。马克思早就指出，“全部社会生活在本质上是实践的”，实践的观点、生活的观点是马克思主义认识论的基本观点，实践性是马克思主义理论区别于其他理论的显著特征。习近平总书记指出：“马克思主义不是书斋里的学问，而是为了改变人民历史命运而创立的，是在人民求解放的实践中形成的，也是在人民求解放的实践中丰富和发展的，为人民认识世界、改造世界提供了强大精神力量。”[①]通过实践教学引导学生走出课堂，在具有浓厚地方特色文化的氛围里与现实社会实现“零距离”接触、与社会大众进行面对面交流，从而深刻认识到思想政治理论课教学内容的生动性、科学性与正确性。实践教学提升了思想政治理论课教育教学的针对性、感染力、吸引力和实效性，使大学生深刻体会到马克思主义理论在中国的重要性及其当代价值，让理论知识真正入脑入心，并做到真学、真懂、真用。通过广泛的社会实践活动，也能让学生看到自己和社会需求之间的差距，看到自身知识和能力上的不足，从而逐渐摆正个人与社会、个人与人民群众的位置，有利于他们调整自己的社会定位。

3. 有利于提高思想政治理论课的感染力

课程的感染力离不开教师的感染力。教师的感染力就是教师以自己的人格影响学生时所表现出的情绪力量，就是教师的人格塑造的影响力。人格塑造作为一种文化现象，既是一种认识活动，也包含了实践的意义。教师良好的人格魅力不仅有助于教师和学生之间形成融洽的关系，也有助于学生健康美好的人格形成，有助于教师教学艺术的不断提高，在学生教育中起着特殊作用。俄国教育家乌申斯基认为，教师的人格对于年轻的心灵来说，是任何东西都不能代替的，教师的人格是教育事业的一切，只有人格才能影响人格的发展和形成。

---

① 习近平．在纪念马克思诞辰200周年大会上的讲话[N]．人民日报，2018-05-05(1)．

只有从教师人格的活的源泉中，才能涌现出教育的力量。习近平总书记认为，思想政治理论课教师一定要有人格。“有人格，才有吸引力。亲其师，才能信其道。要有堂堂正正的人格，用高尚的人格感染学生、赢得学生，用真理的力量感召学生，以深厚的理论功底赢得学生，自觉做为学为人的表率，做让学生喜爱的人。”[①]社会实践教学既给那些经常“蹲守”书房严谨治学的教师提供了观察社会、解读社会的机会，也给他们提供了更多与学生接触交流和多边互动的机会，有助于学生对那些老师进行更多了解。实际上，思想政治教育工作者回归现实生活，既是一种价值的回归，也是展示其人格魅力的机会，更是拉近与学生距离的有效途径。通过参加社会实践教学活动，教师们不仅愉悦了身心，更多地了解了当地的风土人情、地域文化，也使他们以更加亲切自然的形象进入了学生视野。他们就会以更加饱满的热情和感情讲授思想政治理论课，就有可能取得更好的教学效果。

4. 有利于促进理论知识外化为实践能力

作为检验学生政治理论学习效果、开展课程考核评价的参考依据，坚持课堂教学与社会实践相结合是提高教学质量的普遍规律，也是引导和帮助广大青少年了解社会、认识社会和增强社会责任感的有效途径。江泽民指出：“不能整天把青少年禁锢在书本上和屋子里，要让他们参加一些社会实践，打开他们的视野，增加他们的社会经验。”[②]高校思想政治理论课具有鲜明的理论性、时代性和实践性，必须与当下的社会实际相结合，否则就失去了生机与活力。立足地方特色资源，构建适合本校需要的思想政治理论课实践教学模式是有效途径之一。通过开展内涵丰富、主题鲜明、形式多样、生动活泼的社会实践活动，引导大学生到基层去，在社会这个大课堂中关注民生，感受人民疾苦，提升对社会的认识，增进同社会大众的感情，在广泛的社会实践中熏陶思想、充实精神、提高道德境界、增长知识才干，有效增强大学生对马克思主义、社会主义的认识，有助于大学生把课堂中学到的政治理论与社会实践结合起来，有助于促进他们运用理论知识并在具体活动中领会理论知识的内涵、外延，也有助于激励他们用课堂上掌握的理论观点和思维方法，将自身在开展实践活动中的见闻、感悟形成文字材料，形成“政治理论知识→理性思考→具体运用→实践能力”的良性运

① 习近平.用新时代中国特色社会主义思想铸魂育人 贯彻党的教育方针落实立德树人根本任务[N].人民日报，2019-03-19(1).

② 江泽民.江泽民文选(第2卷)[M].北京：人民出版社，2006：589.

转，帮助他们更好、更快地适应社会，从而以积极的心态面对工作和生活，做一个对国家和社会有用的人。

5. 有利于促进实践体验升华为理性认识

“社会实践是大学生思想政治教育的重要环节，对于促进大学生了解社会、了解国情，增长才干、奉献社会，锻炼毅力、培养品格，增强社会责任感具有不可替代的作用。”[①]通过与社会现实生活的“零距离”接触，学生全方位融入社会，多角度观察社会，充分认识新时期新形势下的党情国情和社情民意，全面体验改革开放以来我国发生的翻天覆地变化，从而认识到社会主义制度的优越性。只有“坚持用马克思主义观察时代、解读时代、引领时代，用鲜活丰富的当代中国实践来推动马克思主义发展，用宽广视野吸收人类创造的一切优秀文明成果，坚持在改革中守正出新、不断超越自己”，才能“在开放中博采众长、不断完善自己，不断深化对共产党执政规律、社会主义建设规律、人类社会发展规律的认识，不断开辟当代中国马克思主义、21世纪马克思主义新境界”。[②] 因此，教师必须以课程教学要求为牵引，注重把课程理论与当地社会实践相结合，以地方特色资源与高校思想政治理论课相融合的特定要求拟定实践教学选题，引导学生以小组为单位选取题目并通过社会实地调研的方式来实施，通过师生间的良性互动，组织并指导学生开展社会实践教学活动，在发挥学生主体性的前提下注重启发性教育，积极引导学生发现问题、分析问题、思考问题，以实现教学和育人相统一。

总之，思想政治理论课实践教学是促进大学生成才的必由之路，但构建具有本校特色的教学模式是关键。《国家中长期教育改革和发展规划纲要（2010—2020年）》文件指出：“促进学生全面发展，着力提高学生服务国家服务人民的社会责任感、勇于探索的创新精神和善于解决问题的实践能力。”[③]在实现中国梦的伟大征程中，“要用新时代中国特色社会主义思想铸魂育人，引导学生增强中国特色社会主义道路自信、理论自信、制度自信、文化自信，厚植爱国主义情怀，把爱国情、强国志、报国行自觉融入坚持和发展中国特色社会主义事

① 中共中央国务院关于进一步加强和改进大学生思想政治教育的意见[N].人民日报，2004-10-15(1).

② 习近平.在纪念马克思诞辰200周年大会上的讲话[N].人民日报，2018-05-05(1).

③ 国家中长期教育改革和发展规划纲要(2010—2020年)[N].人民日报，2010-07-30(1).

业、建设社会主义现代化强国、实现中华民族伟大复兴的奋斗之中"[①]，就必须强化高校思想政治理论课的实践教学，探索具有各高校特色的思想政治理论课实践教学模式，只有这样，才能为实现国家的繁荣富强培养出更多的具有远大理想、坚定信念的社会主义事业建设者与接班人。

二、研究现状述评

重视思政课的实践性，实现理论性和实践性相统一，是增强思想政治教育效果的最有效手段。马克思主义者一直强调实践问题。早在 1859 年，马克思就已经指出："人类始终只提出自己能够解决的任务，因为只要仔细考察就可以发现，任务本身，只有在解决它的物质条件已经存在或者至少是在生成过程中的时候，才会产生。"[②]其他马克思主义者也多有论述。我国学者关注这一问题也比较早。陶行知在 1956 年 6 月就指出："不运用社会的力量，便是无能的教育；不了解社会的需求，便是盲目的教育。倘使我们认定社会就是一个伟大无比的学校，就会自然而然地去运用社会的力量，以应济社会的需求。"[③]学者们在 1980 年左右就关注并研究社会实践育人问题。叶大伦当时曾提出：业务课教师如何结合教学任务并通过各项教学活动做好学生的思想教育工作，也就是既教书又育人，这个问题基本上是一个实践问题。唯有在实践的基础上才能总结经验和教训，从而得到若干规律性的认识。[④] 学者们开始关注思想政治教育与实践育人的研究开始于 1990 年前后，而关注高校思想政治理论课的实践教学问题则是在"2005 方案"颁布实施前后。2007 年左右，有学者主张把地方特色资源与高校思想政治理论课的实践教学结合起来，还发表了一些研究成果，但至今这方面的成果还比较少，也不够深入。现将相关研究归纳如下：

（一）关于地方特色资源的概念问题

从不同角度出发，研究者们对地方特色资源的看法不一。从信息或建设信息网站的需要出发，徐凯指出：地方特色资源，主要是指具有地域特点的文化信息资源，包含有当地独特的历史、风土人情、谱牒、重要人物、政治经济、科技教

---

① 习近平.用新时代中国特色社会主义思想铸魂育人 贯彻党的教育方针落实立德树人根本任务[N].人民日报,2019-03-19(1).

② 马克思恩格斯选集(第 2 卷)[M].北京:人民出版社,2012:3.

③ 陶行知.陶行知全集(第 3 卷)[M].成都:四川教育出版社,1991:594.

④ 叶大伦.教书育人的实践问题[J].昆明理工学院学报,1983(3):20-24.

育、重要物产等信息资源。[①] 从适应学校思想政治教育或德育的角度出发,学者们也于 2010 年前后对地方特色资源概念进行了多样解读。穆湘兰指出:地方特色资源是指各个地域独特的自然资源以及在长期的历史发展过程中所形成的各种社会资源。[②] 刘光华、袁学通指出:地方特色资源是指特定的地域在长期的历史进程中所形成的有别于他地的独具特色的区域资源。[③] 董海龙指出:地方特色资源是指能有效促进高校德育实践教学开展的极具地方特色的历史、人文、自然和发展资源的总和。[④] 也有学者提出了地方特色教育资源、地方特色德育资源和地方特色文化资源等相关概念。滕培香、范微指出:地方特色教育资源,是指各地独特的自然资源和在长期的历史发展过程中形成的各种社会资源和文化资源。[⑤] 于敏等认为,任何高校所处区域都有独具特色的自然资源和社会资源。随着时代变迁和社会进步,这些独具特色的自然资源和社会资源都可通过发掘使之转化成具有地域特色的教育资源,就是地方特色教育资源。[⑥] 尽管这些概念之间存在差异,但从内容构成及发挥的作用来看,这些资源也就是地方特色资源。

(二) 关于地方特色资源的构成问题

学者们对这一问题的认识也是千差万别。王荣红指出:地方高校思想政治理论课实践教学的特色资源是地方高校思想政治理论课实践教学资源的重要组成部分,包括地方特有的物质资源、人力资源、活动资源和信息资源。[⑦] 刘芳指出,运用于思政课教学的地方特色资源应包括以下几个内容:一是地方物质文化,如历史遗址、村落建筑、名人故居、革命纪念地、档案馆、地方企业和民间资料等;二是地方精神、制度文化和思想文化,如地方民俗、地方文化品牌、地方

---

① 徐凯.全媒体时代地方特色资源网站发展的思考[J].办公室业务,2017(16):50,82.

② 穆湘兰.地方特色资源的人文价值及其运用策略[J].广州城市职业学院学报,2010(4):31-34.

③ 刘光华,袁学通.依托地方特色资源优势推进大学生思想政治教育[J]江西教育,2010(28):24-25.

④ 董海龙.地方特色资源在高校德育实践教学中的应用研究[J].扬州大学学报(高教研究版),2012(3):62-65.

⑤ 滕培香,范微.地方特色教育资源转化为高校思政课课程资源的思考:以黑河学院为例[J].黑河学刊,2017(3):139-140.

⑥ 于敏,迟桂华,赵影,等.关于《思想道德修养与法律基础》课发掘运用地方特色教育资源的思考[J].辽宁师专学报(社会科学版),2012(1):75-76.

⑦ 王荣红.整合特色资源,增进地方高校思想政治理论课实践教学实效[J].科技信息,2011(9):8,19.

企业文化等；三是地方现实发生的事件和有影响的人物事迹等。[①] 董海龙指出：地方特色资源主要包括源远流长的历史资源、光耀千秋的人文资源、多姿多彩的自然资源和拼搏向上的发展资源。[②] 滕培香、范微指出：学校所在区域的各种社会资源和文化资源，如历史文化、风土人情、时代风貌中的地域精神以及反映这些精神的历史遗迹、文物、博物院、展览馆、纪念馆、烈士陵园和杰出人物等[③]，都是地方教育特色资源。李芬把贵州省铜仁市的地方特色教育资源划分为思想道德教育资源、革命传统教育资源和改革开放成就教育资源。[④]

（三）关于地方特色资源对思想政治理论课实践教学的作用问题

杨红英指出：地方特色文化资源的引入可为思想政治课实践教学模式的实施提供鲜活的素材，实现教学模式的多样化，提高思想政治课实践教学的有效性。[⑤] 滕培香、范微指出：我国地域文化中蕴藏着丰富的地方特色教育资源转化为高校思政课课程资源，可以使学生能够在直观、生动接触中受到启发和教育，弥补现有高校思想政治课的不足。[⑥] 刘德萍指出：结合地域文化资源构建思想政治理论课的实践教学体系，能够增强思想政治理论课实践教学的实效性，激发大学生对家乡的热爱；传承和发展地域优秀文化，为地方经济文化建设培养人才。[⑦] 学者们普遍认为，只有突出实践教学的地方特色，充分发挥包括地域文化在内的诸多地方特色资源的作用，才能有效提高思想政治理论课教学的针对性和实效性。

---

① 刘芳．“双融双通”视域下的地方特色资源在思政课教学中的运用[J]．教育与职业，2014(36)：123-124．

② 董海龙．地方特色资源在高校德育实践教学中的应用研究[J]．扬州大学学报(高教研究版)，2012(3)：62-65．

③ 滕培香，范微．地方特色教育资源转化为高校思政课课程资源的思考：以黑河学院为例[J]．黑河学刊，2017(3)：139-140．

④ 李芬．运用地方特色教育资源 增强高校思政课教学魅力：以铜仁学院为例[J]．科教文汇，2018(8)：15-16．

⑤ 杨红英．融入地方特色文化资源提升思想政治课实践育人的有效性[J]．产业与科技论坛，2019(8)：164-165．

⑥ 滕培香，范微．地方特色教育资源转化为高校思政课课程资源的思考：以黑河学院为例[J]．黑河学刊，2017(3)：139-140．

⑦ 刘德萍．结合地域文化资源构建地方高校思想政治理论课实践教学体系[J]．社科纵横，2012(10)：139-141．

（四）关于以地方特色资源构建高校思想政治理论课的实践教学模式问题

学者们普遍认为，作为做好思想政治理论课实践教学的重要支撑点，只有依托本地特色资源才能构建各具特色的实践教学模式。在如何构建问题上，基于所在单位的实践和自己的研究心得，学者们提出了许多真知灼见。钟卓良指出：地方特色文化形态多元多样，与“课程思政”改革具有很强的融通性。以社会主义核心价值观为统领，充分挖掘地方特色文化资源，将地方优秀文化融入地方高校的“课程思政”改革中，让文化资源和“课程思政”深度融合。要构建文化育人的“课程思政”体系，地方文化资源的挖掘、开发、整理和利用是支撑，学校的顶层设计是保障，教师、管理人员和学生的文化认同是关键，课程的文化实践是补充。① 付海龙指出：地域文化融入高校思政课教学，在理论教学环节，坚持“课程思政”的导向，实现“三个结合”；在实践教学环节，通过课内实践、校内实践及校外实践等渠道，构建“实践育人共同体”。② 朱文君指出：要创建以课堂教学为主的模拟实践教学模式，实现课堂教学的实践化，带领学生深入社会实践，实现实践教学的理论化和模式化。③ 阮天辉指出：可以从组建多方参与的实践教学团队、加快实践教学基地建设、制订常规性的实践教学规划、建立实践教学考核评价机制、完善实践教学保障机制等方面，推进高校思政课教学和地方特色文化的融合。④ 李大健指出：高校思想政治理论课应探索构建课堂实践、校园实践、社会实践“三三制”的实践教学模式。⑤ 宋美媛、李远杰指出：军事训练、社团活动、暑期社会实践、“三下乡”等多种形式的第二课堂，颇受学生欢迎，可以加强实践教学与第二课堂的统筹运作。⑥

（五）关于国外高校思想政治理论课实践教学问题

为吸取国外的先进做法和宝贵经验，一些学者也对国外高校思想政治教育

---

① 钟卓良．地方特色文化融入地方高校“课程思政”改革的探讨[J]．红河学院学报，2019(2)：97-99.

② 付海龙．地域文化融入高校思政课教学实证研究：以鄂西北地方高校为例[J]．湖北工业职业技术学院学报，2018(5)：68-71.

③ 朱文君．高校思想政治理论课实践教学模式探析[J]．改革与开放，2010(12)：175，177.

④ 阮天辉．地方特色文化资源与高职院校思想政治理论课实践教学的融合[J]．成都中医药大学学报(教育科学版)，2015(4)：81-83.

⑤ 李大健．构建高校思想政治理论课“三三制”实践教学模式[J]．思想理论教育导刊，2012(9)：72-74.

⑥ 宋美媛，李远杰．关于构建高职院校思想政治理论课实践教学模式的思考[J]．南方论丛，2012(9)：108-109.

问题进行了研究，其代表性观点主要包括：首先，关于国外高校有无思想政治教育课程的问题。张静指出：国外虽然没有“德育”或“思想政治教育”的名称，甚至没有全国统一的思想政治教育机构、教学计划和教育课程，但是他们的思想政治教育却是“无名有实”，在五花八门的名称下（比如公民教育、法制教育、宗教教育等）做了大量实质性的思想政治教育工作，并且高度注重思想教育的实践化。[①] 其次，关于高校思想政治教育的目的问题。王春霞指出：当今世界各国都十分重视各自意义上的思想政治教育，尤其注重加强本国高校大学生的思想政治教育，但由于历史背景和社会制度的差异，各国高校思想政治教育的目标、内容、方式、途径等有着较大不同，但其实施思想政治教育的本质是一致的，均是为捍卫本国的意识形态、价值观和社会制度服务。[②] 再次，关于国外高校思想政治教育的模式问题。张静指出：国外高校思想政治教育模式主要包括课堂教学模式、校园环境模式、心理咨询模式、社会服务模式、学校与企业联合的“双元式”社会实践模式等。[③] 最后，关于国外思想政治教育的改革问题。周旺东、贺文莲指出：国外思想政治教育者在培养目标方面的改革表现为，由注重“文化化”转变到“社会化”再到“社会化加文化化”。在教育内容方面，更加贴近现实生活，变务虚为主为虚实结合，以实为主。[④]

当然，其他学者也在相关问题上进行了研究探讨，但把一个地方的特色资源作为整体进行研究并探讨其与高校思想政治理论课实践教学关系的研究成果不是太多，提出以地方特色资源为背景构建高校思想政治理论课实践教学模式的研究成果更是少之又少。本书的写作目的是全面揭示地方特色资源在高校思想政治理论课实践教学中的地位、作用，及二者相互影响、相互制约的具体表现，探讨地方特色资源融入地方高校思想政治理论课实践教学的方式、方法及实现途径，尝试构建以地方特色资源为基础的高校思想政治理论课实践教学模式，从而进一步提升高校思想政治理论课的教学效果。因此，本书既是笔者对枣庄地区丰厚的地方特色资源的概括总结，也是笔者对高校（特别是地方高校）如何构建适合本校需要的思想政治理论课实践教学模式的大胆摸索。

---

① 张静.国外高校思想教育实践教学的模式研究[J].前沿，2012(17)：155-156.

② 王春霞.国外高校实施思想政治教育的主要做法及其借鉴意义[J].深圳信息职业技术学院学报，2009(3)：20-23.

③ 张静.国外高校思想教育实践教学的模式研究[J].前沿，2012(17)：155-156.

④ 周旺东，贺文莲.国外德育模式对我国高校思想政治教育实效性提高的启示研究[J].企业家天地，2014(2)：121-122.

三、研究目标、思路、方法及解决的问题

尽管自“2005 方案”颁布实施以来，各高校越来越重视思想政治理论课的实践教学并取得了可喜成绩，但由于思想认识、学生人数、经费紧张、场地限制等诸因素的制约或影响，一些高校也对实践教学采取了“大而化之”或“走过场”的态度，甚至假借学生工作部处、校团委等学生工作部门组织开展的寒暑假社会实践调研代之，也“由于多数高校在认识上仅仅把思想政治理论课的内涵定位在社会实践上，其实现的形式也只是社会调查和外出参观，因而这样的实践教学不可能在全校学生中普遍展开”①。国运兴衰，系于教育；教育振兴，全民有责。在党和国家工作全局中，必须始终坚持把教育摆在优先发展的位置。“要坚持把立德树人作为中心环节，把思想政治工作贯穿教育教学全过程，实现全程育人、全方位育人”②，才能开创我国思想政治理论教育发展的新局面，才能为国家发展培养源源不断的高素质人才，也才能增强我国的核心竞争力。“当今世界格局正处在加快演变的历史进程之中，产生了大量深刻复杂的现实问题，突出了大量亟待回答的理论问题。”③世界多极化、经济全球化深入发展，科技进步日新月异，人才竞争日趋激烈。在我国即将实现第一个百年奋斗目标的关键时刻，研究本课题既是当今时代赋予我们的责任，也是地方高校突破瓶颈制约，构建具有本校特色的思政课实践教学模式的迫切需要。

（一）研究目标

地方特色资源（特别地方特色文化资源）是中华优秀传统文化的构成部分，这是本课题成立的条件。人类的研究及其现实表现都已经证明，地方特色资源就是中华文化，就是中华优秀传统文化的特殊表现和基础资源，其作用绝不可低估。习近平总书记指出：“绵延几千年的中华文化，是中国特色哲学社会科学成长发展的深厚基础。……我们说要坚定中国特色社会主义道路自信、理论自信、制度自信，说到底是要坚定文化自信。文化自信是更基本、更深沉、更持久的力量。”④“中华优秀传统文化是中华民族的精神命脉，是涵养社会主义核心价值观的重要源泉，也是我们在世界文化激荡中站稳脚跟的坚实根基。要结合新

---

① 吕志．对思想政治理论课实践教学实施的思考[J]．学校党建与思想政治教育，2010(4)：57-59.

② 习近平．习近平谈治国理政(第 2 卷)[M]．北京：外文出版社，2017：376.

③ 习近平．习近平谈治国理政(第 2 卷)[M]．北京：外文出版社，2017：66.

④ 习近平．习近平谈治国理政(第 2 卷)[M]．北京：外文出版社，2017：339.

的时代条件传承和弘扬中华优秀传统文化，传承和弘扬中华美学精神。”[①]把魅力无限的地方特色资源融入思想政治理论课的实践教学中，用丰富的思想和经典的案例印证思想政治理论课的思想性、文化性和民族性，借助这些民族瑰宝提升思想政治理论课教学的针对性、实效性，不仅是我们继承和创新中国优秀传统文化的客观需要，也是创新思想政治理论课实践教学方式方法的需要。毋庸置疑，当代大学生既是这一工程的受益者，也将成为地方特色资源的探寻者、整理者和传承传播者。作为一座历史文化名城，枣庄市除拥有历史悠久的始祖文化、城邦文化、运河文化和工业文化外，还拥有先贤文化、抗战文化、红色文化等特色优秀文化资源。这些资源为枣庄学院做大做强思想政治理论课实践教学提供了丰厚资源和实践沃土。

研究的总体目标：以马克思主义、毛泽东思想、邓小平理论、“三个代表”重要思想、科学发展观和习近平新时代中国特色社会主义思想为指导，准确把握高校思想政治理论课建设的基本要求，紧密结合当代大学生的思想特点和个性需求，依托枣庄学院思想政治理论课省级精品课程“三位一体模式思想政治理论课联合课程”、山东省重点学科“教育教学论”和山东省一流本科课程“‘思想道德修养与法律基础’社会实践课程”等为建设平台，以山东省委高校工委招标课题“推进墨家文化融入高思想政治理论课教育教学”、山东省本科教学研究项目“地方特色资源融入高校思想政治理论课的实践教学问题研究”“高校思想政治理论课‘知识-能力-素质’融合贯通教学模式探索研究”“注意力视角下的高校思政课移动学习模式探索”等为切入点，紧密依托枣庄地区的地方特色资源探索构建思想政治理论课的实践教学模式，通过实现思想政治理论课实践教学的地方性、现实性以增强教学的生动性、趣味性和亲切感，努力把思想政治理论课建设成为大学生真心喜爱、终身受益、毕生难忘的课程，把大学生培养成为德智体美全面发展、符合社会发展需要的应用型人才。

研究的具体目标：一是通过调查分析地方特色资源融入高校思想政治理论课的实践教学的可能性、必要性及其现实性，探讨分析地方特色资源融入思想政治理论课的实践教学的时代价值及其理论意义；二是通过深入研究，探讨分析地方特色资源融入高校思想政治理论课实践教学的可能途径、基本方法和表现形式，尝试构建融合地方特色资源的高校思想政治理论课实践教学运行模式，并通过试点的方式验证新模式的实际效果；三是通过样本实验，对从实践中

① 习近平.坚持以人民为中心的创作导向[N].人民日报，2014-10-16(1).

得到的经验进行概括总结，把经实践检验成功的实践教学模式加以推广，分析推广其运行模式的可行性，并对研究成果进行归纳总结。

（二）研究思路

本书以构建适合本校需要的思想政治理论课实践教学模式从而有效提升该课程的教学效果为根本宗旨，在坚持主导价值观教育与鼓励学生个性发展相结合的基础上，通过把地方特色资源有效融入思想政治理论课的实践教学之中，通过充分发挥“两支队伍”和“两个课堂”的主渠道作用，通过教育教学过程中的主客体的交替互动，通过实现思想政治课的教学目的与社会实践育人目的的有效统一，有效提升高校思想政治理论课的教育教学效果，为党和国家的发展培养更多的合格人才。从以上目的出发，本书的基本研究思路是：

一是通过反思当前高校思想政治理论课中存在的现实问题，明确课题研究的主要目标。通过分析问题现状制订研究计划，通过咨询相关专家对计划进行修改完善，根据项目组成员的研究方向、社会资源整合能力及教学实际进行合理分工，明确各自职责和具体任务，并根据项目进展情况进行整体协调，使研究方案尽可能地合理科学，从而保证该课题研究顺利有序地进行。

二是深入研究探索地方特色资源融入思想政治理论课的实践教学的可能性、可操作性及实现的方法、方式、途径。马克思指出：“问题就是时代的口号，是它表现自己精神状态的最实际的呼声。”[①]如何有效融入思想政治理论课得实践教学之中，是发挥地方特色资源独特价值的关键。在注重思想政治理论课教材现有内容系统性和完整性的前提下，以灵活多样的方式寻求二者的有效融合，以此为基础构建适合高校思想政治理论课的实践教学模式，根据此前研究提出的方法进行实践教学实验，并对实验结果进行分析研究。

三是对建构的思想政治理论课实践教学模式进行实践检验。实践是检验真理的唯一标准。为检验新实践教学模式能否符合实际教学的需要，计划从两方面着手，一是校内课内的实践教学，通过多种方式，如报告、展览等，把地方特色资源引入到校内、课内；二是课外校外的实践教学，通过深入社会实际，开展与相关课程相关的实地实践教学。聘请专家对实践结果进行分析评价，根据专家提出的意见完善教学模式，然后对实践教学计划进行针对性的调整。

四是推介新模式。在分析概括实践过程的相关经验和教训的基础上，对新

---

① 马克思恩格斯全集(第 40 卷)[M].北京：人民出版社，1982：290.

模式的实践情况进行分析总结，探讨推广新模式的方式方法，并通过教研论文、研究报告、经验交流等多种形式介绍给其他兄弟院校。

（三）研究方法

任何科学研究都离不开研究方法的支撑，寻找符合研究需要的科学方法是促进一切科学研究的加速器。但“哲学社会科学研究范畴很广，不同学科有自己的知识体系和研究方法。对一切有益的知识体系和研究方法，我们都要研究借鉴，不能采取不加分析，一概排斥的态度”①。为强化研究的时效性、针对性和应用性，为构建立足地方特色资源的思想政治理论课的实践教学模式，实现有益社会、有益学校、更有益学生的目标，本书坚持以马克思主义理论为指导，注重对习近平新时代中国特色社会主义思想的理解与运用，注重用历史唯物主义和辩证唯物主义的观点和态度看待地方特色资源，特别在对待地方文化资源方面，在注重客观效果的前提下，坚持古为今用，他为我用，吸取精华，推陈出新；在立足思想政治教育学科的基础上，注意把教育学、心理学、社会学及其他学科的相关理论与本研究相结合。本书中使用的研究方法主要有四种。

1. 文献研究法

作为一种古老而又富有生命力的研究方法，文献研究法主要指搜集、鉴别、整理文献，并通过对文献的研究形成对事实的科学认识的方法。对文献的搜集、整理和研究是对人们实践的总结和反思。邓小平指出：“一个新的科学理论的提出，都是总结、概括实践经验的结果。没有前人或今人、中国人或外国人的实践经验，怎么能概括、提出新的理论？”②通过搜集、查阅、鉴别、分析和梳理国内外的相关著作、论文等文献资料，可以了解国内外学界的研究现状及研究进展情况，及时发现新问题、新证据，能够启发我们获得研究问题的新视角和新方法，可以避免我们走弯路。

2. 调查研究法

习近平总书记指出：“调查研究是谋事之基、成事之道。”③调查研究也是我党的优良传统。作为对一个地方的特殊的历史、地理、科技、文化以及教育等方面资源的浓缩，地方特色资源散布在枣庄市的各个角角落落，需要对地方特色

---

① 习近平. 习近平谈治国理政(第2卷)[M]. 北京：外文出版社，2017：341.

② 邓小平. 邓小平文选(第2卷)[M]. 北京：人民出版社，1994：57-58.

③ 习近平. 加强对改革重大问题调查研究 提高全面深化改革决策科学性[N]. 人民日报，2013-07-25(1).

文化资源进行仔细调研，需要对革命英雄、先进劳模等特殊人物资源进行详细访谈与走访，更需要对红色场馆进行拜谒和参观。只有通过多形式的调查研究，才能对地方特色资源的思想政治教育功能和作用形成全面神的认识，才能对研究方案的实施提供客观依据和进行动态调整。

3. 案例分析法

案例分析方法亦称为个案分析方法或典型分析方法，是对有代表性的事物（现象）深入地进行周密而仔细的研究从而获得总体认识的一种科学分析方法。列宁指出，“只有首先分析从一个时代转变到另一个时代的客观条件，才能理解我们面前发生的各种重大历史事件”①。结合思想政治理论课的实践教学目的的需要，对选取的代表性的地方特色资源设置不同的选题，通过学生的实地观察调研在掌握第一手资料后对选题进行研究，引导强化学生的思想认识，以有效提升思想政治理论课的教学效果。

4. 比较研究法

要想认识自己，就要把自己同别人进行比较研究。这一方法也称为类比分析法，就是指对两个或两个以上的事物或对象加以对比，以找出它们之间的相似性与差异性的一种分析方法。比较是认识事物的基础，是人类认识、区别和确定事物异同关系的最常用的思维方法。通过取长补短，构建以地方特色资源为依托的思想政治理论课的实践教学模式，进一步强化思想政治理论课的教学效果，通过接触社会、了解社会、认识社会以引导学生的思想认识，从而引导学生修正自己的人生发展目标。

总之，“社会科学研究方向的正确与否，社会科学发展状况如何，对人们思想意识和社会道德风尚，对经济建设、对社会稳定和发展都会产生巨大和深刻的影响，甚至关系到中华民族的兴衰与社会主义的前途命运”②。所以，寻找并使用适合的研究方法是促进研究顺利进行的基本条件。

（四）解决的问题

枣庄市位于山东省南部，东依沂蒙山，西濒微山湖，南接两汉文化圣地徐州，北临孔孟之乡济宁。二战时，台儿庄战役在此爆发。枣庄是一个因煤而建、因煤而兴的现代化城市，处于“一山、一水、两汉、三孔”黄金旅游线上，也是一座

---

① 列宁全集(第 26 卷)[M]. 北京：人民出版社，1988：142-143.

② 江泽民. 同在京部分科学家在座谈会上的讲话[N]. 人民日报，1991-02-24(1).

充满活力、独具魅力的新兴旅游城市，既有北方城市的豪放，又兼具江南水乡之秀美，有“江北水乡·运河古城”之称，被誉为“鲁南明珠”。针对高校思想政治理论课教学的现状，针对时代变化和各高校的地域差别，合理归纳整理地方特色资源，依托身边的地方特色资源，把枣庄变迁、发展、建设的历史的精彩处、闪光点融合到思想政治理论课的实践教学之中，把教材中的枯燥“大理论”与区域中的精彩“小历史”结合起来，积极探讨地方特色资源融入实践教学的方式和途径，为探索新实践教学模式寻找突破点。

本书拟解决的问题：借助笔者主持的山东省本科高校教学改革项目，结合学校近年来高校思想政治理论课的教学改革实际，通过实践教学环节实现对教学内容、教学过程、考核方式等方面的整合优化，进一步突出高校思想政治理论课的实践性、地方性、时效性和现实针对性，探索新时代下思想政治理论课的实践教学模式，从而增强该课程的教学效果。具体而言：一是积极探索高校思想政治理论课的实践教学，探索通过什么样的方式强化实践教学才能体现地方性和现实性，如何实现课堂理论教学与实践教学有机统一，如何解决学生出行时的人身安全、住宿吃饭等相关问题；二是重点探索把哪些地方特色资源，以何种方式、方法或渠道融入高校思想政治理论课的实践教学，在这一过程中，指导教师应该发挥什么样的作用，如何对待指导教师利用课余时间指导大学生实践教学等问题；三是尝试探索如何构建适合本校需要的思想政治理论课的实践教学模式并验证其实际效果，分析论证新教学模式的可操作性与推广应用的市场价值，探讨目前制约其推广使用的障碍及解决的方法或途径等问题。

当然，本书虽然以枣庄学院为例，但由于全国各地均有丰富的地方特色资源，所以，通过本课题研究所取得的关于地方特色资源与高校思想政治理论课的实践教学相融合的途径、方法，及构建的实践教学模式等成果，不仅对全国高校的思想政治理论课的实践教学具有参考价值，也可给其他学科，尤其文科教学提供一定的借鉴作用。对一些学校如何选择实践教学资源有一定的启发作用，有助于提升该学校的实践教学能力和教育教学质量。因此，此课题的研究，一是可以形成以地方特色资源为依托开展思想政治理论课的实践教学的典型案例；二是通过实践教学基地建设、实践过程开展、实践教学评价体系探索等工作形成一定的实践教学模式，可在全省甚至全国各高校中推广使用，有助于改变大学生对高校思想政治理论课的不良认识，有效提升思想政治理论课的教学效果，强化该课程的思想引导作用，从而把该课程建设成为大学生真心喜爱、终身受益、毕生难忘的课程。

四、研究内容

强化思想政治理论课教育教学的针对性、现实性和实效性，实现实践教学环节的“外化”与课堂理论教学“导学”功能的有机统一，是各高校进行思想政治理论课教学改革的宗旨和目的，但“思想政治理论课要坚持在改进中加强，提升思想政治教育亲和力和针对性，满足学生成长发展需求和期待”[①]。因此，高等学校（特别是地方高校）的思想政治理论课的实践教学必须紧密结合当地实际，充分依托和发挥地方特色资源的优势，以本地留守儿童关爱中心、社会福利院、广阔农村、特色工厂企业和红色场馆等资源为实践基地，有效借助学生暑期的“三下乡”等活动，实现校内实践和校外实践的有效结合，才能实现该课程教育教学效果的最大化。根据研究需要，本书的主要内容包括：

绪论部分主要介绍问题的提出背景、研究意义、研究现状述评、研究目标、研究思路、研究方法及解决的问题等。

第一章主要回顾枣庄学院对思想政治理论课的教学改革问题。回顾历史是为了更好地把握今天和未来。加强和改革思想政治理论课实践教学既是为了适应社会的发展需要、适应学生成长的需要，也是为了借助现代科技手段，实现课堂教学与社会育人的同频共振的体现。只有面向社会实际，“开展形式多样、健康向上、格调高雅的校园文化，广泛开展各类社会实践”[②]，才能增强高校思想政治理论课的感染力、吸引力，也才能有效提升该课程的教学效果。为改变“教师满堂灌、学生只是被动听”“一考定成绩”的考试考核方法，自成为学校的独立教学科研机构伊始，思想政治理论课教学部就以“2005 方案”和学校的相关方针政策依据，以“理论与实际相结合”为指导原则，引入了“过程管理”、“行为管理”和“绩效管理”的理念，将课程的考核成绩，从学生的“主观努力度”、“行为实践度”和“知识积累度”三方面进行。根据这种理念，相应地把该课程的考试成绩划分为平时教学考核（20%）、实践教学考核（20%）和期末理论考试（60%）共三个部分（见图 0-1），实现了既重视学生的知识积累又重视思想政治素质和道德品质的提高、既重视学生学习的客观效果又重视学生的主观努力、既重视教师的能动作用又重视教考的部分分离的相统一，有效调动了学生学习的主动性、参与性，强化了思想政治理论课的育人效果。

---

① 习近平.习近平谈治国理政(第 2 卷)[M].北京:外文出版社,2017:376.

② 习近平.习近平谈治国理政[M].北京:外文出版社,2014:378.

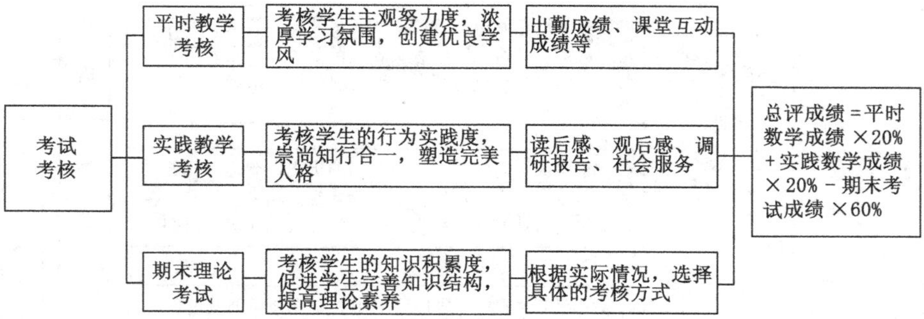

图 0-1　考核方式优化

第二章主要研究地方特色资源的类型及其融入高校思想政治理论课实践教学的必要性问题，特别分析地方特色资源对促进地方高校思想政治理论课实践教学的作用和意义。一般来说，特色是一事物显著区别于其他事物的风格、形式，是事物本质属性的外在体现，表现为事物和外在环境的有机统一。特色也是事物发展呈现出的良性状态，追求特色、形成特色、坚持特色才能使事物发展之路越走越宽。① 作为一个概念名词，地方特色资源是指能有效促进高校德育实践教学开展的极具地方特色的历史、人文、自然和发展资源的总和。鉴于地域一般具有自己的特殊地理环境、独特的文化表现等相关特点，以及地方高校思想政治理论课的实践教学的实际涉及情况，地方特色资源可划分为地方农村资源、地方工厂企业资源、地方特色文化资源等，其中地方农村资源、工厂企业资源属于现实存在的地理资源，可作为实施具体调研活动的客观资源(见图 0-2)；地方特色文化资源是指人们在一定的自然环境中经过长期生存发展而形成的具有某种特色的自然风貌、社会习俗、思想观念、价值取向和人文精神等因素。地方特色文化资源，不仅能够有效的提升大学生的思想境界、大力弘扬民族精神、全面激发爱国热情，也有助于培养大学生的社会主义核心价值观。这种作用体现为：地方农村资源、工厂企业资源等现实性的特色地理资源，不仅给各高校开展思想政治理论课的实践教学提供了实地调研的舞台，也给它们全方位了解地方和服务地方提供了现实依据；作为观念性的精神资源，地方特色文化资源有助于增强思想政治理论课的实践教学的说服力和感染力，增强大学生的民族自豪感和国家责任感、使命感，也有利于促进理论知识和实践能力的双向转化。

---

① 韩强. 论加强首都高校思想政治教育的地方特色建设[J]. 思想教育研究，2014(11)：85-89.

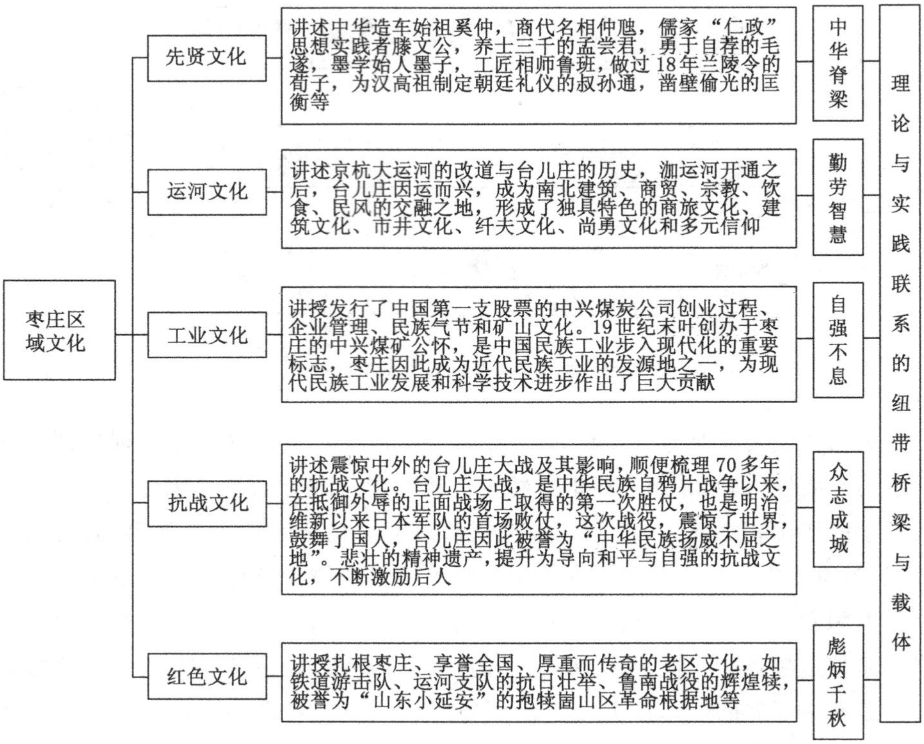

图 0-2 枣庄特色文化的内容组合及其优化

由于教育者与被教育者都置身于地方特色资源的包围之中，所以，这种独具特色的“地域氛围”和近距离的亲和力的作用绝不容忽视。在此基础上探讨地方特色资源融入各课程的方式、方法、渠道等问题，“对于以进行马克思主义理论武装为使命的思想政治教育来说，如果能把深奥的理论融入学生身边的事例之中，让学生亲身感受到理论的生命力、政策的优越性、道路的现实性，就会使教育对象更易接受，教育过程更为顺畅，教育效果更为持久”①。作为一种富有潜力和特色的地域文化资源，地方特色资源是当地发展历史的缩影和民族智慧的再现，是体现中国人民的伟大创造精神、伟大奋斗精神、伟大团结精神和伟大梦想精神的地域基因库，是传承弘扬中国精神的特色资料库。“要使中华民族最基本的文化基因与当代文化相适应、与现代社会相协调，以人们喜闻乐见、具有广泛参与性的方式推广开来，把跨越时空、超越国度、富有永恒魅力、具有

① 韩强.论加强首都高校思想政治教育的地方特色建设[J].思想教育研究，2014(11)：85-89.

当代价值的文化精神弘扬起来，把继承传统优秀文化又弘扬时代精神、立足本国又面向世界的当代中国文化创新成果传播出去”[①]，就必须把地方特色资源运用到高校思想政治理论课的实践教学之中去，实现二者的有效融合，构建具有地域特色的思想政治理论课的实践教学模式。这在一定程度上既可以解决本课程实践教学开展过程中存在的实践基地选择难、考察费用高、实践教学效果差等问题，提升了实践教学的针对性与实效性，也对如何进行高校思想政治理论课教学改革，实现理论与实践的有效结合，具有重要的学术价值和实践意义。

第三章主要研究地方特色资源融入高校思想政治理论课实践教学的基本形式。认清问题是解决问题的先决条件。“高校教师要坚持教育者先受教育，努力成为先进思想文化的传播者、党执政的坚定支持者”，才能“更好担起学生健康成长指导者和引路人的责任。”[②]为顺利推进学校思想政治理论课教学改革工作，思政部多次组织教师对教材进行深入研讨，基本理清了“2005 方案”规定的思想政治理论课的 4 门必修课之间的内在逻辑关系：原理、概论、纲要、基础之间在空间上形成了并存与序列，内在逻辑演绎关系是：理论原理—理论发展—理论历史—理论运用，以此为基础，对每门课程及相关教学环节给予了必要定位，确立了各课程定位及逻辑关系（见图 0-3）。

根据四门思想政治理论课的性质、特点及不同要求，分别设计了不同形式的实践教学形式：在开设“思想品德修养与法律基础”课程时实施服务类实践教学，在开设“中国近现代史纲要”课程时实施观感类实践教学；在开设“马克思主义基本原理概论”课程时实施研读类实践教学；在开设“毛泽东思想和中国特色社会主义理论体系概论”课程时实施调研类实践教学（见图 0-4）。

为实现通过实践教学提升学生能力的目标，我们还对实践教学的作业进行了详细规定（见图 0-5），为全面实施实践教学打下坚实基础。

新技术、新设备的不断出现，要求我们必须及时创新高校思想政治理论课实践教学的形式。本章除研究学校文件规定的实践教学形式外，也将研究探讨微电影类实践教学形式问题。这是实现思想政治理论教学的现代化、技术化和时代化的需要，也是有效激活学生思维的主体性，实现学生“身体”和“思维”同时“在场”，让学生思维动起来、活起来、燃起来的需要。

---

① 习近平. 习近平谈治国理政[M]. 北京：外文出版社，2014：161.

② 习近平. 习近平谈治国理政（第 2 卷）[M]. 北京：外文出版社，2017：379.

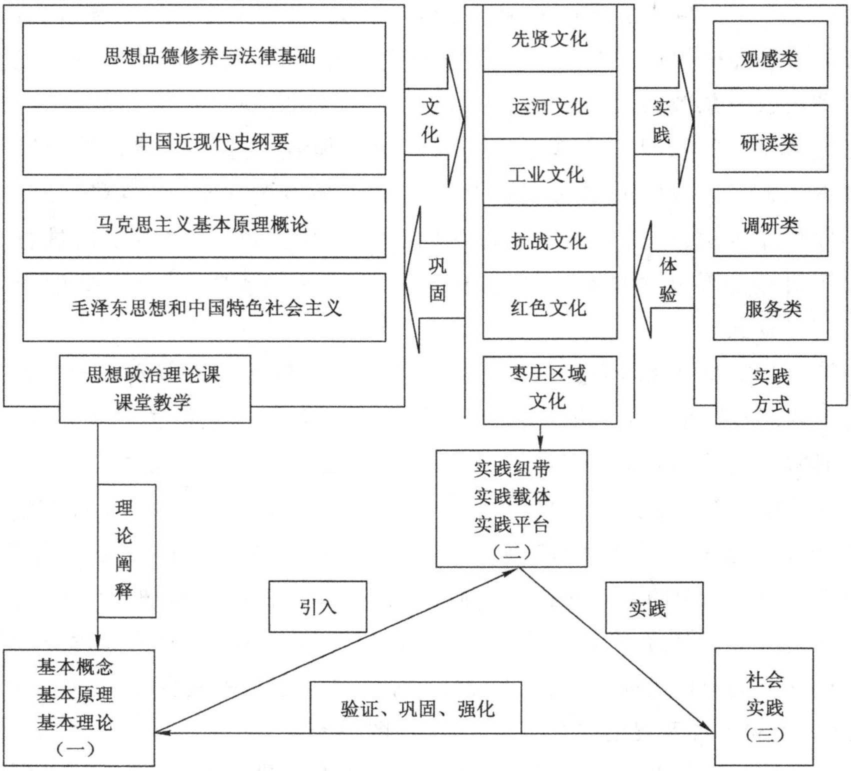

图 0-3　课程定位及逻辑关系

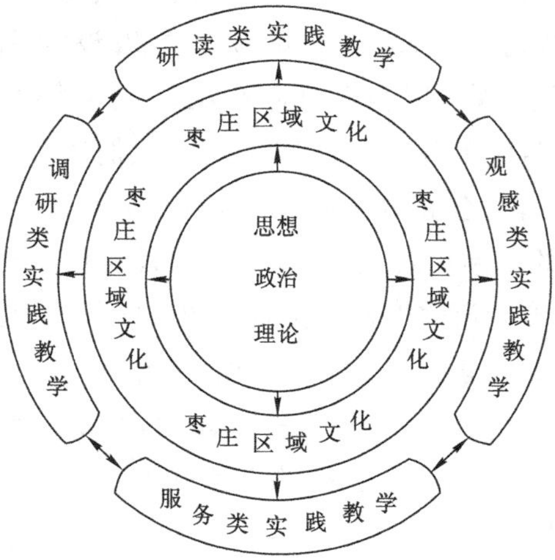

图 0-4　实践教学形式示意图

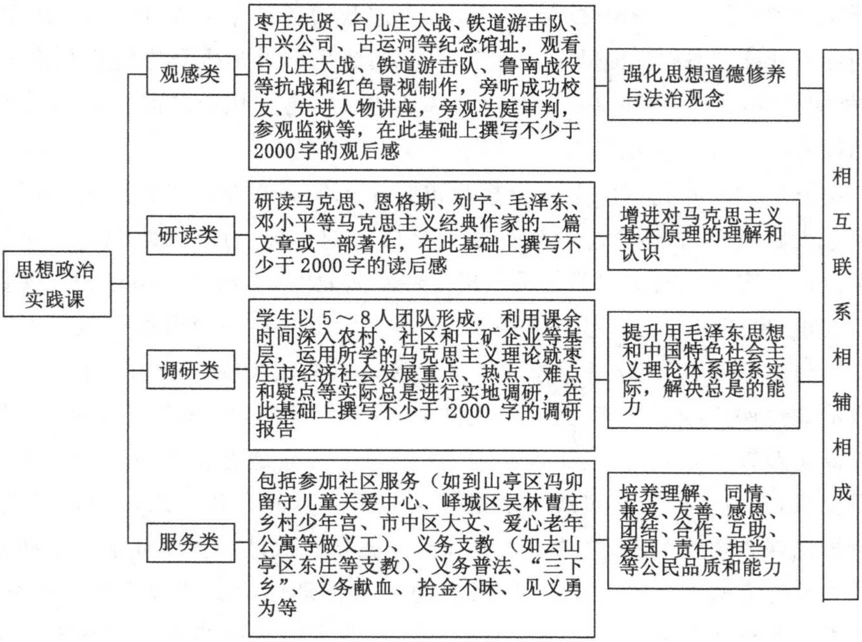

图 0-5　各课程实践教学作业的相关要求

第四章主要研究枣庄市代表性地方特色资源实践教学选题问题。习近平总书记指出：“一种价值观要真正发挥作用，必须融入社会生活，让人们在实践中感知它、领悟它。要注意把我们所提倡的与人们日常生活紧密联系起来，在落细、落小、落实上下功夫。”[①]如何以适当形式把地方特色资源融入高校思想政治理论课的实践教学之中，是发挥地方特色资源的独特功能的基础与关键。把枣庄市的社会建设、经济发展、社会变迁中的精彩处、闪光点融合到思想政治理论课的实践教学过程中，实现教材理论与社会实际的有效结合，从而增加思想政治理论课的地方性、客观性、鲜活性和独特性是本部分要解决的核心问题。为解答这两个问题，本部分以枣庄地区的部分地方特色资源为代表，根据高校思想政治理论课不同课程的具体要求，依据第二章对地方特色资源的划分标准和第三章规定的实践教学形式，结合不同课程章节的相关知识点列举了相关选题，有效证明了地方特色资源融入思想政治理论实践教学环节的必要性、可行性。尽管这只是围绕代表性地方特色资源列举了某一类选题，但却体现了对于构建特色思想政治理

① 习近平. 习近平谈治国理政[M]. 北京：外文出版社，2014：165.

论课实践教学的特殊价值，既丰富了我校思想政治理论课实践教学的资源库，为我们如何开展实践教学提供了参考依据，也达到了通过学生身边的景和物、人和事，提醒或警示他们枣庄是一座具有悠久历史和丰富文化的城市，是一座充满生机的靓丽城市，枣庄的明天需要你们来书写的教学目的。

第五章主要研究枣庄学院思想政治理论课实践教学的组织实施问题。尽管条条大路通罗马，但合理的设计规划是成功的前提，有序的组织落实是成功的保证。为实现思政课实践教学的规范性和实效性，根据党和国家相关文件精神的要求，枣庄学院在制定实施了《枣庄学院思想政治理论课教育教学改革与建设实施意见》、《枣庄学院思想政治理论课考试考核实施办法》和《枣庄学院思想政治理论课实践教学实施方案》文件的基础上，又制定了《枣庄学院思想政治理论课实践教学计划》。该文件指出，理论联系实际是思想政治理论课教学的本质要求，在教学中加强实践环节是理论联系实际的有效形式，也是深化思想政治理论课教学改革、拓宽教学渠道和提高教学实效性的重要环节。本部分将以这些文件为蓝本，梳理枣庄学院开展思想政治理论课实践教学的基本思路、实施细则和作业要求，分析工作中的得与失，为学校进一步做好实践教学工作提供有效依据。

第六章主要研究把地方特色资源融入高校思想政治理论课实践教学环节时应处理的基本问题。“人们总是对身边的事物最感兴趣，并善于从对身边事物的观察体验中得出规律性的结论，因此，用学生身边的事例作为教学案例来教育学生，往往比其他事例更有说服力，学生也更关注，教育效果也会更好，这也是教育工作的一条成功经验。”①作为一项系统的、复杂的育人工程，要把地方特色资源有效的融入高校思想政治理论课的实践教学之中并使其教育功能彻底发挥出来，必须关注并协调处理好以下基本问题：一是在思想政治理论课实践教学的方式问题上，要协调处理好课堂实践教学、校园实践教学和社会实践教学的关系问题；二是在实践教学资源的选择与保证学生安全的关系问题上，尽管选择地方特色资源是为了更好调动大学生学习思想政治理论课的积极性和创造性，但保证大学生的人身安全是前提；三是在对待思想政治理论课网络实践教学的问题上，把网络技术与思想政治理论课实践教学结合起来，实现思想政治理论课网络实践教学已成为适应社会发展的必然选择，也是提升思想政治理论课教学效果的有效手段；四是在思想政治理论课微电影实践教学问题

① 韩强.论加强首都高校思想政治教育的地方特色建设[J].思想教育研究，2014(11)：85-89.

上，必须借助并发挥高科技优势，增强高校思想政治理论课教育教学工作的针对性和实效性；五是在地方特色资源与思想政治理论课的关系问题上，教材的理论知识与地方特色资源的精准对接，是发挥这些资源的教育价值的前提，是这些资源融入思想政治理论课实践教学的关键。只有协调好这些关系，才能形成协同育人效应。

结语部分主要阐述本书研究的基本结论，分析创新之处及不足之处。尽管经过多年的摸索尝试，枣庄学院思想政治理论课实践教学取得了一定成就，但不足之处依然很多，对一些问题的处理也不够合理。特别随着互联网的快速发展，网络实践教学和微电影实践教学已在一些高校思政课实践教学中扮演了重要角色，我院的部分教师也进行了尝试并取得了可喜成绩，但科学技术作用的二重性要求我们必须有效应对其消极作用。校内课堂理论教学与社会实践教学的关系、地方特色资源的选择与开发保护的关系、社会实践教学与网络实践教学的关系、满足学生的求知欲与安全性的关系、社会实践教学的形式创新与提高大学生的自身综合能力的关系等问题，是我们需要关注的对象。只有协调处理好与教育教学相关的一系列问题，为教育发展营造良好的社会环境，把思想政治教育教学贯穿大学生生活学习全过程，才能不断强化思想政治理论课的影响力。

总之，社会发展不停止，教学改革无止境。适应社会发展需要和为国家发展培养更多的合格的建设者与接班人，是思想政治理论课教育教学改革的主旋律。2019 年 12 月 12 日，中共中央、国务院在印发的《新时代爱国主义教育实施纲要》中指出："要紧密结合人们生产生活实际，推动习近平新时代中国特色社会主义思想进企业、进农村、进机关、进校园、进社区、进军营、进网络，真正使党的创新理论落地生根、开花结果。要在知行合一、学以致用上下功夫，引导干部群众坚持以习近平新时代中国特色社会主义思想为指导，展现新气象、激发新作为，把学习教育成果转化为爱国报国的实际行动。"这就要求我们必须紧跟新时代发展的步伐，必须以增强学生获得感为出发点和落脚点，牢牢把握高校思想政治理论课建设的正确方向，准确把握思想政治理论课建设的基本要求和当代大学生的思想特点，准确把握大学教育的规律、思想政治理论教育的规律和大学生的认知规律，不断提升自己开展视觉化、现代化和个性化的思想政治理论课教学能力，实现思想政治理论课教育教学的政治性、理论性与新技术、新设备的有效结合，才能引导学生进一步增强中国特色社会主义道路自信、理论自信、制度自信、文化自信，才能厚植爱国主义情怀，才能有效引导学生把爱国情、强国志、报国行转化为实现中华民族伟大复兴的实践行动。

第一章 枣庄学院思想政治理论课教学改革概述

自我国实施思想政治理论课“2005 方案”以来，各高校开始了对思想政治理论课教育教学的改革探索。《中共中央宣传部、教育部关于进一步加强高等学校思想政治理论课教师队伍建设的意见》(教社政〔2008〕5 号)和《高等学校思想政治理论课建设标准(暂行)》(教社科〔2011〕1 号)等文件的颁布实施，又为各高校实施思想政治理论课教学改革提供了政策依据和指导方案。为提高思想政治理论课的教育教学质量，按照党和国家及山东省的政策要求并结合学校思想政治理论课的实际，枣庄学院不仅成立了独立建制的二级教学机构，还制定实施了《枣庄学院思想政治理论课教育教学改革与建设实施意见》、《枣庄学院思想政治理论课考试考核实施办法》和《枣庄学院思想政治理论课实践教学实施方案》等文件，以指导规范学校思想政治理论课实践教学工作，拉开了学校思想政治理论课教育教学改革的序幕。“我们回顾历史，不是为了从成功中寻求慰藉，更不是为了躺在功劳簿上、为回避今天面临的困难和问题寻找借口，而是为了总结历史经验、把握历史规律，增强开拓前进的勇气和力量。”①作为指导学校思想政治理论课教育教学改革的纲领性文件，这些文件的制定与实施经历了一个漫长过程，深刻反映了我们不懈探索和大胆尝试的艰难历程。

一、枣庄学院思想政治理论课教学研究与改革回眸

自 2005 年以来，枣庄学院认真贯彻落实“2005 方案”，还设立了校级教学改革研究项目，积极鼓励教师从事教育、教学和教法方面的研究改革，社科部(当时隶属于政法与历史学系)教师更是走在了前列。2006 年 11 月，思政部张昌林老师申报的“毛泽东思想、邓小平理论和‘三个代表’重要思想概论教学模式改革与创新”获批为校级教学改革项目。通过自己的研究，张昌林老师深刻感受

① 习近平. 习近平谈治国理政(第 2 卷)[M]. 北京：外文出版社，2017：32.

到："讲授新版'概论'应做到三个坚持，即坚持政治性与科学性的高度统一、理论与实践的有机结合以及整体与部分的自然和谐。唯有如此，才能从总体上把握住新教材的基本内容、结构体系和功能作用，达到明显改善高校思想政治理论课教学状况的目的。"①2007 年 11 月，思政部潘顺老师申报的"新课程背景下两课教学的改革和创新"获批为校级教改项目。他指出："在运用反面案例时，要注意正面的梳理和引导，从而说明正确的道理，这是由思想政治教育课的最终目的决定的，也是大学生身心健康成长和政治素质和谐发展的必需。"②2008 年 11 月，思政部朱红莉老师申报的"利用'三结合'教学法提高枣庄学院政治理论课教学实效性研究"又获批为校级教改立项。在关于"毛泽东思想和中国特色社会主义理论体系概论"课程的教学问题上，她在自己的研究成果中明确指出："'概论'课是我国特有的一门政治性、科学性、实践性很强的学科，是对大学生进行思想政治教育的主渠道。建构主义学习环境视阈下的'概论'课教学，应综合运用情景再现法、问题探究法、理论阐述法，激发学生的主动性、积极性，从而增强'概论'课教学的实效性。"③这些老师的前期探索为我部教师树立了榜样，不仅激励了我部教师积极申报各级各类教学改革研究项目并在各自的研究成果中提出了许多真知灼见，也为我校今后对思想政治理论课的系统改革积累了宝贵经验。

为深入贯彻《中共中央宣传部、教育部关于进一步加强高等学校思想政治理论课教师队伍建设的意见》（教社政〔2008〕5 号）和《高等学校思想政治理论课建设标准（暂行）》（教社科〔2011〕1 号）等文件要求，2011 年 3 月，学校党委把承担思想政治理论课教学任务的社科部由政法与历史学系划分出来，并抽调精干力量成立了独立建制的二级教育教学机构——思想政治理论课教学部（简称"思政部"），负责全校学生的思想政治理论课教育教学任务，并选任了政治素质高、业务能力强、群众威信高的同志担任了思政部领导。思政部的成立及其领导班子的确立，为学校实施思想政治理论课改革搭建了机构平台和领导团队，拉开了学校思想政治理论课教学科研跨越式发展的序幕。

（一）深入开展全方位教学改革

向课堂要质量，向老师求效果，是做好教学的基本要求。在思政部成立伊

---

① 张昌林，李本义. 关于讲授新版"概论"的三点建议[J]. 高教论坛，2007(6)：70-72.

② 潘顺. 反面案例的恰当运用和正面引导：以《毛泽东思想、邓小平理论和"三个代表"重要思想概论》为例[J]. 忻州师范学院学报，2007(6)：113-115.

③ 朱红莉. 建构主义学习环境视阈下的高校"概论"课教学[J]. 沧桑，2010(8)：201-202.

始，根据学校要求及对高校思想政治理论课重要性的清醒认识，部领导就提出只有通过课程改革和学科建设，积极提升教师的教学和科研两个核心能力，实现教学与科研的协同发展，才能把思想政治理论课建设成为大学生真心喜爱、终身受益、毕生难忘的课程，也才能把大学生真正培养成为又红又专、德才兼备、全面发展的社会主义建设者和接班人。结合多年的教学感受，部领导提出，思想政治理论课教师不能只是教条的讲道理，不能只做搬运工，只有把政策宣讲转化为知识讲解，实现政策宣讲、理论学习、历史借鉴和服务现实社会的有效结合，这样的老师才会受到学生的肯定和喜欢。为尽快提升教师的教学与科研水平，以实现“两条腿走路”，在经过多方调研和组织老师们深入讨论的基础上，思政部组织实施了“三大”教育教学改革。

1. 教学模式改革

教学模式可以定义为是在一定教学思想或教学理论指导下建立起来的，较为稳定的教学活动结构框架和教学活动程序。任何一种教学模式都是结构框架和活动程序的有机组合，其中结构框架突出了教学模式从宏观上把握教学活动整体及各要素之间内部的关系和功能，活动程序则突出了教学模式的有序性和可操作性。教学模式是一种具体化、操作化的教学思想或理论，它把某种教学理论或活动方式中最核心的部分用简化的形式反映出来，为人们提供了一个比较抽象的理论具体得多的教学行为框架，具体地规定了教师的教学行为，使得教师在课堂上有章可循，便于教师理解、把握和运用。教学模式一般都包含着可供教学实施的操作程序和授课的基本策略。尽管教学目标具有一致性，由于课程性质的原因，教师们在不同课堂以及对待不同专业学生而采取不同的课堂教学模式会取得不同的课堂效果。高校思想政治理论课是高校落实立德树人根本任务、实现与青年思想同频共振的核心课程，是启发、引领和规范学生思想发展的灵魂课程。当代大学生思想活跃，自主意识强，不仅注意对书本知识的吸收掌握，还特别关注社会问题，这就要求改革和调整传统的教学模式，强化学生的主体参与意识，才能有效增强思想政治理论课的育人功能。

通过改革教学模式提升思想政治理论课的育人效果既是适应当今时代的需要，也是党和国家赋予思想政治理论课教师的使命和责任。2005 年 1 月，胡锦涛在全国加强和改进大学生思想政治教育工作会议上明确指出：“培养什么人、如何培养人，是我国社会主义教育事业发展中必须解决好的根本问题。正确认识和切实解决好这个问题，事关党和国家的长治久安，事关中华民族的前途命运。”①面对新任务、新使命、新挑战和新征程，习近平总书记对高校思想政治工作和思想政治理论课更是寄予了厚望：“做好高校思想政治工作，要因事而化、因时而进、因势而新。要遵循思想政治工作规律，遵循教书育人规律，遵循学生成长规律，不断提高工作能力和水平。要用好课堂教学这个主渠道，思想政治理论课要坚持在改进中加强，提升思想政治教育亲和力和针对性，满足学生成长发展需求和期待，其他各门课都要守好一段渠、种好责任田，使各类课程与思想政治理论课同向同行，形成协同效应。”②为改变以“教师为中心”、“教材为中心”和“课堂为中心”的传统教学模式，部领导亲身示范并鼓励教师尝试建立“课堂理论教学、区域文化熏陶与社会实践育人”相结合的“三位一体”教学模式。

2. 教学方法改革

作为在教学过程中运用的方式与手段的总称，教学方法既是教师完成教学任务、实现教学目标和提高教学质量的关键所在，也是实现预期目标的决定性因素。作为一种价值引领过程，思想政治理论课“所有的教学方法的选择、运用和评价都为价值引领而服务，价值引领是思政课教学方法改革的终极追求”③。但这种引领要通过思想政治理论课教师的课堂表现展示出来，通过对学生的影响表现出来。所以，提高教师的教学能力是解决问题的关键所在。习近平总书记指出：“办好思想政治理论课关键在教师，关键在发挥教师的积极性、主动性、创造性。思政课教师，要给学生心灵埋下真善美的种子，引导学生扣好人生第一粒扣子。”④为使思想政治理论课能够“体现时代性，把握规律性，富于创造性，增强实效性”，思政部要求任课老师必须既要掌握教育教学规律，也要充分关注当代大学生的特点，积极探索并使用启发式、参与式、对话式、情境式、体验式、研究式、案例式、专题式、整合式等教育教学方法，充分借助互联网的优势用好“两微一端”，构建网络思想政治理论课，实现课上课下、线上线下思想政治教育的全覆盖，增强了思政课的思想性、理论性和亲和力，将思政课的内容传授到学

① 胡锦涛.在全国加强和改进大学生思想政治教育工作会议上的讲话[N].人民日报，2005-01-19(1).

② 习近平.习近平谈治国理政(第2卷)[M].北京：外文出版社，2017：378.

③ 张艳红，张澍军.思想政治理论课教学方法改革之反思[J].教学与研究，2018(5)：97-102.

④ 习近平.用新时代中国特色社会主义思想铸魂育人 贯彻党的教育方针落实立德树人根本任务[N].人民日报，2019-03-19(1).

生心中，内化为学生实践的方向和准则。

全方位的教学改革提升了老师们的教学水平，多种教学方法的运用增强了教学效果，不仅受到了学生们的普遍好评，也改变了大学生对思想政治理论课的传统认识。很多大学生表示，思想政治理论课不再是一门枯燥的思想政治教育课，而是一门通过了解和认识中国近现代历史、中国发展现实和当今世界局势找准国家定位的课程，是一门通过增强家国情怀校正自我航向和社会定位的育人课程，是保证中国特色社会主义事业长盛不衰的使命课程。教学改革既拉近了老师与学生之间的距离，也使学校的思政课教学实现了历史性突破：在2016年山东省委教育工委举办的全省第二届高校思想政治理论课教师教学比赛中，学校有两位老师脱颖而出，分别获得了“马克思主义基本原理概论”课程组教学比赛一等奖和“近现代史纲要”课程组教学比赛三等奖的佳绩。

3. 考核方式改革

“一张试卷定成绩”曾是众多学校思想政治理论课一直沿用的考核方式。这种考核方式的优点是“方便、简洁，整齐划一，偏重学生对马克思主义理论的概念、特征、条件、意义、原理等理论知识的记忆，但弊端也是显而易见的”，但“忽视了学生把马克思主义的世界观、人生观、价值观内化为自己的信仰，外化为自己行为的真实状况。为了取得高分，大多数学生更愿意在试卷上填写‘正确答案’而不是真实感受”①。由于这种考核方式只重视结果而没有兼顾学生在学习过程中的实际表现，不仅被学生所诟病，一些老师也因严格管理学生导致了师生关系紧张。因此，老师们对此也颇有微词。为改变“老师在讲台上大讲，学生在台下置若罔闻”“平时不上课、期末复习人满为患”的不正常状态，在参考了其他学校考试方式的基础上，我们依据“学习成绩与实际表现相结合”原则，引入了过程管理、行为管理和绩效管理的理念，加大了对学生平时表现和学习过程的考核比重，实现了学习过程与考核结果的有效结合。这不仅提高了学生的上课出勤率、课堂参与率和抬头率，也调动了教师的主动性、积极性，提升课堂的教学效果。

经过多年实践，我们的基本做法可概括如下：把学生的该课程总成绩划分为平时教学、实践教学和期末理论考试共三部分构成，分别从“主观努力

---

① 纪安玲.以改革考核方式增强思政课教学实效性[J].教书育人(高教论坛)，2015(27)：110-112.

度”、“行为实践度”和“知识积累度”三方面进行考核。三部分成绩在学生总成绩的比重依次是：平时教学（含出勤、课堂互动和平时作业）占20％，实践教学（以相关标准考核实践教学作业）占20％，期末理论考试占60％，可用公式表示为：总成绩＝平时成绩×20％＋实践成绩×20％＋期末考试成绩×60％。在平时教学环节，主要从出勤率和课堂表现两个环节对学生进行相关考核；在实践教学环节，根据不同的课程我们设置了社会服务类、参观考察类、阅读欣赏类、实地调研类和微电影类等实践教学形式，按照不同类别设定了不同的作业形式和相关要求；在期末考试环节，坚持闭卷与开卷相结合、笔试与口试相结合、理论考试与实践考核相结合、日常操行考核与期末理论考试相结合。多元立体、丰富多彩的考试考核方式，既客观反映了大学生的马克思主义理论素养和道德品质，也与他们的上课态度及实际表现结合起来，实现了对课程的全方位考核。

（二）积极提升教师的科研水平

科研是教学的“源头活水”。如果没有科研做支撑，课堂教学就会失去“灵魂”，就没有生机活力。钱伟长指出：“在高等学校，教学是必要的要求，不是充分的要求，充分的要求是科研。科研反映你对本学科清楚不清楚。教学没有科研做底蕴，就是一种没有观点的教育，没有灵魂的教育。一个教师在大学里能否教好书，与他搞不搞科研关系很大。”①要想成为一名优秀的思想政治理论课教师，不仅要关注社会的热点、难点、焦点和敏感问题，及时解答学生在思想政治理论课堂上提出的问题，也要直面学生的思想困惑。因此，教师不仅是“教书匠”，更是研究者。思想政治理论课教师不能只做教书匠、搬运工，要做理论家和演员；要给学生一杯水，教师自己就必须首先得有一桶水；教师要上好课，绝不能只局限于教材之内，必须要有宽广的视野和渊博的知识；科研水平较高的教师对教学内容的理解会更透彻，更容易做到对知识讲解的“旁征博引”、“滔滔不绝”和“深入浅出”，这样的思想政治理论课才会有精彩性、理论性和实效性，这样的老师才会有魅力，也才能被学生真喜欢。为提升教师的科学研究能力，思政部主要加强了三项工作：

1. 突出学科意识，强化和提升教师的科研水平

为鼓励老师们认真做好科研，思政部除鼓励支持教师积极申报各级各类

---

① 钱伟长.大学必须拆除教学与科研之间的高墙[J].群言，2003(10)：16-20.

课题并在上课时间安排、课题申报书写作等方面提供力所能及的帮助外，还经常邀请一些学术名家来学校传经送宝，先后邀请了山东大学的张锡恩（已故）、王韶兴、李济时、方雷，曲阜师范大学的孔德永和聊城大学的刘卫东等学者对思政部教师进行了科研方面的专题辅导。“科研团队是高等学校从事科学研究的一种重要模式。科研团队已成为高等学校人才培养和科研创新的主要载体。科研团队在高等学校的科学研究方面正在发挥着积极作用。”①为提升思政部教师的科研能力，部领导还根据教师的研究专长及科研兴趣，组建了公民文化与中国政治发展、宗教交往与中国国家安全、马克思主义理论与马克思主义中国化三个科研团队，并选任责任心强、科研能力突出的教师担任科研团队负责人。这既促进了教师之间的科研协作，也为申报高层次课题组建了优质高效的科研团队。近年来，思政部教师参与国家级课题 6 项，主持省部级课题 20 余项（其中教育部人文社科一般规划项目 7 项），市厅级、学校课题 40 多项，出版著作 10 多部，发表高水平论文 30 多篇，先后获得省部级、市厅级、学校教科研奖励 20 多项。2016 年 12 月，“墨家文化与思想政治教育”科研团队被评选为校级科研创新团队，“马克思主义理论”学科被评为校级重点学科。2019 年 7 月，马克思主义学院教师获得了一项国家社科基金一般项目，实现了学校的历史性突破。

2. 借助学校科研平台，立足本地资源进行教学研究

在学校组织相关学院成功申报省级重点学科“课程与教学论”后，思政部积极按照学校的相关要求，组织有关教师承担并顺利完成了研究任务。我们还参加并承担了“十三五”山东省高等学校人文社会科学研究平台“中国文化研究与传播中心”的建设任务。我们还坚持立足当地资源进行教育教学研究。由于枣庄具有独特的教育教学资源，如墨家文化、运河文化、工业文化、抗战文化、革命文化，我们提出了要紧密围绕枣庄地方特色资源开展教学研究和科学研究的发展思路，并鼓励老师们积极申报各级各类教学与科研项目。近年来，学院获得山东省委高校工委思想政治理论课教学改革项目 1 项，山东省本科教学改革研究面上项目 3 项、重点项目 1 项，校级教学研究项目 10 余项。我们还实施了校本教材建设工程，先后组织编写了《形势与政策专题教程》和《思想政治理论课分类实践教程》等校本教材，为开展特色教学研究提供了新途径。

---

① 刘保安．论科研团队负责人的作用和素质[J]．漯河职业技术学院学报，2016(4)：45-48.

3. 积极打造精品课程，稳步提升各课程质量

为提升教学质量，我们在思政部成立之初实施了精品课程建设计划。精品课程的“精品”主要指向课程的高质量，但这离不开高素质的教师。精品课程既是一流教学内容、一流教学方法、一流教学管理和一流教材等的示范性课程的体现，也是提升教师教学能力、发展学生综合能力、整合教学资源、提升教育和人才质量的重要抓手。通过老师们的不断努力，2012 年 12 月，实现了四门思想政治理论主干课程的校级精品工程化。2013 年 6 月，思政部组织教师经过近三个月的精心准备，以“思想道德修养与法律基础”“中国近现代史纲要”“马克思主义基本原理概论”“毛泽东思想和中国特色社会主义理论体系概论”等课程为基础，联合政治与社会发展学院主持的特色选修课“枣庄区域文化概论”组建了精品课程群，以“三位一体模式思想政治理论课联合课程”名称申报并成功获批为山东省高校精品课程，为学校思想政治理论课的高质量发展提供了新契机。

（三）马克思主义学院的发展目标及“十三五”规划

2015 年 10 月，根据中共中央办公厅、国务院办公厅印发的《关于进一步加强和改进新形势下高校宣传思想工作的意见》（中办发〔2014〕59 号）、中宣部教育部印发的《普通高校思想政治理论课建设体系创新计划》（教社科〔2015〕2 号）和教育部印发的《高等学校思想政治理论课建设标准》（教社科〔2015〕3 号）等文件要求，学校党委决定将思想政治理论课教学部升级为马克思主义学院，并对学院的发展定位提出了更高的要求。为打造“爱教乐学”的思想政治理论课，为争创山东省“示范马院”，学院不仅制定了“一、一、五、四、三、一”的发展目标，还根据学校要求制定了“十三五”发展规划。

“一、一、五、四、三、一”发展目标简介：第一个“一”指围绕人才目标进行课程建设，即通过改革和建设，把思想政治理论课建设成为大学生真心喜爱、终身受益、毕生难忘的课程，把大学生培养成为又红又专、德才兼备、全面发展的社会主义建设者和接班人。第二个“一”指以提升思想政治理论课的针对性、亲和力、吸引力、说服力、感染力为着力点。“五”指坚持“五项原则”，即思想政治理论课应注重人本性、体现时代性、把握规律性、富于创造性、增强实效性。其中人本性是核心，实效性是归宿。“四”指搞好“四大建设”，即通过学科课程、人才队伍、规章制度和组织机构四大建设，进一步提升教师的科学研究能力，造就一支“忠诚、担当、能力”的思想政治理论课师资队伍，把我院打造成为教学、研究、

宣传和人才培养的坚强阵地。"三"指继续深化"三大改革",即通过深化教学模式改革,构建"课堂理论教学、区域文化熏陶与社会实践育人"相结合的"三位一体"教学模式;通过继续深化教学方法改革,进一步增强思想政治理论课的说服力、亲和力、感染力;通过继续深化考核方式改革,引导大学生实现由"要我学"到"我要学"的转变。最后一个"一"指加强实践教学,即通过构建实践育人体系,增强学生对社会的认知感和责任感;通过加强实践教学基地建设,实现社会实践教学额的制度化、常态化;通过编印《枣庄学院思想政治理论课实践教学文集》,进一步反映并巩固社会实践教学效果。

马克思主义学院"十三五"发展规划简介:为深入贯彻党的十九大精神和习近平总书记系列重要讲话精神,深入贯彻《关于进一步加强和改进新形势下高校宣传思想工作的意见》《普通高校思想政治理论课建设体系创新计划》精神,落实思想政治理论课在高校立德树人工作中的战略地位,马克思主义学院以"坚持理论与实际相结合、坚持教学与科研相结合、坚持教师讲授与学生参与相结合、坚持课堂教学与日常教育相结合、坚持思想政治理论课与专业课相结合、坚持校内与校外相结合"为基本原则,结合学校发展规划制订了学院"十三五"规划,其核心内容主要包括:

1. 学院发展整体目标

整体推进教材、教师、教学等方面综合改革创新,编写使用充分反映马克思主义中国化最新成果、教师好用学生爱读的系列校本辅助教材,建设一支对马克思主义理论真学、真懂、真信、真用的教师队伍,培育推广理论联系实际、富有吸引力感染力的多种教学方法,建设教学科研皆强的马克思主义学院,逐步构建重点突出、载体丰富、协同创新的思想政治理论课建设体系,努力把思想政治理论课建设成为学生真心喜爱、终身受益、毕生难忘的优秀课程,确保学院的综合实力居于全省同类学校领先地位。

2. 学院发展的核心目标

在学科建设方面:稳固和强化思想政治理论在省级重点学科《课程与教学论》中的地位与作用;推动学校把思想政治理论课作为重点课程建设,把马克思主义理论学科作为重点学科建设;整合校内资源,为申请思想政治教育硕士点做准备。在科学研究方面:推动学校设立马克思主义理论学科研究专项课题;争取获立省部级项目5～8项,年均在国家级刊物发表论文3～5篇,出版学术专著2～3部;获省部、市厅级科研成果奖30项以上。在质量工程建设方面:推动学院现有教育质量工程项目，完善省级精品课程建设工程，争取编撰出版校本教材3～5部，获省部级教改项目1～2项，省级教学团队1个，省部级教学成果奖1～2项。在人才队伍建设方面：打造一支学科分布均衡、梯队配置合理、教学科研水平高的专任教师队伍。

3. 学院分项发展目标

在人才培养目标上：全方位推进思想政治课程建设，把思想政治理论课建设成为大学生真心喜爱、终身受益、毕生难忘的课程，把大学生培养成为又红又专、德才兼备、全面发展的社会主义建设者和接班人。在教材建设目标上：以统编教材为基础，以校本教材为辅助，建设思想性、科学性和可读性统一的立体化教材体系。在师资队伍建设目标上：切实提高专职教师整体素质，建设专兼结合、结构合理的思想政治理论课教学人才体系。在学科建设目标上：努力建强马克思主义理论学科，形成以本学科为引领、相关学科为补充的思想政治理论课学科支撑体系。在科学研究目标上：以高级别项目申报为导向、以高水平论文发表为抓手、以高层次队伍建设为基础，全面提高科研能力和研究质量，促进教育教学水平稳步提升。在评价体系目标上：坚持管理与激励并重，建设导向明确、系统完善的思想政治理论课的综合评价体系。

2018年1月，学校党委根据工作需要，调整了学院领导班子，健全了学院的组织机构。为促进学院的高质量发展，在坚持"一、一、五、四、三、一"的发展目标和学院"十三五"发展规划的前提下，经过充分调研和详细论证，学院新一届领导集体提出了争创省级"示范马院"和山东省思想政治理论课"教学名师"工作室的发展目标，揭开了学院发展的新篇章。

二、枣庄学院思想政治理论课教学改革的规划设计

规划是实施的基础，落实是成功的关键。为顺利实施《〈中共中央宣传部、教育部关于进一步加强和改进高等学校思想政治理论课的意见〉实施方案》（教社政〔2005〕9号）（简称"2005方案"）及相关文件要求，为深入践行"立德树人"和"进教材、进课堂、进头脑、进网络（电脑）"的教育任务，以引导大学生弘扬和践行社会主义核心价值观，提升自觉运用马克思主义立场观点方法分析解决实际问题的能力，更为进一步提升思想政治理论课的教育教学质量，按照上级要求并结合学校的发展规划要求，学校于2011年12月制定了《枣庄学院思想政治理论课教育教学改革与建设实施意见》（枣院政字〔2011〕172号），作为指导思

政课教学改革的纲领性文件，其基本内容包括：

1. 指导思想

坚持以马克思列宁主义、毛泽东思想、邓小平理论、"三个代表"重要思想、科学发展观和习近平新时代中国特色社会主义思想为指导，以牢牢把握高校思想政治理论课建设的正确方向，准确把握高校思想政治理论课建设的基本要求，牢固树立"四个意识"，坚定"四个自信"，坚决做到"两个维护"，正确把握当代大学生的思想特点和个性需求，以加强师德师风建设为中心，以组织机构建设为平台，以教师队伍建设为基础，以学科建设为支撑，以政策支持和体制机制建设为保障，用习近平新时代中国特色社会主义思想铸魂育人，贯彻党的教育方针，落实立德树人根本任务，传播知识、传播思想、传播真理，塑造灵魂、塑造生命、塑造新人，把思想政治理论课建设成为大学生真心喜爱、终身受益、毕生难忘的课程，把大学生培养成为担当民族复兴大任的时代新人，培养成为全面发展的社会主义建设者和接班人。

2. 主要任务

健全教学科研组织机构，加强制度机制建设，加强学科课程建设，加强实践教学，改革教学模式和教学方法，改进考核考试方式，加强师资队伍建设，加强宏观管理指导。

3. 坚持原则

思想政治理论课应坚持以下基本原则：一是注重人本性。即思想政治理论课建设和改革，必须坚持以学生为本，尊重学生、理解学生、关心学生，既动之以情、以情感人，又晓之以理、以理服人，做到入情入理、情理交融、亲切可信，才能春风化雨、润物无声。二是体现时代性。就是要深刻认识党的十八大以来思想政治教育发生的历史性变化，明确新时代高校思想政治教育的历史定位，从时代的战略高度去审视思想政治理论教育教学的理念、体系、内容、形式、方法、手段，把宣传贯彻"伟大斗争、伟大工程、伟大事业、伟大梦想"作为思想政治教育时代化的重要内容，继续推进马克思主义中国化、时代化和大众化，实现立德树人、促进学生全面发展的任务。"党的十九大精神最鲜明的特征就是时代性，新的历史方位、历史使命和战略部署来源于中国共产党对时代问题的精准把握，为增强新时代高校思想政治教育的实效性提供了新的理论视角。……高校思想政治教育的时代性必然是包含着主体理解的时代性，这就需要在高质量的思想政治理论课的双向互动中展现思想政治教育的亲和力和感召力，培养大学生的时代敏锐性和时代把握力。”[①]三是把握规律性，即在深刻把握我国社会发展的基本规律的前提下，针对新时期大学生的特点和思想政治理论课教育教学面临的机遇和挑战，深入调查研究，结合我校具体实际，把握思想政治理论教育的规律、大学教育的规律和大学生成长成才认知的规律。四是富于创造性，即根据党和政府有关会议和文件精神，创新思想政治理论课教育教学内容、形式、手段，充分调动和发挥广大思想政治理论课教师的主动性、积极性和创造性，要善于从战略的高度观察和研究思想政治民族问题，从大局的高度思考和谋划民族工作，不断提高民族工作的针对性、实效性，使思想政治理论课教师成为创造创新的主体和受益者。五是增强针对性和实效性。“针对性是教育满足学生需要的程度，时效性是指教育对学生的有用性，其中时效性是高校思想政治理论课教学的出发点和归宿，是大学生思想理论教育的生命线。”[②]也就是要坚持理论联系实际，在提高思想政治理论课教育教学效果上下功夫；认真总结思想政治理论课教育教学的经验和教训，研究新情况，解决新问题，卓有成效地提高思想政治理论课教育教学的针对性、感染力、吸引力和实效性。

4. 教师队伍建设目标和要求

教师队伍的质量是影响思政课教学效果的关键因素。坚持专任为主、专兼结合的原则，按照学生人数以及实际教学、科研和社会服务的需要，合理核定专任教师编制；实行思想政治理论课教师任职资格准入制度，严把思想政治理论课教师入口关，必须坚持正确的政治方向，具有扎实的马克思主义理论基础和较强的教学水平与科研能力；坚持先培训、后上岗，不培训、不上岗制度；实施思想政治理论课骨干教师研修计划；实施在职思想政治理论课教师攻读博士学位计划，鼓励和支持思想政治理论课教师在职攻读博士学位；实施教学科研领军人物、中青年学术带头人和教学科研骨干资助计划，并为其发展搭建教学和科研发展平台；建立与山东大学、聊城大学、曲阜师范大学等高校之间的教学科研协作机制和交流合作计划，在学科建设、教师队伍建设、提高管理质量、合作承担科研项目等方面开展交流合作。

---

① 史向军，夏玉汉．增强高校思想政治教育的时代性：新时代高校思想政治教育贯彻落实党的十九大精神的几个维度[J]．思想理论教育，2017(12)：21-25.

② 林建华．21 世纪高校思想理论课教学改革研究[M]．北京：知识产权出版社，2014：57.

5. 加强思想政治理论课学科与课程建设

一是加强马克思主义理论学科建设。面对新时代、新形势、新任务，该文件明确提出要以学术研究为基础，明晰学科内涵，确立学科方向，树立学科规范，建设学科队伍，完善学科体系，推进理论创新、体系创新和方法创新。二是加强思想政治理论课课程建设。教学改革的关键是教师。为充分调动教师的积极性、能动性和创造性，文件提出定期评选奖励思想政治理论课“精彩课件”、“精彩教案”、“精彩一门课”和“精品课程”；依托思政部建设“枣庄学院思想政治理论课网站”，促进教学资源共享。三是实施思想政治理论课程研究项目资助计划。为促进思想政治理论课教学与科学研究的结合，实现我部教学与科研的跨越式发展，该文件鼓励老师聚焦学生和教学过程，引导老师们将思想政治理论课的学科建设、课程建设、教材建设、教学模式改革、教学方法改革、考试考核方式改革、教师队伍建设以及其他教学中的重要理论和实际问题作为重要选题，并争取学校支持并列入学校人文社科研究规划，以促进思想政治理论教学部科研水平的提升。

6. 推行三个“改革和完善”

一是改革和完善教学模式。根据学校人才培养方案要求，实施“课堂理论教学、校内实践教学与校外实践教学相结合”的“三合一”教学模式。课堂理论教学以“贴近实际、贴近生活、贴近学生”为原则，以提升“理论 素养”为目标，采用灵活多样、丰富多彩的教学方式；实践教学实施“一读，二听，三看，四走，五谈，六写”的模式，注重提高学生分析和解决实际问题的能力。二是改革和完善教学方法。教学方法必须符合教育教学规律和学生学习的特点，要贴近学生实际，提倡使用对话式、参与式、情境式等现代教育方法，通过对多媒体和网络技术的广泛应用，实现教学手段现代化。三是改革和完善考核方式。改革传统的“闭卷一考定终身”的考核考试方式，以“过程管理”、“行为管理”和“绩效管理”为理念，坚持闭卷与开卷相结合、笔试与口试相结合、考试与考查相结合、理论考试与实践考核相结合、日常操行考核与期末理论考试相结合，探求多元立体、丰富多彩、切实可行的考试考核方式，力求全面客观地反映大学生的马克思主义理论素养和道德品质。

7. 关于思想政治理论课的实践教学

为加强和改进思想政治理论课的实践教学，学校成立党委领导的由多部门主要领导为成员的实践教学领导小组，由分管思政部工作的校领导任组长。学校教务处负责审批思想政治理论课实践教学计划，协助联系和实践教学基地，审核教师实践教学工作量，下达实践教学经费指标，检查、督导、协调全校思想政治理论课实践教学活动；思想政治理论课教学部负责有关实践教学大纲和计划的编写与修订，确定实践教学内容，制定实践教学的学期开课计划，组织实践教学实施开展，检查督导任课教师的实践教学活动，总结评价实践教学效果等。思想政治理论课实践教学分为观读类、调研类和社会服务活动类三方面，各课程可根据自身特点采取不同的实践形式，规定了本专科实践教学的学时与学分。文件还特别指出，自 2011—2012 学年第 2 学期开始，与思想政治理论课理论教学同步开设思想政治实践课。

三、枣庄学院思想政治理论课实践教学计划及实施方案

理论联系实际是思想政治理论课教学的本质要求，在教学过程中加强实践环节是理论联系实际的有效形式，也是深化思想政治理论课教学改革、拓宽教学渠道和提高教学实效性的重要环节。为把《枣庄学院思想政治理论课教育教学改革与建设实施意见》落到实处，思政部根据上级文件精神和学校相关要求制订了《枣庄学院思想政治理论课实践教学计划》，还颁布实施了《枣庄学院思想政治理论课实践教学实施方案》(枣院政字〔2011〕173 号)和《枣庄学院思想政治理论课考试考核实施办法》(枣院政字〔2011〕174 号)，为做好思想政治理论课的实践教学指明了方向。其基本内容包括：

1. 关于思想政治理论课实践教学的目的和意义

《枣庄学院思想政治理论课实践教学实施方案》明确指出：思想政治理论课实践教学是大学生接受思想政治教育的一门必修课，是思想政治理论课教学的重要组成部分，是大学生在学习思想政治理论课基础上的一个综合实践过程。实施思想政治理论课实践教学，有助于加深学生对马克思主义理论课程教学内容的理解，增强对中国特色社会主义理论和党的路线、方针、政策的认识，提高用中国化的马克思主义理论、观点、方法分析解决实际问题的能力，有助于引导学生客观地、辩证地认识国情、认识社会，了解我国改革开放的历史、现状和发展趋势，正确理解和认识我国改革开放的发展历程和社会现实存在的各种问题，增强热爱祖国、热爱社会主义的信念和振兴中华的责任感和使命感，有助于大学生在毕业后能更好更快地适应变化中的社会，以积极心态面对工作和生活，做一个对国家和社会有用的人。

2. 关于实践教学的基本思路

文件规定从2012—2013学年第1学期开始，在全校本科（思想政治教育专业除外）开设的“思想道德修养与法律基础”、“中国近现代史纲要”、“马克思主义基本原理概论”、“毛泽东思想和中国特色社会主义理论体系概论”和“形势与政策”五门课程、专科开设的“思想道德修养与法律基础”、“毛泽东思想和中国特色社会主义理论体系概论”和“形势与政策”三门课程中实施。根据《枣庄学院本专科专业人才培养方案》的规定，本科实践教学为142学时（校内实践教学76学时，假期社会实践教学66学时），专科为109学时（校内实践教学57学时，假期社会实践52学时）；本科为2学分，专科为1学分。根据学校人才培养方案的规定，实践教学环节与思想政治理论课的理论教学同步进行。本专科的“形势与政策”课程实践教学均在第2、4学期完成。同时，鼓励学生利用节假日、寒暑假等时间开展广泛深入的社会服务活动，如植树活动、“三下乡”、义务献血、社区服务等。本、专科各课程的课时和学分分配如表1-1和表1-2所列。

表1-1 本科实践教学计划

课程名称	学分	总课时	理论教学课时	校内实践教学课时	假期社会实践课时	学期周课时分配							
						一	二	三	四	五	六	七	八
						12周	15周	15周	15周				
思想道德修养与法律基础	0.5	51	24	12	15	√							
马克思主义基本原理概论	0.5	51	30	15	6			√					
中国近现代史纲要		34	30	4									
毛泽东思想和中国特色社会主义理论体系概论	0.5	102	60	15	27				√				
形势与政策	0.5	128	80	30	18		√		√				

表 1-2　专科教学计划

课程名称	学分	总课时	理论教学课时	校内实践教学课时	假期社会实践课时	学期周课时分配							
						一	二	三	四	五	六	七	八
						12周	15周	15周	15周				
思想道德修养与法律基础	0.4	51	24	12	15	√							
毛泽东思想和中国特色社会主义理论体系概论	0.4	76	30	15	31				√				
形势与政策	0.2	96	60	30	6		√		√				

3. 关于思想政治理论课实践教学的基本形式

根据思想政治理论课的课程性质与学校实际，思想政治理论课实践教学的主要形式有四类。

（1）社会服务类。该类实践教学鼓励学生开展社会服务活动，如参加植树、“三下乡”、义务献血、拾金不昧、见义勇为、社区服务等活动，成效突出且有证明材料者，可适度加分。

（2）观读类，包括学生阅读马克思主义经典原著、观看具有思想政治教育意义的影视资料、参观爱国主义教育基地等，在此基础上撰写不少于 2000 字的读书心得、观后感等，这种形式适用于“中国近现代纲要”和“马克思主义基本原理概论”课程。

（3）调研类。学生利用寒暑假、节假日等课余时间，通过深入农村、社区和工矿企业等基层，运用所学的理论知识就我国的社会发展的重点、热点、难点和疑点等实际问题进行调研，在此基础上撰写不少于 3000 字的调研报告。这种形式适用于“思想道德修养和法律基础”和“毛泽东思想和中国特色社会主义理论体系概论”课程。

（4）微电影类。鼓励学生在接触社会、接触实际、接触生活、深入理解理论的过程中，通过照相机和摄像机等设备把发生在身边的、具有警示、教育或启发意义的人物事迹或特殊事件拍摄记录下来。这种形式适用于各课程。“形势与政策”课程主要通过组织学生观读当代国内外形势和我国大政方针材料，撰写一篇不少于 2000 字的形势与政策述评。

4．关于实践教学的实施细则

文件规定实践教学主要包括团队组建与项目申报（第1～3周），团队调查研究与撰写报告（第4～11周）和报告评价与成绩评定（第12周）三个阶段。在团队与项目申报阶段：参加实践教学环节的学生以自愿原则为基础，按7～10人规模组织学习团队，并推举组长1人。不能自行组建团队的学生，由任课教师统一安排并指定组长1人。学习团队一经组建，原则上不再进行调整。实践教学项目申报以学习团队为单位进行。申报前，团队应就准备申报的项目进行先期研讨，分析从事该项目研究的优势和不足，并制定学习计划，共同提出书面申请。为指导学生做好实践教学选题，学院还组织教师编写了《思想政治理论课分类实践教程》，受到了学生们的普遍好评。在团队调查研究与撰写报告阶段：在学生实践教学项目选定后，指导教师应指导该团队的活动进程，了解各团队成员的工作情况，对疑难问题进行讲解，并将指导过程形成书面记录；各研究团队应在个人研究基础上，在团队范围内集中进行至少2次以上的学习研讨，组长担任团队研讨召集人并负责保存讨论记录，团队研究报告在指导老师的要求下由团队分工协作集体完成，并由一人统稿。在报告评价与成绩评定阶段：实践教学成绩评定包括学生自评和指导教师评定。前者侧重于团队内依据对成员贡献大小协商评定，形成团队成员自评成绩；后者由教师对团队成果及成员平时表现情况加以评定，形成团队研究报告成绩和个人平时成绩。该项实践教学的总成绩为：团队成员自评成绩（25％）＋团队研究报告成绩（60％）＋个人平时成绩（15％）。为引导学生重视实践教学环节，我们还尝试了实践作业的学生答辩制度，鼓励学生积极参与和踊跃发表真知灼见，并通过指导教师的点评以引导他们的思想认识，这受到了学生们的普遍欢迎。该文件最后指出，思想政治理论课实践教学成绩评定采用百分制，60分及以上为及格并获得相应学分，60分以下为不及格，不及格者要重修本门课程。思想政治理论课实践教学成绩按总成绩的20％于期末统一登录。学生必须亲自参加实践教学活动，杜绝任何形式的抄袭、搭便车等行为。一经发现，成绩记为零分。

总之，这些文件的实施和新蓝图的规划出台，为学校打造“爱教乐学”的思想政治理论课提供了制度依据和实施细则，也为老师们更好地开展思想政治理论课的教育教学研究与社会实践提供了依据。经过多年探索，这些文件已转化为我们的实际行动。尽管在实施过程中也发现了一些不足，但学院“十三五”发展规划给我们提出了新的发展目标,必将进一步促进学院的高质量发展。“我国有独特的历史、独特的文化、独特的国情,决定了我国必须走自己的高等教育发展道路。”[①]面对新形势,我们必须坚定对马克思主义理论和中国特色社会主义的信仰,积极围绕学生的所需、所惑精辟讲解马克思主义理论,以理论的高度、学术的深度、理论的魅力彰显真理的力量、信仰的力量和情感的力量,为学生点亮理想的灯、照亮前行的路,引导学生成为会思考的人,才能保证学生在各种思潮的冲击与碰触中不迷失方向,也才能使他们健康茁壮地成长。

本章小结

作为培养和塑造大学生“三观”(世界观、人生观和价值观)的主渠道与核心课程,高校思想政治理论课程承担着“为谁培养人、培养什么样的人、怎样培养人这个根本问题”[②]。2018 年 4 月,教育部在《新时代高校思想政治理论课教学工作基本要求》(教社科〔2018〕2 号)中更是特别强调:“思想政治理论课承担着对大学生进行系统的马克思主义理论教育的任务,是巩固马克思主义在高校意识形态领域指导地位、坚持社会主义办学方向的重要阵地,是全面贯彻党的教育方针、落实立德树人根本任务的主干渠道和核心课程,是加强和改进高校思想政治工作、实现高等教育内涵式发展的灵魂课程。”当今国际局势的急剧变化和我国社会的快速发展,既给思想政治理论课教育教学带来了新机遇、新素材,也带来了新困惑、新挑战。如何全面推动习近平新时代中国特色社会主义思想进教材进课堂进学生头脑,如何引导当代大学生正确认识世界变化和中国发展大势,不断提高他们对思想政治理论课的获得感、认同感,使他们顺利成长为担当民族复兴大任的时代新人,是该课程当前最重要的任务。

“一个民族的文化,往往凝聚着这个民族对世界和生命的历史认知和现实感受,也往往积淀着这个民族最深层的精神追求和行为准则。”[③]独特的民族文化既是对这个民族的历史的回顾,也是指导这个民族走好未来之路的行动指南。把学校所在地区的优秀传统文化、革命文化等融入高校思想政治理论课的实践教学,“以中华民族历史悠久的传统文化、革命文化和社会主义先进文化增强思想政治教育深厚的历史文化意蕴,培植大学生把握时代问题的敏锐性和解

① 习近平.习近平谈治国理政(第 2 卷)[M].北京:外文出版社,2017:376.

② 习近平.习近平谈治国理政(第 2 卷)[M].北京:外文出版社,2017:376.

③ 胡锦涛.在美国耶鲁大学的演讲[N].人民日报,2006-04-22(1).

决时代问题的思维能力”①,既是推进马克思主义不断中国化的体现,也是实现高校思想政治理论课实践教学特色化发展的需要。为构建适合本校需要的思想政治理论课实践教学模式,许多高校立足本地实际进行了探索,枣庄学院也不例外。自 2011 年 12 月以来,枣庄学院制定颁布了一系列文件,还责成思想政治理论课教学部制定相关细则并负责具体实施。作为学校增强思想政治理论课针对性、实效性的基本体现,这些文件既是指导学校开展思想政治理论课实践教学的政策依据,也是学校构建特色思想政治理论课实践教学模式的立论依据。

中华优秀传统文化是中华民族的精神命脉,是涵养社会主义核心价值观的重要源泉,也是我们在世界文化激荡中站稳脚跟的坚实根基。思想政治理论课实践教学的实践已经证明,“讲好中国理论,必须要讲好中国故事,首先要讲好身边人的故事,如果教师就地取材,在教学中把学生身边的教育资源整理成教学案例、教学视频来说明比较抽象的理论,更能显示教学的真实性和亲切性,可以增加教学吸引力和感染力”②。毋庸置疑,作为中华优秀传统文化的构成部分之一,地方特色资源应在这一过程中发挥独特作用。但如何界定地方特色资源、哪些地方特色资源以何种形式融入思想政治理论课的实践教学之中,既是构建具有本校特色思政课实践教学模式的前提,也是实施校本工程建设的有力支撑。

---

① 史向军,夏玉汉.增强高校思想政治教育的时代性:新时代高校思想政治教育贯彻落实党的十九大精神的几个维度[J].思想理论教育,2017(12):21-25.

② 胡春霞.地方特色教育资源融入高职思政课教学途径探究:以聊城市为例[J].南方论刊,2018(12):94-96.

第二章　划分地方特色资源的基本依据及基本类型

我国高校尽管地域分布不均衡，但任何高校所处地区都有一定的地方特色资源。只有借助本地特色资源，建立具有地域特色的思想政治理论课实践教学模式，提升实践教学的效果，才能实现思想政治理论课教育教学效果的最大化。2012年1月，教育部、中宣部等部门在《关于进一步加强高校实践育人工作的若干意见》(教思政〔2012〕1号)中明确提出："促进高校办出特色。加强地方本科高校建设，以抚需、扶持为原则，发挥政策引导和资源配置作用，支持有特色高水平地方高校发展。"地方特色资源种类繁多，但其核心是地方特色文化资源。在突出学科专业特色的前提下，把地方特色资源有效融入思想政治理论课的实践教学环节，"使大学生在'生活'中进行角色、亲历性学习与精神世界建构，才能激发大学生的情感共鸣和认同动机，从而推动大学生知—情—意—信—行的层层转化"①，既是创新高校思政课实践教学的有效路径，也是实现本校思想政治理论课实践教学特色发展的基本出路。作为山东省的南大门，枣庄市不仅历史悠久，也是近代民族工业文明的发源地，更是典型的"中国红色经典城市"，境内种类繁多又富蕴文化价值的特色资源给枣庄学院开展思想政治理论课实践教学提供了广阔空间和肥沃土壤。科学认识地方特色资源是本书研究的基础，合理区分并以适当形式把地方特色资源融入思想政治理论课实践教学之中，是枣庄学院开创思想政治理论课实践教学新篇章的关键。

一、地方特色资源的含义

作为一个专有名词，地方特色资源具有独特的价值内涵、指称对象和价值意义，在不同场合下，它的内涵是不同的。正确认识并理解地方特色资源的含

---

① 卢昌文，石红春．地域特色文化资源融入思想政治理论课教学的价值与实现[J]．高教论坛，2019(2)：38-42．

义，既是本书研究的理论依据，也是思想政治理论课实践教学有效推进的立足点和突破口，更是目前学术界部分学者依旧再研究和再审视的一个基本问题。尽管不同的学者根据自己的理解对地方特色资源给出了合理的解读，也获得了一定群体的认可，但从思想政治教育接受学的角度出发，由于接受是一种具体的社会现象，是主体(即受教育者)在外界环境影响下，尤其是在教育的控制下，选择和摄取思想教育信息的一种能动活动①；从供需角度看，思想政治理论课是一个将马克思主义科学理论等内容由供给方传递至需求方的过程，其不仅体现了党和国家对大学生人才培养的精神层面的要求，更呈现了大学生在社会化过程中个体精神发展的自觉要求②；从教育资源配置角度看，思想政治理论课实践教学的过程实质是思想政治教育资源发挥作用的过程，必须加强思想政治教育资源的开发和利用③。所以，这就需要我们正确理解和区分地方特色资源，科学概括地方特色资源的内涵并合理划分其种类，这是实现地方特色资源有效融入思想政治理论课的实践教学之中的关键。

从中国汉语的本源出发，也从思想政治理论课的客观需要出发，是正确理解地方特色资源问题的基础。作为一个复合名词，地方特色资源有三个词语组合而成，每个词都包含多重含义，如“地方”一词多达七种含义：一是指中央政府管理下的各级行政区；二是指古代地理观念，谓之地呈方形；三是指本地或当地；四是与“部队”相对的地区；五是指甲长或地保；六是指居住的处所、地点或位置；七是指部分或部位。“特色”一词一般是指一个事物或一种事物显著区别于其他事物的风格和形式，是由事物赖以产生和发展的特定的具体的环境因素所决定的，是其所属事物独有的。“资源”是指一国或一定地区内拥有的物力、财力、人力等各种物质要素的总称，分为自然资源和社会资源两大类，前者如阳光、空气、水、土地、森林、草原、动物、矿藏等，后者包括人力资源、信息资源以及经过劳动创造的各种物质财富等。尽管我国各地的自然资源分布不均衡，但各地区却有独特的自然景观资源和社会文化资源。只有正确认识并合理利用地方特色资源，“积极开发优秀民族道德教育资源，利用各种爱国主义教育基地，进行历史和革命传统教育”④，才能实现教育教学效益的最大化。

---

① 邱柏生. 思想教育接受学[M]. 太原：山西人民出版社，1992：3.

② 姜强强. 供给侧视域下高校思想政治理论课教学改革论析[J]. 黑龙江工业学院学报(综合版)，2018(11)：6-11.

③ 陈华洲. 思想政治教育资源开发利用的问题与对策[J]. 江汉论坛，2009(6)：43-45.

④ 中共中央. 公民道德建设实施纲要[N]. 人民日报，2001-10-25(1).

把独立的三个词合成“地方特色资源”这一专属复合名词后，地方特色资源因其指向的目标差异就导致了其所包含内容的不一样，即使出发角度和指向目标相同，也会因个人的理解不同而得到不同答案。如从思想政治教育的影响或功能的角度出发，虽然只有少数学者对地方特色资源给出了界定，但认识却差别较大。张艳红认为，地方特色资源就是主要通过对乡土特色资源、生产生活资源以及研究性学习资源等资源的开发来为该课程提供丰富的课程资源①。穆湘兰认为，地方特色资源是指各个地域独特的自然资源以及在长期的历史发展过程中所形成的各种社会资源，其中自然资源主要包括自然风光、独特的动植物资源和矿产资源等；社会资源则主要指地方的历史文化、风土人情、时代风貌中的地域精神以及历史遗迹、博物馆、纪念馆等实体性遗迹②。王荣红则认为，地方特色资源是地方高校思想政治理论课实践教学资源的重要组成部分，包括地方特有的物质资源、人力资源、活动资源和信息资源③。

由于思想政治理论课的实践教学环节是一个多边的社会行为，是一个广大学生群体在教师的指导或带领下，通过接触特殊社会资源以陶冶情操、培养感情、增长才干、认清自我和修正自我的过程，只有尽可能多地把当地的多样资源有效融入这一过程并通过适当的形式发挥其道德价值和社会价值的合力作用，才能触动受教育者的思想和行为的变化从而达到育人效果。从这一综合立场出发，笔者认为董海龙提出的观点比较科学合理，那就是：“地方特色资源是指能有效促进高校德育实践教学开展的极具地方特色的历史、人文、自然和发展资源的总和。”④因为这一概念具有两大优势。一是这一概念对地方特色资源的分类问题提出了指导原则。选择和使用地方特色资源必须要从是否能起到高校德育的目的出发，这是开展高校思想政治理论课的实践教学的宗旨和指导原则。二是符合高校思想政治理论教育的实际需要。由于“思想政治教育是一个信息输入与输出的过程，而受教育者在这一过程中收获多少，在一定程度上受要求标准是否严格的影响”⑤，能否把符合要求的地方特色教育资源有效的融入

---

① 张艳红.综合实践活动课程地方特色资源开发与利用[J].小学教学参考，2016(33)：82.

② 穆湘兰.地方特色资源的人文价值及其运用策略[J].广州城市职业学院学报，2010(4)：31-34.

③ 王荣红.整合特色资源，增进地方高校思想政治理论课实践教学实效[J].科技信息，2011(9)：8，19.

④ 董海龙.地方特色资源在高校德育实践教学中的应用研究[J].扬州大学学报(高教研究版)，2012(3)：62-65.

⑤ 赵霞.高校思想政治教育要坚持“高、实、严、新”[EB/OL].(2016-12-09)[2020-02-04].http://cpc.people.com.cn/pinglun/n1/2016/1209/c241220-28938782.html.

思想政治教育教学的过程之中，是保证受教育者有收获的前提条件。这一概念的优势就在于给我们选择教育资源提供了合理标准，能够帮助我们从一个地方的特色资源库之中及时有效地选择、搜集符合要求的教育教学资源。

二、地方特色资源的划分依据及基本类型

尽管地方特色资源种类繁多、形式各异，理论上应囊括本地所有呈现出鲜明的地方“特色”的各类资源，但从服务思想政治教育教学的角度而言，那些具有德育功能和社会人文价值的地方特色资源才是我们需要关注和研究的对象，可以称之为狭义的地方特色资源。依据这一理解，学者们根据自己制定的标准对地方特色资源的类型进行了合理划分，如刘芳认为地方特色资源主要包括“地方物质文化，如历史遗址、遗迹、村落建筑、名人故居、革命纪念地、档案馆、地方企业和民间资料等；地方精神、制度文化和思想文化，如地方民俗、地方文化品牌、地方企业文化等；地方现实发生的事件和有影响的人物事迹等”①；董海龙则把地方特色资源划分为“源远流长的历史资源、光耀千秋的人文资源、多姿多彩的自然资源和拼搏向上的发展资源”②。尽管各位学者的划分方式各有其理论基础，但依据能否发挥德育功能及从地方特色资源的存在形式的角度出发，特别考虑到教学研究需要以及其在思想政治理论课实践教学中所发挥的作用，我认为把一个地方的特色资源作出如下划分可能更为合理。

（一）地方特色地理资源

地方特色地理资源是指一个地区客观存在的、既具有各地共性又带有本地特色的场所、场地或环境资源。客观性又称为真实性，客观实在性，是与主观性相对立的范畴。一般来说，客观性是指看得见、摸得着的客观存在的事物，而不是以观念形式存在的事物。由于“接受主体出于自身需要，在环境的作用影响下通过某些中介对接受客体进行反映、选择、整合、内化、外化、行为多环节构成的、连续的、完整的活动过程”③，所以，作为一个地方的社会环境、经济发展、道德风貌的特殊反映的基本缩影，客观鲜活的特色地理资源既给高校开展思想政治理论课的实践教学提供了社会调研和考察的基地，也给当代大学生多角度认

---

① 刘芳.“双融双通”视域下的地方特色资源在思政课教学中的运用[J].教育与职业，2014(36)：123-124.

② 董海龙.地方特色资源在高校德育实践教学中的应用研究[J].扬州大学学报(高教研究版)，2012(3)：62-65.

③ 王敏.思想政治教育接受论[M].武汉：湖北人民出版社，2002：33.

识社会、了解社会和服务社会打开了一扇窗户，有助于大学生在耳濡目染中获得大量的、在课堂上无法得到的感受和体会，能够帮助那些对未来充满了美好幻想的大学生变得理性和自信，有助于引导他们修正自己对社会的认识和自我未来的发展定位。所以，我们绝不忽视这种资源的特殊教育作用。一般而言，地方特色地理资源可划分为以下几类。

1. 地方特色农村资源

农村是相对于城市的称谓，也称为农业区、村落或乡村，是指具有特定的自然景观和社会经济条件，以从事农业生产为主的劳动者的聚居地。我们党和国家历来关注和重视农村问题。在革命战争年代，广大农村地区是中国革命的根据地和能源补给站；在社会主义建设时期，广阔农村是促进中国发展的巨大引擎。因此，任何时候都不能忽视农村的重要性。站在历史的新起点上，习近平总书记明确指出："任何时候都不能忽视农业、忘记农民、淡漠农村。……做好经济社会发展工作，民生是'指南针'"[①]"农业强不强、农村美不美、农民富不富，决定着亿万农民的获得感和幸福感，决定着我国全面小康社会的成色和社会主义现代化的质量"[②]。尽管我国的农村具有相似性，但因其地理条件、历史传统、居民生活方式和发展程度的差异注定了各地农村的地方性，也注定了各村发展特点的不同。如枣庄市以乡镇企业闻名遐迩的滕州市大宗村，既是"全国小康建设明星村""全国先进基层党组织""全国生态文化村""中华孝心第一村"，也是"全国新农村建设示范区""全国百强村""国家 AAA 级旅游风景区""全国十大最美乡村""山东省十大名村"，享有"鲁南第一村"的美誉。以伏里土陶驰名的山亭区伏里村、以种植石榴闻名于世的驿城区匡谈村、以葫芦文化经济而出名的山亭区葫芦套村等，都呈现出了鲜明的地域特点。把这些各具特色的农村资源融入思想政治理论课的实践教学中，有助于当代大学生认识我国农村的发展现状。

在关注特色乡村的同时，我们也不能忽略那些不太富裕的村子。习近平总书记指出："全面建成小康社会，最艰巨最繁重的任务在农村，特别是在贫困地区。没有农村的小康，特别是没有贫困地区的小康，就没有全面建成小康社

---

① 习近平. 保持战略定力增强发展自信 坚持变中求新变中求进变中突破[N]. 人民日报，2015-07-19(1).

② 习近平. 在 2017 年中央农村工作会议上的讲话[N]. 光明日报，2017-12-30(1).

会。”[①]脚下沾有多少泥土，心中就沉淀多少真情。通过对本地一些农村的走访调研，大学生切身感受到改革开放以来农村出现的新气象、新变化，也为那些依旧不富裕农村的发展探寻发展的新思路，为我国改革开放以来一些农村出现的空心化、老龄化、空巢化和留守儿童的安全教育等问题寻根把脉，为当地政府妥善解决“四农”（农业、农村、农民和农民工）问题献言献策。“消除贫困、改善民生、实现共同富裕，是社会主义的本质要求。对困难群众，我们要格外关注、格外关爱、格外关心。”[②]通过走访调研农村，也让大学生认识党和国家实施“第一书记”工程、新农村建设、精准扶贫工程和乡村振兴战略的积极作用，充分理解“扶贫先扶志 治穷先治愚”的必要性，激励他们为把“农村变美、农业变强、农民变富”而奉献自我。

2. 地方特色山地资源

作为特殊的教学资源，名山大川历来在人们心中有着至高无上的地位。把当地的山地资源融入思想政治理论课的实践教学中，通过对山地的参观考察，让学生近距离观察当地的风土人情、植被分布、水土保持和发展状况，通过感受奇特瑰丽的自然风光来陶冶情操，强健体魄，开阔视野，增长才干。“祖国的大好河山，不只是自然风光，还是主权、财富、民族发展和进步的基本载体。”[③]枣庄市地处鲁中南的低山丘陵南部地区，地形地貌复杂多样。尽管地理面积只有4563平方公里，但枣庄市境内却有大小山头5000多个，而且大多风景秀丽且各具特色，如“沂蒙七十二崮之首”的抱犊崮 、天下“第一情山”莲青山、国家地质公园熊耳山、诡异的枣庄龟山、“天然氧吧”枣庄永安莲花山、枣庄第一山的翼云山等。通过考察这些有特色的山地资源和大山中的革命遗址或红色场馆，大学生能深刻感受到革命先驱在抗日战场上奋勇杀敌甚至以身殉国的历史责任感和民族使命感，从而激发起他们的爱国情怀和民族自豪感，引导他们为实现国家富强、民族振兴、人民幸福而贡献青春、奉献自我。当然，尽管这种资源对实践教学具有特殊功效，也深受大学生欢迎，但出于人身安全角度的考虑，在选择这种实践教学资源时应持谨慎态度。

3. 地方城市特色问题资源

本意指该城市存在的特殊问题资源，在这里主要指该城市为解决本地突出

---

① 习近平. 习近平谈治国理政[M]. 北京：外文出版社，2014：189.

② 习近平. 习近平谈治国理政[M]. 北京：外文出版社，2014：189.

③ 本书编写组. 思想道德修养与法律基础（2018版）[M]. 北京：高等教育出版社，2018：55.

问题因建立某些特殊场所或场地而产生的问题资源，也包括本地那些具有代表性的问题资源。作为人口聚居的"经济、政治和人民生活的中心，是前进的主要动力"①，任何城市都有自己的特殊问题。这些场所或场地资源既是解决这些问题的实践舞台，也给我们开展实践教学提供了特殊素材。枣庄是一座典型的资源型城市、老工业基地，既具有一般城市的共性，也有自己的特色。丰富的煤炭资源造就了枣庄昔日的辉煌，但随着本地煤炭资源逐渐枯竭，枣庄市经济发展逐渐的没落，2009 年被国务院确定为全国第二批资源枯竭城市转型试点。摆脱当前发展困境找到适合自身发展的道路，既需要当地党委政府的开拓创新，也需要发挥枣庄市社会各界的聪明才智。古语云，人心齐，泰山移。习近平总书记指出："人民是历史的创造者，群众是真正的英雄。人民群众是我们力量的源泉。我们深深知道，每个人的力量是有限的，但只要我们万众一心，众志成城，就没有克服不了的困难。"②作为人民群众的特殊组成部分，充满朝气与活力的当代大学生将是我们不可忽视的力量。把这些问题资源引入高校思想政治理论课的实践教学之中，就是提高当代大学生的思想认识和发挥其聪明才智的一种大胆尝试。

尽管枣庄城市问题纷繁复杂，但以下问题值得大学生认真思考。一是城市发展的转型问题。随着煤炭资源的日益枯竭，枣庄市原来以当地资源而建立的工厂企业纷纷破产倒闭，从而引发了下岗职工数量多、企业转型慢、职工再就业难、城中村改造难等一系列社会问题。如何结合枣庄实际推动产业的转制转型，实现枣庄的浴火重生是亟待解决的关键问题。二是城市社区问题。通过对城市社区的走访调查，了解市民的生活状况、思想动态，倾听市民对孩子上学、买房、物业收费、小区停车等问题的认识，为实现城市和谐提供合理化建议。三是跳广场舞问题。广场舞给广大中老年市民带来了健康娱乐，但由于场地选择、时间安排等也产生了一些社会问题。如何解决这些问题考验着各方的耐心、意志和聪明才智。三是城市农民工问题。尽管党和国家为农民工维护自身权益提供了政策保障，但农民工在城市中的就业不稳定、工资待遇低、社会保障滞后、子女入学难、感情孤独等问题依旧存在且需要密切关注。通过对枣庄市区农民工的走访调查，大学生可以了解农民工当前的生活现状。此外，枣庄老城区的城中村拆迁、幼儿入园、孩子上学、"菜篮子"安全、市民交通安全意识等

---

① 列宁全集(第 19 卷)[M]. 北京：人民出版社，1959：264.

② 习近平. 习近平谈治国理政[M]. 北京：外文出版社，2014：5.

问题也值得关注。通过对市民群体的走访调查，倾听他们的心声，分享他们的快乐与痛苦，分析当前影响枣庄城市发展的瓶颈问题，为促进枣庄市的和谐发展建言献策。

4. 地方特色企业资源

这里主要指依托地方矿产资源或与这些资源相关联而建立的工厂企业，如中兴煤矿公司、枣庄市王晁煤矿有限公司、枣庄矿业集团陶庄煤矿；依托煤化工而成立的枣庄市焦化厂、薛城区焦化厂、枣庄沂州煤焦化有限公司；依托枣庄山地资源兴建的鲁光水泥有限公司、中联水泥公司；依托棉花资源而兴建的枣庄一棉、二棉等工厂企业。地方特色企业既是一个地方发展变化的历史见证者，也是一个地方社会变迁的承担者和奉献者，曾经影响了一个地方的社会稳定和经济发展。随着改革开放和国家经济政策的调整变化，一些企业得到了发展壮大，还有一些曾为枣庄发展做出过突出贡献的工厂企业已退出了历史舞台，甚至成为人们茶余饭后的话题或美好的励志记忆，成立于1878年中兴煤矿公司就是突出代表。作为第一家完全由中国人自办的“民族股份制企业”，为国家和枣庄的发展做出了巨大贡献。把本地的标志性的工厂企业纳入思想政治理论课的实践教学中来，通过参观其厂房或历史遗迹，通过研究它们的发展变迁和兴衰成败，通过倾听那些曾经的规划者、创业者和见证者的内心感想，既让学生了解枣庄市的辉煌过去和今天的发展困惑，也感受到企业在市场经济条件下的紧迫感、危机感和无奈感，引导他们深刻认识自身实际与现实需要之间的差距，有助于他们完善自己的人生理想和职业规划。

5. 地方特殊关爱群体场所资源

地方特殊关爱群体就是指本地需要特别关注并及时给予特殊帮助的对象或群体，如枣庄市辖区内的山亭区的北庄镇留守儿童关爱中心和冯卯镇留守儿童关爱中心、枣庄市中区孟庄镇留守儿童关爱中心、枣庄银光福源养老中心、枣庄市中区南龙头老年公寓、枣庄市聋哑学校等。在广大农村地区，由于大量青壮年农民外出务工，诞生了农村留守儿童群体和留守儿童关爱中心。虽然祖父母或外祖父母可以在生活上给予关心照顾，但课业辅导、心理困惑和感情缺失却让很多“隔代教育者”束手无策，导致一些留守儿童出现了感情孤独、心理脆弱、逃课厌学等不良现象，有些孩子甚至还走上了违法犯罪的道路。为让留守儿童健康成长，我校大学生自2013年春以来就一直利用周末时间到山亭区、市中区的一些留守儿童关爱中心进行义务支教活动，还和山亭区冯卯镇留守儿童关爱中心、市中区孟庄镇留守儿童关爱中心签订了合作协议。在城市特殊关爱场所，我校大学生除定期帮助福利院或老年公寓进行卫生扫除、陪老人聊天、下棋、修剪指甲和梳头外，有特长的学生还经常奉上他们自编自导的舞蹈、乐器演奏、小合唱等节目，让宁静的敬老院、疗养院充满了欢歌笑语。我校大学生的义务支教、以情关爱等活动受到了社会各界的充分肯定，也使当代大学生深刻体会到了自己的社会价值和社会使命。

（二）地方特色文化资源

作为非常广泛和最具人文意味的概念，文化是地区人类的生活要素形态的统称，即衣、冠、文、物、食、住、行等。在中国古文献中，“文”既指文字、文章、文采，又指礼乐制度、法律条文等；“化”是教化、教行的意思。从社会治理的角度而言，“文化”就是指以礼乐制度教化百姓。汉代刘向在《说苑》中说：“凡武之兴，谓不服也，文化不改，然后加诛”，即为此意。在西方，“文化”一词源于拉丁文，原义指农耕及对植物的培育。自 15 世纪以来，文化逐渐引申为对人的品德和能力的培养。在现代意义上，广义的文化是指人类创造的一切物质产品和精神产品的总和；狭义的文化专指语言、文学、艺术及一切意识形态在内的精神产品。从思想政治教育接受学的角度出发，关于地方特色文化资源，“就是指人们在一定的自然环境中经过长期生存发展而形成的具有某种特色的自然风貌、社会风俗、思想观念、价值取向和人文精神等因素，这些因素相互影响、互相浸润而孕育产生的具有本地特色文化资源”①，是一个地区在长期的历史发展过程中由生活在本地区的各民族立足本地创造而成的带有本地特色的文化资源。

习近平总书记指出：“文化是一个国家、一个民族的灵魂。文化兴国运兴，文化强民族强。没有高度的文化自信，没有文化的繁荣兴盛，就没有中华民族伟大复兴。”②作为泰岱以南、黄淮地区东夷文明的发源地，枣庄不仅历史文化遗存丰富，历史影响和教育价值也十分突出。“四大古文化”作为枣庄地区历史文化的典型代表，7300 年的始祖文化（北辛文化）是迄今为止黄淮地区考古发现的最古老文化，也是山东大汶口文化发展的源头；4300 年的城邦文化是佐证枣庄就是先秦时期我国古都城分布最密集的两个地区之一的有力材料；2700 年的运

① 毛加明，丁旭峰. 地方特色文化资源与高职思政课实践教学有机融合初探[J]. 价值工程，2013(32)：236-237.

② 习近平. 决胜全面建成小康社会，夺取新时代中国特色社会主义伟大胜利：在中国共产党第十九次全国代表大会上的报告[N]. 人民日报，2017-10-19(1).

河文化既是南北文化交融、中西文化合璧的鲜明特征，也是修复和再造台儿庄古城的文化基础；130年的工业文化启发了中国民族工业的发展。作为近代民族工业文明的发源地，我国历史上第一家股份制企业——中兴公司就诞生在这里，并发行了我国第一张股票。尽管辉煌不再，但中兴公司及由此诞生的中兴文化却长盛不衰，国际洋行、枣庄老车站等中兴文化遗迹遗址也在诉说着那些故事。

作为中华优秀传统文化的特殊组成部分，地方特色文化凝聚了该地区的文化精华和优秀传统，是中华灿烂文化的特殊展示和历史遗存。“中国传统文化博大精深，学习和掌握其中的各种思想精华，对树立正确的世界观、人生观、价值观很有益处。学史可以看成败、鉴得失、知兴替；学诗可以情飞扬、志高昂、人灵秀；学伦理可以知廉耻、懂荣辱、辨是非。”①作为衡量一个地区的发展程度和当地先民历史贡献的一种客观评价指标，地方特色文化不仅具有浓厚的地方民族特色，既是让当代大学生了解学习中华传统文化的特殊渠道，也是丰富高校思想政治理论课实践教学的有效载体。因此，“讲清楚中华文化积淀着中华民族最深沉的精神追求，是中华民族生生不息、发展壮大的丰厚滋养；讲清楚中华优秀传统文化是中华民族的突出优势，是我们最深厚的文化软实力；讲清楚中国特色社会主义植根于中华文化沃土、反映中国人民意愿、适应中国和时代发展进步要求，有着深厚历史渊源和广泛现实基础。讲清楚中华优秀传统文化是中华民族的突出优势，是我们最深厚的文化软实力”②。根据地方特色文化的形成特点和存在形式划分地方特色文化资源是最合理的依据，但从服务于思想政治理论课实践教学需要的角度出发，我们把枣庄地区的地方特色文化资源主要划分为以下几类。

1. 地方历史文化城镇资源

“所谓历史文化城镇，就是许许多多具有历史文化价值的建筑群体构成的具有地方特色的城镇街道景观。”③作为历史文化资源的一种基本表现，历史文化城镇的地面和地下保存着具有重要历史价值、艺术价值、科研价值的文物和建筑，“每个建筑物和构筑物都有其深远的由来和历史，如果能够为来访者提供详细了解的资料，则必然会给人们很大教育；如果能将它们组成一定形体，创造

① 习近平.习近平谈治国理政[M].北京：外文出版社，2014：406.

② 习近平.习近平谈治国理政(第2卷)[M].北京：外文出版社，2017：155-156.

③ 黄振亚.对中国历史文化城镇保护的思考用[J].黑龙江史志，2010(24)：58-59.

出我们四周的'环境景观'，那么就可以使平常完全生活在异地的人，扩大生活范围，弥补生活体验的不足"①。枣庄地区历史文化城镇资源丰富，省级四大历史文化名镇是突出代表。一是山亭区西集镇。作为伏羲故里，这里曾经历了商代暨国、春秋时期小邾国、倪国、滥国等四国，留下了形式多样的历史文化遗产。二是山亭区北庄镇。该镇不仅旅游资源丰富多样，境内的抱犊崮既是近代"民国第一案"的始发地，也是革命先辈的抗日根据地，更是鲁南地区第一个农村党支部的诞生地。三是山亭区冯卯镇。作为秦汉之际的古城遗址，该镇以拥有保存完好的独孤王城(今俗称为"独古城")遗址而闻名。四是薛城区邹坞镇。作为明清历史古镇，境内"九庙石桥七十二座瓷窑"名扬中外，具有"江北第一窑"之称。"文化城镇并不只是给外来者赏心悦目。文化城镇犹如地方文化的面孔，在这里反映着人们的实际体验，这是无法代替和置换的，他们将视它为自己的故土故乡。"②把历史文化城镇资源融入思想政治理论课的实践教学中，可以增加该课程的历史沧桑感和地域优越感。

2. 地方历史遗迹资源

历史遗迹是指前人遗留下来的，能够反映当时人类活动痕迹的场所或地点。尽管只是该地区先民们的历史记忆和活动遗留，但作为历史文化资源的主要表现形式，"历史遗迹不仅见证了历史的发生，更连接了历史、当下与未来"③。枣庄地区拥有北辛文化遗址、古滕国遗址、古薛国遗址、南常故城、孟尝君父子墓、明永乐皇帝妃——子权妃墓等历史遗迹，其历史价值不可估量。如北辛文化遗址，作为新石器时代的一次重要发现，揭示了七八千年前我们祖先在枣庄生活定居繁衍生息的生活情形，把山东的史前考古向前推进了一大步，具有重大的历史意义；古滕国遗址和古薛国遗址，既是枣庄这座城市历史变迁的特殊见证和资料留存，也客观证明了枣庄地区古代文明的辉煌和久远；滕州汉画像石反映了1800多年前汉朝社会的基本情况，是当时社会的一个缩影，既再现了中国绘画艺术的辉煌过去，也开启了魏晋南北朝绘画的先河。把枣庄地区的历史遗迹资源融入思想政治理论课的实践教学之中，将会增强课程的历史感和使命感。

---

① 黄振亚.对中国历史文化城镇保护的思考用[J].黑龙江史志，2010(24)：58-59.

② 黄振亚.对中国历史文化城镇保护的思考用[J].黑龙江史志，2010(24)：58-59.

③ 王进.历史遗迹在历史审美中的媒介作用[J].重庆科技学院学报(社会科学版)，2016(2)：88-89.

作为先民们特定时代活动的当代遗存,“历史遗迹是一座城市历史变迁的见证者,它向人们传递着特定历史时期的历史信息,具有不可移动的文物属性。这些历史遗迹承载着一座城市的历史记忆,对后世有着一定的历史教育意义,历史遗迹的消失将使历史的传承黯然失色,对于后世来说是一种莫名的遗憾”①。历史遗迹凝聚着不同时代的精华,集中反映了我国人民的智慧和创造力。把历史遗迹纳入思想政治理论课的实践教学环节,“让文物说话、把历史智慧告诉人们,激发我们的民族自豪感和自信心”②,既有助于继承和弘扬中华优秀传统文化,也能够促进中华文明的创造性转化和创新性发展。尽管枣庄地区历史遗迹资源十分丰富,但由于存在形式的单一性、考察手段的专业性及其价值的特殊性,我们必须在保证历史遗迹不被破坏的前提下,以灵活多样的形式将其融入思想政治理论课实践教学之中。

3. 地方历史名人资源

地方历史名人也称为地方历史人物,就是指一个地区在历史发展中起过重要影响,在历史长河中留下足迹,对当地或人类历史起到推动作用的人物,主要包括历代名人故居、名人活动遗址以及相关的纪念性文物与建筑。作为历史文化资源的又一种特殊表现形式,地方历史名人资源不仅反映着一个地区的文化内涵和品位,更是承载一座城市历史的名片。枣庄地区不仅历史名人众多,如中华造车始祖奚仲、商代名相仲虺、儒家“仁政”思想的实践者滕文公、养士三千的孟尝君、勇于自荐的毛遂、墨家学派创始人墨子、工匠祖师鲁班、为汉高祖制定朝廷礼仪的叔孙通、凿壁偷光的匡衡、“博学宏词”的大文学家贾三近等,而且大多流传广泛影响久远。如墨子,作为战国时期著名的思想家、教育家、科学家、军事家,被称为百科全书式的“平民圣人”,不仅创立了墨家学说,提出了“兼爱”“非攻”“尚贤”“节葬”“节用”等思想,形成了当时“非儒即墨”的百家争鸣局面,还创立了以几何学、物理学、光学为突出成就的一整套科学理论,被后世尊称为“科圣”。孙中山先生称之为“世界第一平等博爱主义大家”,与黄帝、华盛顿、卢梭并列为四大伟人,毛泽东认为“墨子是一个比孔子高明的圣人”。正因为有了这些历史名人,枣庄地区才充满了浓郁的文化感、厚重的沧桑感。

历史名人不仅是一个地方的名片,还是这个地方昔日荣耀的象征,他们以

---

① 闫雨晨.论城市发展过程中对历史遗迹的保护问题:以邯郸市“百家村惨案”纪念馆修建与保护工作为例[J].法治与社会,2017(13):295-296.

② 习近平.在建设首善之区上不断取得新成绩[N].人民日报,2017-06-05(1).

自己的事迹或精神影响了这座城市的精神气质和文化基因。作为中华民族的特殊代表和优秀传统文化的组成部分，历史名人身上充满了魅力，是非常具有吸引力的文化资源，名人故居则是名人成长的记录本和文化创造的见证者，某种意义上甚至代表一个民族的精神，蕴含着丰富的历史文化价值和教育教学价值，是进行大学生思想政治教育的重要载体，名人活动遗址是历史留给我们及子孙后代的一笔宝贵精神财物，是重要的民族文化遗产。"历史名人曾经在历史上发挥出巨大作用，随着社会不断发展，已经成为一种独特的文化现象。"[①]作为继承创新中华优秀传统文化的有益尝试，把当地历史名人资源纳入高校思想政治理论课的实践教学之中，带领大学生走进历史名人故居去感受体会历史文化，用历史名人的思想去浸润学生，用历史名人的事迹去感染学生。通过与历史名人的近距离的"接触交流"，大学生既提升了思想政治理论课的吸引力、影响力、感召力和感染力，也可能唤醒并激发藏在他们血液中的文化基因，提升他们的文化自觉、文化自信，增强他们对母校（大学）及所在地区的自豪感、认同感和使命感。

4．地方当代名人资源

作为与历史名人相对应的一类特殊的榜样引导或示范资源，地方当代名人资源主要指那些曾参加过革命战争而依旧健在并生活在枣庄地区的老革命家、战斗英雄或支前模范等资源，也包括自新中国成立（特别改革开放）以来枣庄各条战线上涌现出来的劳动模范、道德楷模等资源。通过对老革命家、战斗英雄、支前模范和劳动模范的专访，聆听他们的先进事迹或他们的"忆苦思甜"，"可以帮助大学生重温历史，在对比过去艰苦岁月的过程中，理解先辈为国家的繁荣与发展所作的努力与牺牲，感受当前生活的幸福与不易，提高民族自尊心与自信心，增强爱国主义观念与社会责任感，树立正确的人生观与价值观，积极抵制不良社会思潮的侵袭，自觉杜绝铺张浪费等不良思想和行为，发扬中华民族的传统美德"[②]，有助于引导他们的思想认识，更加坚定他们的理想信念，从而成长为合格的社会主义建设者和接班人。

作为艰苦奋斗精神的再现和继承的方式之一，"忆苦思甜"曾被广泛运用，并在振奋精神、鼓舞士气、增强斗志等方面发挥了重要作用，但现在已逐渐淡出了人们的视线。胡锦涛指出："历史和现实都表明，一个没有艰苦奋斗精神作支

① 马克家．浅论历史名人文化是旅游景区的灵魂[J]，黑龙江史志，2008(16)：72.

② 李羊城．论"忆苦思甜"在高校思想政治教育中的创新性运用[J]．教育与职业，2011(6)：65-67.

撑的民族，是难以自立自强的；一个没有艰苦奋斗精神作支撑的国家是难以发展进步的；一个没有艰苦奋斗精神作支撑的政党，是难以兴旺发达的。”①在当前高校学生的思想素质仍存在一些问题，高校思想政治教育体系在新形势下仍存在某些不足的形势下，我们有必要借助先进设备及声、光、色等科技手段以继承创新“忆苦思甜”的教育方式方法，“通过宣讲革命故事，弘扬革命精神的方式，帮助学生重温历史，回顾艰苦岁月，体味先辈的贫苦生活，感受自身的幸福生活，在对比中振奋精神，增长斗志”②。随着岁月的不断逝去，一些当代名人已渐渐老去，一些人即将化作历史丰碑或时代名片。在感谢他们为民族独立和国家发展做出巨大贡献的同时，我们有必要与时间赛跑，鼓励青年学生用现代化的技术设备把那些健在者们对国家的倾情付出和无私奉献记录下来，把他们对党和国家的深厚感情及对青年们的殷切期待记录下来。通过他们的娓娓叙述和激情回忆，有效激发起当代大学生的爱国情、报国志。

5. 地方红色文化及红色场馆资源

作为一种特殊的历史文化遗产，红色文化是指在革命战争年代，由中国共产党人、先进分子和人民群众共同创造并极具中国特色的先进文化，是人们超越时空感悟红色历史的客观载体，蕴含着丰富的革命精神和厚重的历史文化内涵，“包含着深沉的红色基因，蕴含着伟大而深刻的革命精神与崇高理想信念，是对党带领人民群众探索民族独立和伟大复兴历程的高度凝结”③。革命历史遗址、历史遗物是红色文化的表现形式，红色场馆是保存红色文化或再现当时革命场景的另类方式和特殊场所。作为对革命特殊时刻那些顶天立地英雄人物的历史场景的再现或回顾，“红色场馆是留存红色记忆的重要载体，是开展红色教育的重要形式，是弘扬中国精神的重要渠道，是代表着中华民族精神的独特标识”④，是帮助现代人追思过去、缅怀先烈的场所，是进行理想信念教育和社会主义核心价值观教育的特殊阵地。作为红色文化的保护者、表现者和传承者的静态表现，“红色文化场馆承载着静态的红色基因，是整合和展现红色文化的重要载体与平台，在红色文化场馆中可以集中、高效地开展红色文化的宣传教育”⑤。把用无数仁人志士鲜血凝成的红色文化和记载不朽革命场景的红色场

① 胡锦涛. 胡锦涛文选(第 2 卷)[M]. 北京：人民出版社，2016：6.

② 李羊城. 论“忆苦思甜”在高校思想政治教育中的创新性运用[J]. 教育与职业，2011(6)：65-67.

③ 李智. 红色文化为文化自信筑基[J]. 人民论坛，2018(13)：136-137.

④ 沈传亮. 红色场馆是中华民族的精神标识[N]. 光明日报，2016-05-14(1).

⑤ 李智. 红色文化为文化自信筑基[J]. 人民论坛，2018(13)：136-137.

馆资源融入高校思想政治理论课的实践教学之中，能把教材中静态的思想理论鲜活起来，有助于大学生固根守魂。

作为一座具有革命光荣传统的正义之城，枣庄市既有独特的红色文化资源，如以震惊中外的台儿庄大战及由此衍生的抗战文化，以讲授扎根枣庄、享誉全国、厚重而传奇的革命老区文化，以铁道游击队、苏鲁支队、运河支队和文峰大队抗日壮举为基础的枣庄人民抗日文化，也有形式多样、内涵丰富的红色场馆资源，如台儿庄大战纪念馆、铁道游击队纪念馆、鲁南人民抗日武装起义纪念馆、八路军一一五师抱犊崮抗日纪念园、李宗仁史料馆，以及被誉为“山东小延安”的抱犊崮山区革命根据地等。把红色文化资源融入思想政治理论课的实践教学之中，并走进红色展馆去瞻仰学习“百年来中华民族志士仁人、先进分子献身民族复兴可歌可泣的人物事迹”①，实现原理讲解与鲜活社会相结合、枯燥道理讲述与革命历史场景相结合，才能使红色革命故事复活生动过来，使思想政治理论课鲜活起来。尽管当今社会已进入全球化时代，我们要不忘初心、坚守使命，就不能忽视地方红色文化及红色场馆资源的特殊使命和当代价值。只有“深挖红色资源、延续红色基因，才能巩固中国革命的历史地位，才能强化人民群众的历史记忆，才能在全社会弘扬优良道德风尚”②，发挥地方红色文化及红色场馆的正能量，才能帮助大学生认识到我们今天幸福生活的来之不易，才能引导他们端正思想和筑牢理想信念，使他们成为社会主义事业的捍卫者和建设者。

6. 地方民间文化资源

从一般意义上说，民间文化就是指由一个地区的社会基层民众集体创造的、自发的、自娱的、通俗的人类群体文化，一般具有自发性、地域性、传承性等特点。“民间文化是一个特定区域内祖祖辈辈共创和共享的文化传统，是广大群众在长期社会生活中所创造、继承和发展而形成的民族文化。”③按照实践教学的最初的设计与课程要求，“马克思主义基本原理概论”的实践教学主要是通过研读马克思、恩格斯、列宁、毛泽东、邓小平等马克思主义者的经典著作写读后感。虽然做到了与教材相一致，但总感觉形式比较枯燥单一，不容易提升学生的学习兴趣。尽管与马克思主义经典作家的经典著作存在较大差异，但把地

① 闫晓峰.红色场馆是中华民族的精神标识[N].光明日报，2016-05-14(1).

② 李智.红色文化为文化自信筑基[J].人民论坛，2018(13)：136-137.

③ 万建中.中国民间文化[M].北京：北京师范大学出版社，2010：36.

方民间文化吸纳进思想政治理论课实践教学之中，让大学生感受中华优秀传统文化的多样性和精彩性，不仅有助于对中华优秀传统文化的继承与创新，也能够增强他们的民族自豪感和历史自豪感。各地在发展过程中都形成了独具特色的民间文化，枣庄自然也不例外。如枣庄柳琴戏文化、台儿庄运河文化，及由台儿庄运河文化发展而来的商旅文化、建筑文化、市井文化、纤夫文化、尚勇文化等。作为一种保留了较多传统色彩的基因文化，尽管表现形式各异，但民间文化是延续民族根脉不可替代的教育资源，对于传承民族基因和延续民族根脉具有特殊效果。如枣庄柳琴戏，不仅唱腔优美，民间还有“柳琴戏一来，跑掉了绣鞋；柳琴戏一走，睡倒了十九”的说法，故柳琴戏又被称之为“拉魂腔”。把地方民间文化融入思想政治理论课实践教学中，不仅给学生提供了一个了解学习当地民间文化的机会，也丰富了思想政治理论课的教学内容，有利于激发学生的学习兴趣，对于传承中华优秀传统文化也大有裨益。

民间文化是延续民族根脉不可替代的教育资源，是一个地方的民族发展的参考依据，是一个地方社会变迁的历史缩影，对于传承民族精神具有特殊效果。把反映当地特色民间文化的图书资料纳入思想政治理论课实践教学之中，实现思想政治理论教育教学同中华民族传统文化的结合，是一个合理的选项。民间文化是对一个地方的先民的勤劳智慧的后世流传和批判继承，值得我们学习借鉴。习近平总书记在2014年5月4日举行的北大师生座谈会上指出：“中国化优秀传统文化已经成为中华民族的基因，植根在中国人内心，潜移默化影响着中国人的思想方式和行为方式。今天，我们提倡和弘扬社会主义核心价值观，必须从中汲取丰富营养，否则就不会有生命力和影响力。”①习近平总书记还指出：“像这样的思想和理念，不论过去还是现在，都有其鲜明的民族特色，都有其永不褪色的时代价值。这些思想和理念，既随着时间推移和时代变迁而不断与时俱进，又有其自身的连续性和稳定性。”②教师把枣庄地区的民间文化纳入思想政治理论课实践教学之中，通过对代表性的图书资料的阅读欣赏，让学生全面了解枣庄地区深厚的文化底蕴和多样的民间文化，既体会了劳动人民是“物质财富创造者、精神财富创造者和推动社会变革的决定力量”原理的内涵，也为促进包括枣庄地区在内的中华民间文化的发展、为建设社会主义文化强国寻找了突破口。

总之，作为中华优秀传统文化的特殊表现形式，地方特色资源既是中华民

---

① 习近平.习近平谈治国理政[M].北京：外文出版社，2014：170.

② 习近平.习近平谈治国理政[M].北京：外文出版社，2014：171.

族精神的有效载体，也是涵养社会主义核心价值观的重要源泉，更是保证我们在世界文化激荡中站稳脚跟的特殊根基。当然，“我们不仅要了解中国的历史文化，还要睁眼看世界，了解世界上不同民族的历史文化，去其糟粕，取其精华，从中获得启发，为我所用”[①]。只有继承发扬各种文化的优秀思想和先进理念，才能促进我们事业的更好、更快地发展。尽管“只有那些蕴含思想政治教育因子，符合思政课教育主旨的类型，才能纳入思政课的教学视野”[②]，但把符合条件的地方特色资源以大学生喜闻乐见的方式融入思想政治理论课的实践教学之中，通过让广大学生深入农村、社区和企业调研了解现实，通过到留守关爱儿童和养老院奉献爱心，通过考察历史文化遗址和历史名人场馆增进自豪感，通过参观革命英烈和瞻仰红色场馆坚定意志，通过欣赏地方民间戏曲、游览台儿庄古城去感受市井文化的独特魅力和运河的不老传奇，通过尝试运河拉纤游戏去体会我国旧社会运河两岸劳动者的心酸与无奈，这不仅有利于形成本源性的特色教学资源，有助于引导学生树立和坚持正确的历史观、民族观、国家观、文化观，增强做中国人的骨气和底气，也增强了思想政治理论课的感染力和说服力。

三、地方特色资源融入思想政治理论课实践教学的必要性

实现高校思想政治理论课的“理论灌输”与社会实践的有效结合，既是培养新时代人才的主观诉求，也是使马克思主义在中华大地生根发芽的基本要求，更是实现思想政治理论教育要求的时代体现。只有与社会现实相结合，才能使马克思主义的生机与活力展示出来，才能被社会大众所接受。毛泽东指出：“我们说马克思主义是对的，绝不是因为马克思这个人是什么‘先哲’，而是因为他的理论，在我们的实践中，在我们的斗争中，证明了是对的。我们的斗争需要马克思主义。”[③]“我们说的马克思主义，是要在群众生活群众斗争里实际发生作用的活的马克思主义，不是口头上的马克思主义。”[④]中共六届六中全会所作的政治报告中，基于建党 17 年以来的经验教训，毛泽东更是明确指出：中国共产党必须“学会把马克思列宁主义的理论应用于中国的具体的环境”，“按照中国的特点去应用它”，“使马克思主义在中国具体化”，并强调说，这是“全党亟待了解

① 习近平.习近平谈治国理政[M].北京：外文出版社，2014：406.

② 卢昌文，石红春.地域特色文化资源融入思想政治理论课教学的价值与实现[J].高教论坛，2019(2)：38-42.

③ 毛泽东.毛泽东选集(第 1 卷)[M].北京：人民出版社，1991：111.

④ 毛泽东.毛泽东选集(第 3 卷)[M].北京：人民出版社，1991：858.

并亟须解决的问题"[①]。在新时代，地方特色资源为高校开展思想政治理论课实践教学提供了资料和土壤，为发展马克思主义的提供了机遇，为大学生认识和完善自我提供了特殊舞台。把地方特色资源融入思想政治理论课的实践教学中，对于各高校探索构建独具特色的思想政治理论课实践教学模式具有重要的理论价值和现实意义。

（一）适应高校思想政治理论课教学改革

为落实和强化高校思想政治理论课的实践教学环节，尽管中共中央国务院制定了大政方针，中宣部、教育部也在印发实施的《普通高校思想政治理论课建设体系创新计划》等文件中进一步强调了要"努力强化实践教学，建设与课堂教学相互促进的思想政治理论课第二课堂教学体系"的要求。但由于各学校的具体情况不同，特别由于教学经费、教学场所等诸方面的制约，"多数高校在认识上仅仅把思想政治理论课的内涵定位在社会实践上，其实现的形式也只是社会调查和外出参观，因而这样的实践教学不可能在全校学生中普遍展开，要么虚置于教学计划上，要么以点代面，只由部分学生代表参与"[②]，致使实践教学环节在整个思想政治理论课当中的特定功能没能充分发挥出来。把学校所在的特色资源融入思想政治理论课的实践教学之中，让学生通过教学团队的形式利用周末或节假日（如清明节、端午节、中秋节或国庆节等国家规定的节日）走出校园就近进行实践教学，既锻炼了大学生们观察社会、认识社会和团队间的分工协作能力，也实现了高校思想政治教育的实践教学的本地化、当地化和教学主体与教学资源的"无缝隙"衔接，让思想政治理论课教学更加贴近当地、贴近社会和贴近学生。

（二）促进高校思想政治理论课实效性

尽管思想政治理论课的教学内容丰富，但由于理论性较强，教学形式单一等局限性，学生容易失去兴趣。作为提升教学效果的有效手段之一，"实践教学在思想政治理论课教学中十分重要，它在增强学生学习主动性、提高教学的实效性上发挥着重要作用"[③]。通过开展以地方特色资源为依托的实践教学，引导

---

① 毛泽东．毛泽东选集(第 2 卷)[M]．北京：人民出版社，1991：534.

② 刘英杰．高校思想政治理论课实践教学理论研究综述与反思[J]．思想理论教育导刊，2015(4)：86-90.

③ 靳诺．探索实践教学的可能性　增强公共理论课的实效性：在全国高校思想政治理论课实践教学研讨会上的讲话[J]．江南大学学报(人文社科版)，2004(5)：5-6.

学生走出课堂，走进现实，与社会实现“零距离”接触、面对面交流，以活生生的现实社会为背景，把学生身边看得见、摸得着、体验得到的地方特色资源以适当形式融入高校思想政治理论课的实践教学之中，既为学生提供了了解当地风土人情、社会发展等相关情况的机会，给他们提供了更为实际、更为真实的学习情境，有助于加深学生对所学理论的理解、运用和检验证明，从而真正体会到马克思主义理论在中国的运用及其时代价值，使理论知识真正入脑、入心，也给其提供了根据自身实际通过社会实践锻炼自身能力、培养个人兴趣、发展自我个性和增进同学交往的机会，提升了思想政治理论课的亲和力与针对性，满足了学生成长与发展的需要。同时，这种实践教学也给思想政治理论课教师提供了走向社会、观察社会、解读社会的机会，提供了与学生亲密接触多样互动的机会。对现实社会的观察体会，可以激励教师们以更加饱满的热情来讲授课程内容，也更能使大学生有所感触。

（三）促进学生把理论知识转化为实践能力

随着改革开放的深入，社会上的各种思潮、价值取向、生活方式等因素影响了高校思想政治理论课的教学效果。“青年学生要健康成长，不仅要学习书本知识，而且要向社会实践学习，自觉地投身于火热的改革开放和现代化建设实践。——把学到的知识用于实践，在实践中继续学习提高。艰辛知人生，实践长才干。这是古往今来许多人成就一番事业的经验总结。”①把地方特色资源融入高校思想政治理论课的实践教学之中，有助于大学生通过体验社会、感悟人生来实现理论认知与社会现实的统一，继而达到提升思想政治理论课的渗透力和影响力。同时，作为检验学生思想政治理论课学习效果、课程考核评价的方式之一，高校思想政治理论课的实践教学也给学生提供了把所学理论与社会实际结合的机会，有助于学生把课堂中学到的政治理论运用到自己的实践活动之中，能够训练学生灵活的运用理论知识并在具体活动中领会理论知识的内涵、外延，激励学生用在课堂上学到的理论知识和逻辑方法指导自己的实践活动，从而形成了政治理论知识→理性思考→具体运用→实践能力的良性运转，实现了高校思政课的理论性与现实性的有机统一，也给他们提供了再次规划自己的人生目标和职业道路的机遇，从而激发其继续奋斗的欲望，有利于他们将个人追求与社会发展有效统一起来。

---

① 江泽民.江泽民文选(第2卷)[M].北京:人民出版社,2006:124.

（四）实现高校思想政治理论课的特色发展

一切从实际出发是学校做好实践教学的基本条件，立足学校所在地方并整合当地特色资源使其与思想政治理论课实践教学有效结合是关键。由于“人们对于其亲近的事物更易产生学习的兴趣，从而便于发生学习联想，加深学习印象。源自学习、生活地方的人文资源，自然会让学生产生感同身受、喜闻乐见的效果”。立足当地的自然地理和历史文化等地方特色资源，组织引导学生深入当地的厂矿企业、农村社区和革命场馆，把校内教学资源与校外实践资源有效结合起来，把实践教学与社会调查、志愿服务、公益活动、专业课实习等结合起来，引导大学生走出校门，到基层去，到工农群众中去，是实现高校思想政治理论课的实践教学特色发展的有效选择。所以，把具有浓郁地方气息和鲜明地域特色的当地特色地理资源，把蕴含地域传统、历史文化、民族特性和改革成就的当地特色文化资源融入思想政治理论课的实践教学之中，既给思想政治理论课的实践教学提供了接地气的教学素材，又让学生切身感受了地方特色教育资源的多样性，有助于增强思想政治理论课教学的说服力和吸引力，也有助于传承和创新本土文化，促进了地方特色资源的开发与利用。

（五）践履社会主义核心价值观

社会主义核心价值观是社会主义核心价值体系的内核，体现了社会主义核心价值体系的根本性质和基本特征，也反映了社会主义核心价值体系的丰富内涵和实践要求，是核心价值体系的高度凝练和集中表达。社会主义核心价值观的核心在于促成爱国、爱劳动、爱学习的长效机制，鼓励全国人民学习理解中华优秀传统文化的精髓，以增强大学生的社会责任感和历史使命感。高校思想政治理论课是塑造大学生灵魂的主渠道、主阵地，在引导学生践行社会主义核心价值观方面发挥着不可替代的作用。“只有结合具体的社会历史条件和各国具体国情进行客观分析，入情入理，才能获得清晰的认识，才能在复杂的现象中剥离出本质的联系和发展的规律。只有让学生真正把握了历史规律，才能在面对各种错误思潮和恶意攻击时坦然应对，在思考与研究重大现实问题时，明晰方向，坚定马克思主义立场和中国特色社会主义信念，具备清醒认识和分析各种问题的能力。”[①]面对世界范围思想文化交流交融交锋形势下价值观较量的新态势，面对改革开放和发展社会主义市场经济条件下思想意识多元多样多变的新

---

① 李艳．高校思想政治理论课应狠抓课堂建设[J]．红旗文稿，2016(21)：27-29．

特点，原有的思想政治理论教育的实践亟须得到创新才能适应新的时代变化的要求。“思想政治工作从根本上说是做人的工作，必须围绕学生、关照学生、服务学生，不断提高学生思想水平、政治觉悟、道德品质、文化素养，让学生成为德才兼备、全面发展的人才”[①]，是解决问题的关键。把地方特色资源融入高校思想政治理论课的实践教学之中，通过引导学生走进客观现实把主要概念与现实生活、基本原理与实践个案有效结合起来，找到思想政治理论转化为客观实际的合理基点，才能让枯燥乏味的课堂变得生动活泼起来，才能让社会主义核心价值观在大学生的大脑里生根发芽并开花结果。

（六）高校能否为国家培养合格人才

作为马克思主义的重要教育原理，教育与生产劳动相结合既是教育本身和生产劳动本身发展的需要，也是现代教育的本质特征和根本途径。早在1867年马克思就在《资本论》中关注到了二者的关系问题：“毫无疑问，工人阶级在不可避免地夺取政权之后，将使理论的和实践的工艺教育在工人学校中占据应有的位置。”[②]1876年恩格斯也在《反杜林论》中指出：“生产劳动给每一个人提供全面发展和表现自己全部的即体力的和脑力的能力的机会，这样，生产劳动就不再是奴役人的手段，而成了解放人的手段，因此，生产劳动就从一种负担变成一种快乐。”[③]列宁认为坚持教育与生产劳动相结合是现代生产和现代科学发展的客观要求。他指出：“没有年轻的教育和生产劳动相结合，未来社会的理想是不可能想象的，无论是脱离生产劳动的教学和教育，或是没有同时进行教学和教育的生产劳动，都不能达到现代技术水平和科学知识现状所要求的高度。”[④]中国共产党人也坚持并发展了这一思想。早在20世纪30年代，毛泽东就指出：“我们说马克思主义是对的，绝不是因为马克思这个人是什么‘先哲’，而是因为他的理论，在我们的实践中，在我们的斗争中，证明了是对的。我们的斗争需要马克思主义。”[⑤]在延安革命时期，毛泽东又指出：“我们说的马克思主义，是要在群众生活群众斗争里实际发生作用的活的马克思主义，不是口头上的马克思主义。”[⑥]

---

① 习近平.习近平谈治国理政(第2卷)[M].北京:外文出版社,2017:377.

② 马克思恩格斯选集(第2卷)[M].北京:人民出版社,1995:213.

③ 马克思恩格斯选集(第3卷)[M].北京:人民出版社,1995:644.

④ 列宁全集(第2卷)[M].北京:人民出版社,1998:413.

⑤ 毛泽东.毛泽东选集(第1卷)[M].北京:人民出版社,1991:111.

⑥ 毛泽东.毛泽东选集(第3卷)[M].北京:人民出版社,1991:858.

新中国成立后，为提高广大劳动人民文化水平，为改善中国教育的不均匀现象，中央人民政府政务院于1951年颁布了《关于改革学制的决定》，以努力保障广大人民群众受教育的基本权利。为实现教育与生产劳动的更好结合，毛泽东在1957年2月指出："我们的教育方针，应该使受教育者在德育、智育、体育几方面都得到发展，成为有社会主义觉悟的有文化的劳动者。"①根据毛泽东的指示，中共中央在1958年9月发布的《关于教育工作指示》中提出了"教育必须为无产阶级政治服务，必须同生产劳动相结合。劳动人民要知识化，知识分子要劳动化"的教育方针。周恩来、刘少奇等其他领导人也对这一问题提出了许多真知灼见。1966—1976年，教育事业遭受了严重打击。1976年以后，邓小平领导党和人民对教育与劳动的关系给予了科学定位，那就是教育工作关系到整个现代化的水平，教育必须适应国民经济的发展要求。他指出："为了培养社会主义建设需要的合格的人才，我们必须认真研究在新的条件下，如何更好地贯彻教育与生产劳动相结合的方针。"②他还特别指出："现代经济和技术的迅速发展，要求教育质量和教育效率的迅速提高，要求我们在教育与生产劳动结合的内容上、方法上不断有新的发展。"③党的十三届四中全会后，江泽民认为，教育与生产劳动相结合是坚持社会主义教育方向的一项基本措施，教育必须适应社会发展变化的需要。"如果只让学生关起门来读书，不参加劳动，不接触社会实践，不了解工人农民是怎样辛勤创造社会财富的，不培养对劳动人民的感情，是不利于他们健康成长和全面发展的。学生适当参加一些物质生产劳动，应该成为一门必修课，不是可有可无，这一点务必充分认识和高度重视。"④他还要求学校要结合自己实际情况把实践教学列入教学计划。自进入21世纪以来，我国面临着新的发展机遇，但也遭遇了史无前例的考验与挑战。胡锦涛认为，在教育工作中的重要着眼点是全面提高国民素质。他特别指出："要促进学生全面发展，优化知识结构，丰富社会实践，加强劳动教育，着力提高学习能力、实践能力、创新能力，提高综合素质，加快改变学生创新能力培养不足状况。"⑤

自党的十八以来，习近平总书记对我国高校思想政治理论课教育教学工作提出了更高要求和更多期望。2016年12月7日，他在全国高校思想政治工作

① 毛泽东. 毛泽东文集(第7卷)[M]. 北京：人民出版社，1999：226.
② 邓小平. 邓小平文选(第2卷)[M]. 北京：人民出版社，1994：107.
③ 邓小平. 邓小平文选(第2卷)[M]. 北京：人民出版社，1994：107.
④ 江泽民. 江泽民文选(第1卷)[M]. 北京：人民出版社，2006：372.
⑤ 胡锦涛. 在全国教育工作会议上的讲话[N]. 人民日报，2010-09-09(1).

会议上指出："教育强则国强。高等教育水平是一个国家发展水平和发展潜力的重要标志。实现中华民族伟大复兴，教育的地位和作用不可忽视"①，"我国高等教育发展方向要同我国发展的现实目标和未来方向紧密联系在一起，为人民服务，为中国共产党治国理政服务，为巩固和发展中国特色社会主义制度服务，为改革开放和社会主义现代化建设服务"②。2019 年 3 月 19 日，习近平总书记在学校思想政治理论课教师座谈会上指出："思想政治理论课是落实立德树人根本任务的关键课程。青少年阶段是人生的'拔节孕穗期'，最需要精心引导和栽培。我们办中国特色社会主义教育，就是要理直气壮开好思政课，用新时代中国特色社会主义思想铸魂育人，引导学生增强中国特色社会主义道路自信、理论自信、制度自信、文化自信，厚植爱国主义情怀，把爱国情、强国志、报国行自觉融入坚持和发展中国特色社会主义事业、建设社会主义现代化强国、实现中华民族伟大复兴的奋斗之中。思政课作用不可替代，思政课教师队伍责任重大。"③我们要站在历史的新起点上，把地方特色资源与思想政治理论课的实践教学结合起来，紧密结合当地实际加强思想政治教育课程的创新与变革，将知识潜移默化地传递到学生的心目中，为我国发展培养更多的优秀人才。

总之，在全球化和网络化的大背景下，国内外形势发生了深刻变化，特别是随着微博、微信等新的传播渠道迅速发展，这既导致了多元社会思潮和文化交融交锋得更加迅猛与激烈，也给高校思想政治工作带来了更多的新任务、新情况、新机遇和新挑战。如何化解思想政治工作面临的前所未有的冲击和挑战，是党和国家亟待破解的难题，也是每一位思想政治理论课教师的职责和使命。"教师要紧紧抓住中国特色社会主义建设中涌现出的大量鲜活的实例，讲活马克思主义；运用大量鲜活的普通个人追求幸福、追求梦想而勤劳工作的视频、图画、故事，讲活共产主义信仰的现实性。"④更新思想政治理论课教育教学理念，实现教学手段的现代化多样化时不我待。马克思指出："思想本身根本不能实现什么东西，思想要得到实现，就要有使用实践力量的人。"⑤这就要求我们必须立足中国国情，在将高校思想政治工作的触角延伸到各个领域的同时，积极借

① 习近平. 习近平谈治国理政(第 2 卷)[M]. 北京：外文出版社，2017：376.

② 习近平. 习近平谈治国理政(第 2 卷)[M]. 北京：外文出版社，2017：377.

③ 习近平. 用新时代中国特色社会主义思想铸魂育人 贯彻党的教育方针落实立德树人根本任务[N]. 人民日报，2019-03-19(1).

④ 李艳. 高校思想政治理论课应狠抓课堂建设[J]. 红旗文稿，2016(21)：27-29.

⑤ 马克思，恩格斯. 马克思恩格斯文集(第 1 卷)[M]. 北京：人民出版社，2009：320.

助当地有利条件强化高校思想政治理论课实践教学，把抽象的教材理论转化为活生生的社会现实，充分借助地方特色资源提升课程的针对性、亲和力、吸引力、说服力、感染力，才能把思想政治理论课建设成为大学生真心喜爱、终身受益、毕生难忘的课程。所以，“思想政治理论课的社会实践教学不是一种外在的可有可无的教育方式，而是实现思想政治理论课教学目的的关键环节”①。在我国决战“两个一百年”奋斗目标的关键时刻，我们把当地的悠久的历史文化、悲壮的革命文化、火热的建设文化和丰富的现实生活场景等地方特色资源融入思想政治理论课的实践教学之中，构建适合本校需要的实践教学模式，不断彰显马克思主义的生机活力，使中国优秀传统文化得以继承创新，令社会主义核心价值观入心入脑，促进当代大学生健康茁壮地成长。

本章小结

青年是祖国的未来，是一个社会发展的希望。人们对青年也给予了更多的美好期待。胡锦涛指出：“青年是推动历史发展和社会进步的一支生机勃勃、积极向上的重要力量，我们党只有赢得青年，才能赢得未来，不断地从胜利走向胜利。”“跨世纪一代青年一定要大力弘扬我国青年的光荣传统，不负党和人民的期望，不辱时代赋予的使命，在把建设中国特色社会主义伟大事业全面推向二十一世纪的实践中成长进步，贡献力量，建功成才。”②自党的十八大以来，我国进入了社会主义新时代。站在新起点，面对新征程，习近平总书记对广大青年寄予了更高期望：“青年兴则国家兴，青年强则国家强。青年一代有理想、有本领、有担当，国家就有前途，民族就有希望。”③当代大学生作为广大青年群体的优秀代表，其思想政治素质的高低，不仅影响了“两个一百年”奋斗目标能否顺利实现，也关系着党和国家的前途命运与中国特色社会主义事业的兴衰成败，高校思想政治理论课在其中发挥着举足轻重作用。我国高校坐落在一定地域的客观事实，既注定了各高校不得不接受“地域氛围”的洗礼，也注定了各高校的教育者与被教育者不可避免地置身于地方特色资源之中。坚持教育与生产劳动和社会实践相结合，坚持理论学习、创新思维与社会实践相统一，坚持向实

---

① 范生姣.高校思想政治理论课教学与实践相结合的哲学思考[J].贵州社会科学，2008(9)：38-41.

② 胡锦涛.胡锦涛文选(第1卷)[M].北京：人民出版社，2016：322.

③ 习近平.决胜全面建成小康社会，夺取新时代中国特色社会主义伟大胜利：在中国共产党第十九次全国代表大会上的报告[N].人民日报，2017-10-28(1).

践学习、向人民群众学习，是大学生成长成才的必由之路。

作为高校开展思想政治理论课实践教学的最便利、最有效的载体，地方特色资源是最理想、最现实和最客观的实践平台。从思想政治教育的角度理解地方特色资源的含义并合理有效的划分地方特色资源，是发挥地方特色资源特殊教育功能的前提基础。从地方特色资源的存在形式和能否发挥其德育功能的角度出发，特别考虑思想政治理论课实践教学的需要，合理解析和划分地方特色资源是解决问题的关键所在。一切从实际出发是马克思主义的最基本观点，也是中国革命与设事业获得成功的宝贵总结，更是指导我国高校创新思想政治理论课教育教学方式、构建具有本校特色的实践教学模式的基本规律。离开学校所在地区实际创新思想政治理论课实践教学，不是长久之计。在“社会实践教学虽然得到同学们的重视和认可，但还没达到最佳的效果；同时，社会实践效果调查表明，通过社会实践，大家在思想、社会知识以及各种能力均有不同的收获和提高”①的情况下，各高校如果能够立足当地实际，把地方特色资源有效融入思想政治理论课实践教学之中，实现大学生的全员参与、全程参与和全身心参与，将有利于开创思想政治理论课实践教学的新局面。

“一个有远见的民族，总是把关注的目光投向青年；一个有远见的政党，总是把青年看作推动历史发展和社会前进的重要力量。”②在科技发展日新月异的全球化时代，各种社会思潮激烈冲突，媒体格局、舆论生态、受众对象、传播技术都在发生深刻变化，特别是互联网在媒体领域催发的前所未有的变革更是挑战了人类的精神寄托和共同的“精神家园”。作为中华民族的历史根脉和独特精神标识，“中华优秀传统文化是中华民族的精神命脉，是涵养社会主义核心价值观的重要源泉，也是我们在世界文化激荡中站稳脚跟的坚实根基。要结合新的时代条件传承和弘扬中华优秀传统文化，传承和弘扬中华美学精神”③。中华优秀传统文化是中华民族的根与魂，是最深厚的国家文化软实力，是中国特色社会主义根植的沃土，是我们坚定文化自信的力量源泉。从中华优秀传统文化中汲取丰富营养，有效整合社会意识，既是社会系统得以正常运转、社会秩序得以有效维护的重要途径，也是国家治理体系和治理能力的重要方面。

---

① 王卫平，姚锡琴，黄德超.高校思想政治理论课实践教学机制建构初探[J].福建医科大学学报(社会科学版)，2010(1)：32-37.

② 胡锦涛.胡锦涛文选(第1卷)[M].北京：人民出版社，2016：327.

③ 习近平.坚持以人民为中心的创作导向 创作更多无愧于时代的优秀作品[N].人民日报，2014-10-16(1).

我们必须立足于中华优秀传统文化，将中华优秀传统文化融入我们中华民族全体国民的血液里、精神里和生活中，才能承担起将中华民族传统文化不断发扬光大的伟大责任。把适合课程需要的，能让学生开阔视野、锻炼能力、增长才干的地方特色资源通过灵活多样的形式融入思想政治理论课的实践教学之中，不仅能够使中华民族的历史基因得以世代传承，永葆其青春活力和时代魅力，也能够让这个地区的中华优秀传统文化资源焕发出新的生机和活力，有助于开创我国文化事业繁荣发展的新局面。保护继承地方特色资源并把其有效融入高校思想政治理论课实践教学中是我们的使命责任。作为一项系统的、复杂的实践探索工程，那些地方特色资源可以融入思想政治理论课的实践教学之中，以什么样的形式融入思想政治理论课的实践教学之中，才能有效发挥地方特色资源的特殊德育功能是解决问题的关键。这将是下一章节研究的基本问题。

第三章　地方特色资源融入思想政治理论课实践教学的基本形式

任何内容的展示都离不开具体形式，否则内容就失去了风采和魅力；任何特定的形式也离不开内容，否则形式就缺乏了层次感和立体感。形式与内容二者互相影响、互相制约。正如别林斯基说的那样："没有内容的形式和没有形式的内容，都是不能存在的；即使存在的话，那么，前者有如奇形怪状的空洞的器皿，后者则是虽然大家都看得见、但却不认为是实体的空中楼阁。"①以合适的形式把体现当地浓郁特点的、具有教育教学价值的地方特色资源融入高校思想政治理论课的实践教学之中，实现教育教学活动与地方特色资源的有效结合，既是高校思想政治理论课的政策性、理论性与社会的现实性、生动性有效结合的需要，也是实现高校思想政治理论课"贴近实际、贴近生活、贴近学生"的具体体现，更是增强该课程的感染力、针对性和实效性的需要。在建设中国特色社会主义新时代，探索适合思想政治理论课程的实践教学形式，既是能否发挥地方特色资源的特殊育人功能的前提，也是能否运用实践教学环节有效提高思想政治理论课教学效果的内在要求。尽管在实践基础上，《枣庄学院思想政治理论课实践教学实施方案》(枣院政字〔2011〕173 号)规定了思想政治理论课实践教学基本形式包括观读类、调研类和社会服务类三种基本形式，但根据党和国家对思想政治理论课程教育教学要求，特别结合地方特色资源的基本构成和存在形式，我认为采取以下实践教学形式可能更为有效合理。

一、社会服务类实践教学形式

社会服务类实践教学是指组织大学生或由大学生志愿者利用节假日时间到社会福利院、老年公寓、敬老院、留守儿童关爱中心、城市社区等社会特殊人群场所，通过义务的、非报酬的助学、助教、帮劳和帮老等方式，给这些特殊社会

---

①　别林斯基．别林斯基论文学[M]．上海：新文艺出版社，1958：76．

群体提供力所能及的帮助支持，既让他们感受到社会各界的关心、关爱和温暖，也让大学生更好地了解社会、认识社会，从而达到调整自我、完善自我和提高自我的效果。作为一种有效融入社会、接触民众的特殊的教育教学形式，社会服务类实践教学也是大学生了解和认识社会、感知人生和巩固社会责任意识的一种特殊形式。正如胡锦涛在 2005 年全国加强和改进大学生思想政治教育工作会议说的那样："要坚持政治理论教育与社会实践相结合，既搞好课堂教育，又注重引导大学生深入社会、了解社会、服务社会。要坚持解决思想问题与解决实际问题相结合，既以理服人又以情感人，增强思想政治教育的实际效果。"[①]因此，我们不能忽视社会服务类实践教学。

（一）重要作用

加强社会服务类实践教学是国家发展的需要。2016 年 12 月，习近平总书记在全国高校思想政治工作会议上明确指出："做好高校思想政治工作，要因事而化、因时而进、因势而新。要遵循思想政治工作规律，遵循教书育人规律，遵循学生成长规律。"[②]2017 年 2 月，中共中央、国务院在《关于加强和改进新形势下高校思想政治工作的意见》中指出："要强化社会实践育人，提高实践教学比重，组织师生参加社会实践活动，完善科教融合、校企联合等协同育人模式，加强实践教学基地建设。"[③]因此，我们有必要在遵守教育规律的基础上加强社会服务类实践教学。通过有目的、有计划地组织学生参加、参与或体验特殊社会群体的生活场景，让他们体会到"助人为乐、乐人乐己"的社会价值和人生意义，深刻感受传递爱心、播撒文明、奉献社会、服务他人的幸福感觉，激励他们把脑海里助人为乐、关爱他人、奉献社会等中华民族传统美德由理念转化为实际行动，培养、激发大学生的爱心、关心和善心，引导他们关心社会、关心他人，并把自身发展与社会发展紧密联系在一起，激发他们的信念和情感，才能促使他们更好地担负起党和人民赋予的责任与使命，也才能使他们成为优秀的社会主义事业的建设者和接班人。

（二）适用课程

尽管社会服务类实践教学适用于大学生的任何时期，但考虑到课程教学要

---

① 胡锦涛.进一步加强和改进大学生思想政治教育工作大力培养造就社会主义事业建设者和接班人[N].人民日报，2005-01-19(1).

② 习近平.习近平谈治国理政(第 2 卷)[M].北京：外文出版社，2017：378.

③ 中共中央国务院.关于加强和改进新形势下高校思想政治工作的意见[N].人民日报，2017-02-28(1).

求特别是教学的最优效果问题，运用于“思想道德修养与法律基础”课程是最优安排。马克思指出：“作为确定的人，现实的人，你就有规定，就有使命，就有任务，至于你是否意识到这一点，那都是无所谓的。这个任务是由于你的需要及其与现存世界的联系而产生的。”①由高中进入大学之后，教师应引导他们做什么样的人、怎样做人、怎样的生活才有意义、怎样的人生追求才有价值等一系列人生课题，增强其社会责任感和使命感是“思想道德修养与法律基础”课程的最基本任务，而特色鲜明、生动具体、感人至深的社会服务实践教学既是促进该任务完成的有效手段，也是促进学生有效认知社会的特殊方式。在新生入校后由老师指导学生走出教室，进入客观社会的特定场所，直接参与并亲历各种社会公益活动，参与社区的服务性、公益性、体验性的活动，引导当代大学生真正了解和认识客观社会。通过这类实践教学，既让大学生深刻认识到为社会奉献是实现个人价值的需要，也是实现社会和谐发展的需要。这不仅有助于引导他们树立正确的世界观、人生观、价值观、道德观和法律观，对于他们认识和处理好道德与法律、理想与现实、个人与集体、竞争与合作、权利与义务、自由与纪律、友谊与爱情、学习与工作等方面的关系也不无益处。

（三）学生感受

把活动乐趣与教学目的相结合是最基本依据。我们不仅要求学生带着问题参加实践教学，也要求他们在活动结束后撰写并提交一篇2000字左右的思想认识或活动总结，并按照学校要求以适当比例折合为成绩后计入该课程的期末成绩中。客观真实的社会冲洗了他们充满幻想的头脑，给参加活动的学生一定成绩，这也激励了大多数学生参加实践教学活动，活动结束的思想认识又记录了他们的真情实感。如信息科学与工程学院2014级网络工程本科1班学生到东河岔小学进行爱心助学后，撰写了《赴东岔河小学志愿者服务活动有感》一文。他这样写道：“作为一个从小在城里长大的孩子，可以享受最优质的教育，最好的兴趣爱好培训条件，当然也有最优质的生活，然而这些都不可能成为我们自傲的资本，即便有如此优越的环境，你也可能并不比那些农村的孩子强，却被优越蒙蔽了双眼，不知这究竟是谁的无知。每一个孩子都是一块璞玉，人生经历就是一把刻刀，一刀一刀的雕琢那个还不完美的你，那些孩子们，他们需要雕琢、需要人生经历，我们应该用我们的努力，让他们不输在前行的起点。”翻阅

① 马克思恩格斯全集(第3卷)[M].北京：人民出版社，1960：329.

学生提交的活动总结，尽管立足点不同，表述方式及词汇用语差别也比较大，但多数学生认为收获特殊感受深刻。审阅这些思想认识或活动总结，不仅能够及时了解学生对活动的感想和感受，也有助于教师开展针对性的谈话谈心活动，从而有效地引导学生的思想认识。在他们的思想认识受到“冲击”或“震撼”的情况下给予精准的关心与引导，不仅容易解决学生心中的困惑或疑虑，也能实现“在服务中学习、在学习中成长、在服务付出中健康成长”的教育目的。

（四）注意问题

在实施社会服务类实践教学时我们也应注意一些问题，制订周密计划是活动顺利进行的基础，精心准备是保证活动能够成功的关键。在活动开展之前应注意以下事项：一是要制订具体活动计划，确定指导教师和带队学生，落实各项管理措施，做到周密部署，组织有序；二是充分动员，使参加活动的学生在思想上高度重视，指导教师必须向学生宣传社会实践的意义和必要性，并提醒学生注意活动安全，也要做好带队老师或带队学生干部的动员工作，使他们进一步明确自己的职责，必要时召开学生动员大会，对学生进行社会实践活动目的、意义和具体要求的教育；三是加强组织管理，既要做到定人定班，实现“班班有领队”，也要对活动过程进行全方位的管理指导，特别要提醒参加社会实践的大学生一定要注意自己的言行举止，以免造成不必要的误会。尽管语言交流可以促进心与心的沟通，但由于这类实践教学活动往往涉及特殊人群，他们或因家庭变故、或因身体缺陷、或因社会心理落差等原因可能会对某些问题、事情或词汇感到敏感或忌讳，如果表达不当可能会引起对方的情绪波动或心情变化，会影响实践教学的效果。古语云：“良言一句三冬暖，恶语伤人六月寒。”大学生一定要提前做好准备，最好既了解他们的身世遭遇和所思所想，又能在交谈时也要观察他们的表情变化和心理波动，争取用赞美的语言回顾他们的过去，用温暖的语言安抚他们的心情，用动听的语言让他们心情愉悦。

二、参观考察类实践教学形式

从汉语的词义上讲，参观原义指对各种情况加以比较观察，现主要指实地观看；“考察”是指通过对实地的观察、调查，取得第一手资料。参观考察类实践教学就是组织大学生参观考察枣庄市的历史文化城镇、历史名人场馆、特色厂矿企业、革命遗址和红色场馆等。历史遗迹是一个地区历史的浓缩和再现，历史名人场馆是该地区代表性历史人物的重要贡献或活动足迹的再现。参观考察历史文化城镇和历史名人场馆，可以增强大学生的民族自尊心、自信心、自豪感和对就读学校的认同感。特色厂矿企业是指那些曾经或依然对当地发展和社会稳定发挥巨大作用的企业或工厂，是一个地方或城市发展的特殊名片；"红色场馆是开展爱国主义教育的重要基地。红色场馆的陈列展示内容，凝固了革命精神，见证了中国共产党的历史，是超越时空、感知史实的客观载体，诠释着革命先辈和当代共产党人的理想信念、爱国情怀、革命精神和道德诉求。"①通过聆听解说员的声情并茂的讲解和观看场馆内的实物、图片等珍贵历史文物资料，可以让大学生走进特定历史时空，回顾革命先烈的生活足迹，追思他们的思想发展变化历程；通过观看相关场馆的模拟场景及相关影视作品，可以震撼他们的心灵、洗礼他们的思想认识，让他们深刻感受革命先烈为民族求解放、为人民谋幸福的血可流、头可断的坚定信念和一往无前的奋斗精神，帮助他们弄明白、搞清楚"只有社会主义才能救中国，只有社会主义才能发展中国"的深刻内涵，增强他们对道路自信、理论自信、制度自信和文化自信的理解，激励他们以更高的标准、更坚定的信心和更饱满的热情投身社会主义建设伟大实践当中。

（一）重要作用

自改革开放以来，我国社会发生了复杂而深刻的变化，经济成分和经济利益多样化、社会生活方式多样化、社会组织形式多样化、就业岗位和就业方式多样化日趋明显，给思想政治工作带来大量新情况、新问题。改革开放初期由于精神文明建设的相对滞后引发的社会道德滑坡，也对大学生的思想道德建设造成了不利影响。特别随着国门的打开，西方的多元文化开阔了青年学生的视野，但也冲击了中华民族的主流价值观念。外来文化的进入及我国经济的迅速发展给思想政治理论课教育教学带来了诸多压力，课堂教学的单一化和理论化解读又削弱了学生的学习兴趣。在日益趋利的市场经济条件下，使用什么样的教学手段才能提升学生学习的兴趣和积极性，如何更好地让学生在现场体验中内化为理论知识，是我们不得不面对并要着力解决的问题。新媒体时代的到来和多种新媒体工具的出现运用，既为青年学生提供了即时的新闻资讯、便捷的通信联络手段，但也把各类或优或劣、混淆杂乱的东西带入校园学子的视野，极大地冲击了高校的思想政治理论课的教育教学。参观考察类实践教学把真实的社会展现在了大学生面前，让他们感受到了"冰火两重天"。

① 杨先农，高中伟，邓淑华，等. 发挥红色场馆的社会教育功能[N]. 光明日报，2016-05-14(1).

学习历史是为了更好地认识现实,更好地把握现实和设计未来。“中国近现代史纲要”课程通过对中国近代历史的学习引发学生对现实的深刻思索,以实现知古鉴今、总结经验、吸取教训、避免覆辙的教育目的,从历史的角度承担了思想政治理论教育的功能。每一个地方都发生过很多可歌可泣的历史故事,这是最生动、最真实的历史教材。在借助多媒体对学生进行系统的理论讲解、阐释后,把大学生带入历史文化遗迹、历史名人场馆、特殊厂矿企业、革命遗址和红色场馆等现实客观场所资源,通过对视觉的冲击加深对课堂所学理论的理解运用,有助于引导当代大学生更好的理解“没有共产党,就没有新中国”的真理性,也有助于更加筑牢他们坚持中国共产党的领导、坚定中国制度和中国道路的立场信念。通过参观枣庄地区的北辛文化、古滕国、古薛国等历史文化遗迹,可增强学生对伟大祖国的认同感及民族自豪感;通过参观中华造车始祖奚仲、墨家学派创始人墨子、工匠祖师鲁班等鲁南先贤场馆,大学生可以对枣庄的过去和今天有更深刻的理解,也增强了他们对就读学校——枣庄学院的认同感和责任感;通过参观台儿庄大战纪念馆、铁道游击队纪念馆、鲁南人民抗日武装起义纪念馆、八路军一一五师抱犊崮抗日纪念园和李宗仁史料馆等场馆,大学生不仅“能够增强民族自信心与自豪感,不断丰富社会主义核心价值观的内涵”①,也能激励莘莘学子从历史的犹豫者、观望者、懈怠者和软弱者最终成长为“与历史同步伐、与时代共命运的人,才能赢得光明的未来”②。

(二)适用课程

尽管这种现场冲击式的实践教学方式可运用于所有的思想政治理论课程,但相较之下,可能更适合“中国近现代史纲要”课程。帮助学生了解国史、国情,了解帝国主义侵略中国及与中国封建势力相勾结给中华民族带来的沉重灾难,深刻认识中国革命的必要性、正义性和进步性,充分认识中国人民选择马克思主义的历史必要性、选择中国共产党的客观必然性,深刻理解饱受磨难的中华民族走社会主义道路的必然性,深刻体会中国选择社会主义制度的必要性和正确性,进一步激发当代大学生的爱国主义情怀和民族自豪感,坚定走中国特色社会主义道路的信念,是“中国近现代史纲要”课程的教学宗旨和教学目的。参观考察类社会实践教学通过让大学生走进展示历史文化遗迹、历史场景遗址,走进展示历史名人、革命英烈悲壮历程的革命遗址和红色场馆等场所资源

① 杨先农,高中伟,邓淑华,等.发挥红色场馆的社会教育功能[N].光明日报,2016-05-14(1).

② 习近平.习近平谈治国理政(第2卷)[M].北京:外文出版社,2017:32.

的方式，引导大学生穿越现实“亲临”了那个特定场面或庄严时刻，通过特殊的场景不仅复活了屈辱悲壮的历史画面，也把“中国近现代史纲要”课程的育人目的真实表现了出来，有助于培养巩固他们的爱国主义情怀，坚定他们的理想信念，有助于实现爱国情、强国志、报国行的有效融合与统一。

（三）学生感受

参观考察类实践可以激励大学生修正自我的发展目标。虽然比历史上任何时期都更接近实现中华民族伟大复兴的目标，但我们依然需要革命英雄，需要劳动模范，需要英雄精神，需要劳模精神。一个地区的历史文化遗迹、历史名人场馆、特殊厂矿企业、革命遗址和红色场馆不仅是一个地方的英雄和英模及这种精神的浓缩化身，也是激励广大青年学生凭吊英雄、学习劳模的特殊场所。特色工厂企业更是培养劳模和诞生劳模精神的实践基地和平台。带领大学生到这样的场所参观学习，可以使他们收获与课堂教学不一样的感受。活动结束后提交的不少于 2000 字的观后感，更是观察分析学生思想变化的“晴雨表”。文学院 2015 级语文教育专业 4 班吴同学在考察枣庄第一棉纺厂后提交的《观“一纺”悟人生》中写道：“参观车间更是给了我意外惊喜，我们竟然聆听了全国劳动模范李丽做的报告。她向我们讲述她是怎样由一个普通工人到车间主任。当然，这段历程有欢笑、有泪水，有坎坷、有平坦，但是，她都走了过来。最后，她引用的那段歌词更是为她的讲话锦上添花——不经历风雨，怎么见彩虹？没有人能是随随便便成功。话语那么真诚，那么朴实，深深地触动了我的内心，让我的思想发生了质的变化。是啊，人生不可能一帆风顺，不可能不遭遇风雨雷电，但只要我们扛过去，总会迎来一个美好的明天。我们不能知难而退，而要知难而进，为了未来的幸福生活，我们必须拼搏。”

“红色场馆是留存红色记忆的重要载体，是开展红色教育的重要形式，是弘扬中国精神的重要渠道。遍布神州大地的红色场馆，是中华民族精神地图上的一道道亮丽的风景线。”[①]红色场馆让大学生领略了人民群众在伟大的革命战争中的特殊作用，模拟的残酷战场景象强化了他们对新中国诞生的不平凡的历程的理解，也启发了他们对祖国未来的美好憧憬与无限向往。在当前文化多元化和我国社会变革不断深入的新形势下，在思想政治理论课面临多样挑战的情况下，我们决不能忽视红色场馆的独特教育作用。2015 年 10 月下旬，我们组织学

① 杨先农，高中伟，邓淑华，等. 发挥红色场馆的社会教育功能[N]. 光明日报，2016-05-14(1).

生到徐州市淮海战役纪念馆进行参观考察学习。在学习结束后，文学院2015级语文教育专业2班的张同学在提交的《走近　倾听　敬畏》的观后感中深情写道："青春的热血在召唤我们，行动吧，行动吧，让这次社会实践在心中烙下不朽印记，让梦想在这次行程中发光，让自己内心底层的爱国情怀爆发，行动吧！"外国语学院2014级本科3班的吴同学则在《翻开红色的记忆》的观后感中写道："此次学习之行是一次意义非常重大的参观教育活动。参观使大家增强了历史责任感和使命感。看过惨烈的战争场景，更感觉到如今幸福生活的来之不易。我们更加坚定决心立足学习，踏实工作，为祖国的繁荣强大添砖添瓦，珍惜生活，不忘使命，提高自己，奉献社会。"翻阅其他学生提交的观后感，无不有着感人至深的个人体会或思想感受。因此，把红色场馆作为培育社会主义核心价值观的教育基地，继承革命精神的励志场所，才能向社会传递更多的正能量。

（四）注意问题

特殊的场合有特殊要求。历史文化城镇、历史名人场馆、革命遗址和红色场馆等地方特色资源的稀缺性和保存方式的特殊性，要求我们在参观考察时一定要做到：一是在场馆内应该始终保持安静，不要大声喧哗，听讲解员讲解时要专心，不要妄加评论；二是不能随意触碰展馆内的展品，以避免对展品造成不必要的损坏；三是参观者应尽量克制自己的拍照欲望，遵守相关提示。在参观考察工厂企业时也需要注意一些问题。企业生产安全大于天。为保证自己的人身安全和企业的生产安全，在参观考察工厂企业时，一定要遵守他们的相关规章制度，进入车间内禁止吸烟和大声喧哗，不能在厂区或车间内随意穿行，一定要走安全通道，不能随意拍照、摄像，更不允许把拍摄的照片任意散发。需要特别注意的是，未经允许一定不要进入非对外开放场所或保密场所。

三、阅读欣赏类实践教学形式

阅读欣赏类实践教学也称为观读类实践教学，是指大学生通过阅读马克思、恩格斯、列宁等的经典著作及我党和国家领导人的经典文献，阅读与本地区有关的历史事件、英雄人物、劳动模范、企业发展历史的图书或档案资料，欣赏与本地相关的具有思想政治教育意义的革命历史类、英雄人物类或与本地发展建设相关的影视资料，来全面了解一个地区的革命发展轨迹和社会建设历程，从而深刻理解马克思主义实现中国化的必要性、可能性及其实现过程，深刻理解中国特色社会主义理论的科学性与实践性，增强建设中国特色社会主义事业的使命感、责任感和自豪感，合理引导广大青年学生“正确认识远大抱负和脚踏实地，珍惜韶华、脚踏实地，把远大抱负落实到实际行动中，让勤奋学习成为青春飞扬的动力，让增长本领成为青春搏击的能量”[①]。

（一）重要作用

实现理论与现实结合是马克思主义的优良传统。马克思和恩格斯在创立科学社会主义理论时就指出：“正确的理论必须结合具体情况，并根据现存的条件加以阐明和发挥。”[②]中国共产党自成立之初就高度重视理论与实际结合问题。早在 1930 年 5 月，毛泽东就在《反对本本主义》中明确指出：“马克思的‘本本’是要学的，但是必须同我们中国的实际情况相结合。”[③]自中华人民共和国成立以来，中国共产党始终坚持把我国的客观实际与马克思主义理论相结合，不仅实现了拨乱反正和党的工作重心的转移，开创了中国改革开放的新时代，也开创了马克思主义中国化发展的新篇章。自进入 21 世纪以来，面对新的考验与挑战，胡锦涛指出：“把马克思主义的基本原理与中国具体实际结合起来，推进实践基础上的理论创新，是马克思主义具有蓬勃生命力的关键所在，是我们党保持先进性、增强创造力的决定因素。”[④]自党的十八大以来，中国特色社会主义进入了新时代。站在历史的新起点上，习近平总书记更是明确指出：“我们要坚持用马克思主义观察时代、解读时代、引领时代，用鲜活丰富的当代中国实践来推动马克思主义发展。”[⑤]因此，把当地的革命遗迹、建设历程、革命英烈、战斗英雄、劳动模范和时代楷模等相关素材融入思想政治理论课之中，把马克思主义的真理性、科学性转化为社会生活的多彩性、生动性和现实性，以图书资料的形式启发大学生的审慎思考，以影视作品的形式冲击大学生的视听器官，才能引导他们更好地理解马克思主义理论的真理性、马克思主义实现中国化的重要性，也才能帮助他们更好地学习习近平新时代中国特色社会主义思想。

作为一种间接的实践教学形式，阅读欣赏类实践教学有助于大学生更好地理解马克思主义理论。因为经典作家的经典文献和反映一个地区发展历史的文学作品和影视作品，可以把抽象的、枯燥的政治理论变得生动鲜活起来。通过生动形象的影视作品所展示的残酷斗争场面和扣人心弦的特殊情节，多视

---

① 习近平．习近平谈治国理政（第 2 卷）[M]．北京：外文出版社，2017：377.
② 马克思恩格斯全集（第 27 卷）[M]．北京：人民出版社，1972：5.
③ 毛泽东．毛泽东选集（第 1 卷）[M]．北京：人民出版社，1991：111-112.
④ 胡锦涛．胡锦涛文选（第 2 卷）[M]．北京：人民出版社，2016：215.
⑤ 习近平．在纪念马克思诞辰 200 周年大会上的讲话[N]．人民日报，2018-05-05(1).

角、多方位对大学生的视听器官进行刺激、冲击或震撼，通过回顾那些为新中国的解放和建设事业做出过贡献的战斗英雄和劳动模范的丰功伟绩，大学生可以深切感受到今天幸福的来之不易，从而引导他们“正确认识时代责任和历史使命，用中国梦激扬青春梦，为学生点亮理想的灯、照亮前行的路，激励学生自觉把个人的理想追求融入国家和民族的事业中，勇做走在时代前列的奋进者、开拓者”①，帮助大学生坚定自己的理想信念，成为社会主义事业的坚定捍卫者和忠诚建设者。

（二）适用课程

这种教学方式比较适合“马克思主义基本原理概论”课程实践教学的需要。作为“两课”中理论性最强和最难理解的一门课程，该课程在内容上紧紧围绕“什么是马克思主义、为什么要坚持马克思主义、怎样坚持和发展马克思主义”的主题，以马克思主义的世界观和方法论为重点，以人类社会发展的基本规律为主线，全面阐述马克思主义的基本原理，通过对学生进行系统的马克思主义理论教育，帮助学生掌握马克思主义的世界观和方法论，培养和提高学生运用马克思主义理论分析问题和解决问题的能力，深刻认识经济文化比较落后的国家建设社会主义的艰巨性和长期性，坚定社会主义必胜的信心和决心，自觉坚持党的基本理论、基本路线和基本纲领，坚定建设中国特色社会主义的理想信念，进一步增强建设中国特色社会主义事业的使命感、责任感和荣誉感。“马克思主义是凭借思想上的先进性、现实性获得话语权的。增强学生对马克思主义理性认识的同时，也要增强学生对体现共产主义思想和价值的生活事实的感性认识，从而使学生自觉形成抵御各种错误思潮影响的分析判断能力。”②所以，要让学生理解马克思主义基本原理，让学生全面掌握该课程的核心要义，就必须把马克思主义基本原理与中国奋进的革命斗争、火热的社会建设和丰富的现实生活联系起来，把抽象的理论转化为历史事实和生动的社会现实。

欣赏经典影视作品可使大学生心潮澎湃、热血沸腾。因为具有跨越时空、形象直观、涉及内容广泛、兼具视听等诸多优点，影视作品已成为社会大众喜闻乐见的传播方式之一。在自由开放的影视文化世界里，影视作品可连接过去、现在甚至未来，其独有的魅力增添了思想政治的影响力，其生动、直观、形象的表现形式更易为学生接受。相对于传统的教师耳提面授的教学方式而言，将弘

---

① 习近平．习近平谈治国理政(第2卷)[M]．北京：外文出版社，2017：377，378．

② 李艳．高校思想政治理论课应狠抓课堂建设[J]．红旗文稿，2016(21)：27-29．

扬优秀民族文化与传统美德的影视作品带入高校思想政治教育课堂之中，其兼具情感体验与人生思考的特殊效果，不仅可激发学生的学习兴趣，也可以向学生巧妙地传递社会的主流意识，对大学生思想政治教育具有巨大的积极作用。特别是影视作品的形象性，以更为多样的方式去打动人心，能将思想政治教育中的某些枯燥的文字性叙述通过鲜活的荧幕形象展示出来，使学生更乐于接受，学生在被影视作品中的艺术表现形式打动的同时，情感得到了升华，思想认识也得到了触动。随着多媒体教学的普及，借助影视作品以增强思想政治教育的说服力和感染力，已成为开展思想政治教育的有效方式。

（三）学生感受

读经典著作解除了学生心中的疑惑，在此基础上要求撰写的不少于2000字的观后感或读书心得，既是大学生的思想汇报或真情实感的流露，是他们对自己思想的剖析或对自己未来发展的思考，也是任课教师了解学生所思所想、观察学生感情变化的载体。如数学与统计学院2014级金融工程本科一班的李同学在《读〈解放思想，实事求是，团结一致向前看〉有感》中写道："这次阅读《解放思想，实事求是，团结一致向前看》，让我认识到了许多东西，特别是解放思想，实事求是对于国家建设与发展的重要性，也知道了无论做什么事情，都要理论与实践相结合。作为当代大学生，我们应谨记'解放思想，实事求是，团结一致向前看'，时刻用这一思想武器武装自己，提高自己，完善自己，为我国的社会主义建设贡献自己的力量。"信息科学与工程学院2015级电子信息类本科3班的杨同学在《〈矛盾论〉读后感》中写道："通过学习《矛盾论》，我更加认识到了世界上任何事物在其发展过程中总市值中存在着矛盾，而这些矛盾又各有不同。所以我们要做到对症下药，抓住事物的主要矛盾和矛盾的主要方面。根据不同的情况解决不同的矛盾，而不要死守教条，要确立实事求是，理论联系实际的思想路线，做到马克思主义普遍真理与中国的具体实际相结合，只有这样才能克服主观主义和教条主义，使中国革命这艘航船能够拨正船头，乘风破浪，勇往直前。"

通过对该影视作品的欣赏，大学生回眸了历史的特定场景和悲壮时刻，也间接体验了战争的残酷性和破坏性，真正明白了和平的来之不易，也满足了学生对文化的追求，实现了思想与思想、心灵与心灵的对话，使自我的世界观、人生观与价值观实现了升华。在此基础上撰写的观后感更是认识深刻。如化学化工与材料科学学院2016级化学本科1班的高同学在《〈甲午风云〉观后感》中写道："甲午战争是中国的一部屈辱史，忘记历史等于背叛历史，我们要从战争中吸取教训，简单将甲午战争归结为清政府的迂腐钝化是远远不够的，为什么长达八年的抗日战争能胜利呢？这就是广大群众的力量，人心齐，泰山移。……生活在当代，过着安逸的生活，我们更不能忘记中国那屈辱的历史。现如今，中国周边问题日益严重。作为当代大学生，我们更应该努力学习科学知识，用知识武装自己，为祖国做贡献。"信息科学与工程学院 2016 级软件开发本科 2 班的王同学在《〈建国大业〉观后感》中写道："前进的道路不是一帆风顺的，但掌握了自己的命运，团结起来的人们必将战胜一切艰难险阻，不断创造伟业。"

（四）注意问题

在运用这种教学形式时也需要注意一些问题。一是要注意欣赏影视作品的目的性。尽管影视作品更能获得学生的认同和喜爱，但让学生欣赏影视作品的目的是通过印证理论的正确性、科学性，进而影响学生的思想以转化为实际行动，它只是提升教学效果的辅助手段，影视作品不能代替课堂理论教学。二是要注意图书资料的代表性。中国不仅地域辽阔而且历史悠久，民间文化资源丰富种类繁多，反映民间文化的图书资料更是多种多样，把最能反映地域特色、容易被理解的、代表性的民间文化资料介绍给学生是关键。尽管我们在这方面做了尝试，但依然需要探索和创新。三是要注意发挥教师的引导性。经典影视作品所宣扬的英雄事迹及其反映的思想内涵虽然从理论上对学生有着十分重要的教育价值，但教师是影响这些价值作用能否有效发挥的特殊因素。因此，教师必须注重对学生的启发引导，使学生在潜移默化中精炼化、通俗化、生动化地理解并接受其中所具有的特殊教育价值，从而起到思想政治教育价值的渗透作用。

四、实地调研类实践教学形式

实地调研类实践教学也称为实地调查类实践教学，就是指把大学生分成若干调研小组，按预先制订的调研计划到自己选择的调研地点通过现场采访、问卷调查、直接观察、间接观察等方式获取原始资料和搜集由他人整理过的次级资料，在此基础上撰写出一份数据翔实、论据充分且具有可操作性的调研报告，以获得对客观事物本质和规律的认识。马克思指出："正确的理论必须结合具体情况并根据现存条件加以阐明和发挥。"[①]作为一种实践教学方式，通过对一

① 马克思恩格斯全集(第 47 卷)[M]. 北京：人民出版社，2004：35.

定地区的实地考察及对收集资料的整理分析，实地调研类实践教学在给当代大学生打开了一扇观察社会、了解社会的窗户的同时，也给他们提供了把自己的所思、所想、所学经过社会检验的机会，既有助于他们深入理解马克思主义实现中国化的必要性、重要性，也能够帮助他们认识建设中国特色社会主义的复杂性、艰巨性和紧迫性，有助于“不断提高学生思想水平、政治觉悟、道德品质、文化素养，让学生成长为德才兼备、全面发展的人才”[①]。另外，这种实践教学方式也给大学生提供了亲近自然、阅读人生、放飞自我的机会，既拉近了学生与社会的距离，纠正了对社会的认识，也有助于增强他们的社会使命感。

（一）重要作用

调查研究是认识客观世界的根本途径，是实事求是的具体落实，是理论联系实际的关键环节，是对客观实际情况的调查了解和分析研究，是我们党一直坚持的优良传统。早在20世纪30年代，毛泽东就在《反对本本主义》（原名为《调查工作》）中指出：“没有调查，就没有发言权”，“你对某个问题没有调查，就停止你对某个问题的发言权”；“怎样纠正这种本本主义？只有向实际情况做调查。”只有“努力作实际调查，才能洗涮唯心精神。”[②]1941年3月，他在《农村调查》中指出：“要了解情况，唯一的方法是向社会做调查研究，调查社会各阶级的生动情况。”“调查研究是马列主义普遍真理与中国革命具体实践相结合的中心环节。”同年5月，毛泽东还在《改造我们的学习》中提出了“在全党推行调查研究的计划，是转变党的作风的基础一环”[③]的命题。新中国成立以来，这一思想得到了继承和发扬。作为我国改革开放的总设计师，邓小平提出了“离开群众经验和群众意见的调查研究，那么，任何天才的领导者也不可能进行正确的领导”[④]等命题，他还在1992年春天到武昌、深圳、珠海、上海等地经过一个多月的调查研究，发表了著名的“南方谈话”，开创了中国改革开放的新时代。自东欧剧变以来，为坚持和发展中国特色社会主义，江泽民提出了“没有调查就没有发言权，没有调查就没有决策权”[⑤]的命题，胡锦涛提出了“深入调研，不断把握科学发展观的主动权。调查研究是谋事之基、成事之道，是我们党一贯坚持的工

① 习近平．习近平谈治国理政（第2卷）[M]．北京：外文出版社，2017：377.

② 毛泽东．毛泽东选集（第1卷）[M]．北京：人民出版社，1991：109，110，112.

③ 毛泽东．毛泽东选集（第3卷）[M]．北京：人民出版社，1991：789，802.

④ 邓小平．邓小平文选（第1卷）[M]．北京：人民出版社，1994：219.

⑤ 江泽民．江泽民文选（第1卷）[M]．北京：人民出版社，2006：308.

作方法"[①]的命题。党的十八大以来，习近平总书记提出"没有调查，就没有发言权，更没有决策权。研究、思考、确定全面深化改革的思路和重大举措，刻舟求剑不行，闭门造车不行，异想天开更不行"[②]。

实地调研方法对于做好高校思想政治理论课实践教学具有重要作用。首先，是马克思主义认识论的具体运用。马克思主义认为，人的发展离不开社会实践，社会实践既是检验人们的认识正确与否的唯一标准，也是检验思想政治教育能否引导人们形成正确认识的唯一标准。如果"学习共产主义只限于领会共产主义著作、书本、小册子里的东西，那我们很容易造就出一些共产主义的书呆子或吹牛家"[③]。实地调研环节不仅给大学生提供了验证所学理论正确与否的机会，提供了实现理论再发展与创新的机会，也给他们提供了成长成才的机会，因为"要健康成长，不仅要学习书本知识，而且要向社会实践学习，自觉投身于火热的改革开放和现代化建设实践。人民群众的社会实践，是知识常新和发展的源泉，是检验真理的试金石，也是青年锻炼成长的有效途径。……这是古往今来许多人成就一番事业的经验总结"[④]。其次，是实现思政课实践教学特色发展的具体运用。一切从实际出发是辩证唯物主义世界观的根本要求。任何高校所在地区都有一定的特色农村、特色城市社区、特色工矿企业等资源。把这些资源作为实地调研或调查的场所基地，通过多样方式就我国社会发展中的热点问题进行调研，既是一切从实际出发的表现，也是一些已获得成功高校的基本经验，自 20 世纪 90 年代以来由我校发起并一直实施的大学生暑期"三下乡"活动又给了很多启示。因此，我们采取实地调研实践教学也就水到渠成。

（二）适用课程

相比较而言，实地调研类实践教学方式比较适合"毛泽东思想和中国特色社会主义理论体系概论"课程。作为与我国改革开放和现代化建设实践结合最密切、最能体现马克思主义中国化最新理论成果的课程，它以中国化的马克思主义为主题，以马克思主义中国化为主线，以中国特色社会主义为重点，通过对学生系统的马克思主义中国化理论教育，引导学生正确认识我国革命与建设过

---

① 中共中央文献研究室.科学发展观重要论述摘编[M].北京：中央文献出版社，党建读物出版社，2008：88.

② 习近平.加强对改革重大问题调查研究 提高全面深化改革决策科学性[N].人民日报，2013-07-25(1).

③ 列宁选集(第 4 卷)[M].北京：人民出版社，1995：282.

④ 江泽民.江泽民文选(第 1 卷)[M].北京：人民出版社，2006：124.

程中出现的问题，培养学生运用马克思主义基本原理分析问题、解决问题的能力，增强其社会主义的理想信念。但马克思主义不是书斋里的学问，而是植根于人民、来自实践的科学理论，只有“重视思政课的实践性，把思政小课堂同社会大课堂结合起来”，只有“推动思想政治理论课改革创新，不断增强思政课的思想性、理论性和亲和力、针对性”，才能“以透彻的学理分析回应学生，以彻底的思想理论说服学生，用真理的强大力量引导学生”，才能“引导学生增强中国特色社会主义道路自信、理论自信、制度自信、文化自信，把爱国情、强国志、报国行自觉融入坚持和发展中国特色社会主义事业、建设社会主义现代化强国、实现中华民族伟大复兴的奋斗之中”①，实现政治理论学习与社会实践的有效结合，才能使当代大学生成长成才。当然，从实践教学的实际效果而言，这类实践教学方式也适用于“思想道德修养与法律基础”课程。

（三）学生感受

实地调研既锻炼培养了大学生的团结合作意识，满足了他们深入社会实际、亲近群众的愿望，也引导了他们对自己的未来进行了再思考和再规划。如外国语学院 2014 级英语专业本科 2 班的某调研小组在《爸妈，请别走太远的调研报告》中写道：“这是一次值得记忆的活动，感谢学校给我们提供这样的机会，让我们有机会去接触和了解这些平时离我们很遥远的人和事，让我们去更深入地了解这个社会。我们必须知道，这个社会不只有好的一方面，还有一些还未解决的问题，而作为一名名大学生，解决这些问题更是我们义不容辞的责任。”旅游与资源环境学院 2016 级酒店管理专业本科 1 班调研小组则在《大学生对幸福、梦想、努力的调查报告》中深情写道：“让我们用青春编织梦想，用青春的斗志昂扬去实现梦想，脚踏实地地去拼去闯，积累经验，丰富自我。汪国真说：‘要输就输给追求，要嫁就嫁给幸福。’所以每一位大学生都应该追求自己的梦想，并努力地去实现它，奋斗追求，才能拥有收获幸福感。通过这次调查研究，我们也从中认识到了自己存在的不足，了解到当代大学生关于梦想，努力与幸福的认知现状和努力情况，这有利于大学生及时调整和改变现状，完善和发展自己，也有利于未来国家和社会的发展。”这样的感受和体会不仅令广大青年学子心潮澎湃，甚至也会让那些已经远离青春的人浮想联翩。由此可见，重视和发挥实地调研类实践教学的重要价值。

---

①　习近平.用新时代中国特色社会主义思想铸魂育人，贯彻党的教育方针落实立德树人根本任务[N].人民日报，2019-03-19(1).

（四）注意问题

注重调查研究是我们做好工作的基本功。周密的计划是保证活动有序进行的前提条件，以调研小组形式且按相应比例计入个人期末成绩的作业要求是激励学生的充分条件，走出校园感受社会的心理渴望是必要条件。离开调查研究，就谈不上理论与实际的结合和统一，也就谈不上实事求是。只有“从客观实际出发，不能带着事先定的调子下去，而要坚持结论产生在调查研究之后，建立在科学论证的基础上”，“刻舟求剑不行，闭门造车不行，异想天开更不行，必须进行全面深入的调查研究”①，才有可能写出既有客观图表佐证和真实图片证明，又有分析条理逻辑严密且针对性强的3000字左右的调研报告。当然，在调研准备阶段，我们除提供调研选题（学生也可自选题目）、规范调研报告的格式之外，还要求指导教师对参加实践教学的学生进行相关培训和全程指导，一定程度上既保障了学生的人身安全，也能够帮助学生顺利开展工作。

五、微电影类实践教学形式

微电影类实践教学就是在进行思想政治理论课实践教学过程中，鼓励学生借助手机或摄像机等现代工具，把发生在自己身边有教育价值或警示意义的人物事迹或典型案例拍摄下来，经过后期剪辑等程序借助具有视频功能的移动设备播放出来，以达到既教育他人也教育自己的目的。互联网的不断发展与新媒体的广泛应用，既为传统信息传播提供了新的媒介和技术，但互联网信息传播的海量性、及时性、不可控性、碎片性及新媒体的民主性、互动性、开放性、兼容性、隐匿性等特性也消解了教育者的权威性，使教育者正经历着“去中心化”的挑战。面对多样媒体逐渐呈现的多交叉、多融合的新常态，只有“注重以文化人以文育人，广泛开展文明校园创建，开展形式多样、健康向上、格调高雅的校园文化活动，广泛开展各类社会实践。要运用新媒体新技术使工作活起来，推动思想政治工作传统优势同信息技术高度融合，增强时代感和吸引力”②，才能及时有效地从中国改革开放的生动实践中汲取智慧和营养，才能把“最难讲”的思想政治理论课变成大学生真心喜爱、终身受益、毕生难忘的课程。这就要求我

---

① 习近平.加强对改革重大问题调查研究 提高全面深化改革决策科学性[N].人民日报，2013-07-25(1).

② 习近平.习近平谈治国理政(第2卷)[M].北京：外文出版社，2017：378.

们必须充分利用新媒体的传播，正视受教育者新媒体时代的生活和学习方式，主动构建契合新媒体的教学模式并充分发挥其积极功效，实现教育与高科技的有效结合，是创新思想政治理论课教育教学的必然选择。

（一）重要作用

因具有思想性、现实性、体验性、协作性和传播广泛迅速等特点，微电影不仅能引起大学生的广泛关注与思想共鸣，也在潜移默化中传播了文化价值和思想理念，其发展符合文化发展和社会发展的需要。作为信息多元化的传播利器，“思政课微电影教学本质上是对象性活动，它通过搭建实践载体，构建对象性活动的主客体关系，提升思政课教学的实践温度，使思政课教学在讲好新时代中国故事中增强时效性和吸引力”①。把微电影教学法引入思政课的实践教学环节，实际上就是给学生提供了一个学习平台。在这里，大学生在教师指导下根据自己的兴趣爱好结合教学内容选择主题，通过浓缩化的微电影多方位展现枣庄的辉煌过去、经典时刻或特殊瞬间，展示改革开放以来枣庄的巨大变化，有助于激发学生的自豪感与责任感，有助于“引导学生增强中国特色社会主义道路自信、理论自信、制度自信、文化自信，厚植爱国主义情怀，把爱国情、强国志、报国行自觉融入坚持和发展中国特色社会主义事业、建设社会主义现代化强国、实现中华民族伟大复兴的奋斗之中”②。在当前高校思想政治教育教学面临诸多困境和挑战的形势下，“思政课教师组织学生拍摄微电影并将优秀作品运用到教学中，与时代合拍，与年轻大学生的需求吻合，接地气，可操作，能够发挥微电影的美育功能，润物细无声地开展思想政治教育，因而成为思政课教师值得探索的教学新路径”③。微电影实践教学也给高校教师探索思政课教育教学提供了新视角、新途径、新舞台，有助于实现思政课实践教学的多样化，以更好地调动学生的积极性、主动性、创造性。一些高校已在这方面取得了可喜收获，为我们开展微电影实践教学提供了有益启示。

（二）适用课程

因具有“‘三微’特点，故普通人亦可成为编剧、导演、演员、制片人等，让酷

---

① 沈艳华.“对象性活动”对思政课教学改革的观照：以河北大学思政课微电影教学改革实践为例[J].河北大学学报（哲学社会科学版），2019(1)：65-69.

② 习近平.用新时代中国特色社会主义思想铸魂育人，贯彻党的教育方针落实立德树人根本任务[N].人民日报，2019-03-19(1).

③ 柴素芳，沙占华.微电影：高校思想政治理论课教学的新载体：以河北大学微电影教学法为例[J].思想教育研究，2015(10)：44-48.

爱时尚的年轻人可以通过微电影这一艺术载体表达思想、传播文化、体验美感”[①]，引导和鼓励大学生围绕社会现实、民生热点、校园生活、青年成长等话题拍摄微电影，既实现了与社会发展的同频共振，满足了当代大学生的求新心理需求，也让大学生了解认识了社会，提升了其认知幸福、创造幸福和传递幸福的能力。理论上讲，微电影实践教学适用于高校思想政治理论课的任何一门课程的教学需要，适用于所有的在校大学生。但是，微电影实践教学不是简简单单的拍摄录像，而是需要在有限的时间内通过剧中角色的语言对白和多样行为展示以达到抑制丑恶、褒奖美善的教育主题。这就需要大学生不仅有成熟且实际可操作的想法、一定的剧本写作能力和场景表现能力、较高的摄像水平和影像辨别与裁剪能力，更要有相关设备，才能通过形象生动的声像画面与故事情节的有效集合来反映理性内涵和文化创造。因此，我们采取了鼓励传媒学院和其他学院有能力的学生进行微电影实践教学的做法。

（三）学生感受

2018年下半年，我们开始实施微电影实践教学。在布置任务时很多学生选择了这种方式。学生们普遍认为，这种实践教学方式符合新生代大学生的心理认知，且具有广泛参与性、创新性、持续性特点，不仅能使学生由被动接受变为主动学习，加深他们对我国建设改革的历史进程、历史变革、历史成就的深刻认识，能对思想政治理论课所讲的内容有更深刻的理解和运用，有效增强学生的求知欲望和社会责任感，也能让学生在自编、自导、自演微电影的体验中学到很多电影专业知识，增强了团队创新能力和协作精神，促进了大学生全面发展。很多学生认为，与其他实践教学形式相比较，微电影实践教学不仅技术含量高，作业的工作量（既要交微电影视频，也要交微电影剧本）和难度（很多学生不会写微电影剧本）也比较大。如何规范作业形式以减少学生的工作量，才能更全面简洁地考核微电影实践教学，是调动学生积极性的关键。我们将在参考其他学校基本做法的基础上，更好地设计规范微电影实践教学。

（四）注意问题

在进行微电影实践教学时至少应注意一些问题。一是认清微电影实践教学的重要性。只有“让学生明白实践教学的重要性，清楚微电影和实践教学的

---

① 柴素芳，沙占华. 微电影：高校思想政治理论课教学的新载体：以河北大学微电影教学法为例[J]. 思想教育研究，2015(10)：44-48.

契合点，搞清楚将微电影这种形式运用于实践教学不是为了考查制作技术，而通过这种形式去体验社会、感悟社会，增强对社会的了解和对社会问题的认识，从而增强社会责任感和提高实践能力”[①]。二是主题思想要明确。“由小见大，由表及里”是微电影的思想性的基本要求。微电影必须以社会主义核心价值观为指导，注重创作和挖掘宣扬爱国主义、民族精神、优秀传统文化和时代特征的主旋律微电影，严禁娱乐化、恶搞化、低俗化。三是加强对学生的培训指导。精心准备是顺利完成一切任务的前提。鉴于学生感性有余(有兴趣、有想法等)理性不足(不知道如何确定微电影主题、不知道制作微电影的详细流程等)的实际现状，2018 年 8 月，我们在修订再版《高校思想政治理论课分类实践教程》时专门增加了“微电影”类部分，有的老师还就如何选择和确定微电影的主题等问题对学生做了专题讲解，既解除了学生心中的疑惑，拓展了他们的视野，也提升了学生制作微电影的能力和水平。

当然，我们也尝试了其他实践教学形式，比如在校内实践环节实施了课前社会新闻速览、演讲比赛、模拟法庭、群团活动等，在校外实践环节尝试了社会创业、散发传单、交通执勤、聆听法庭等方式，也取得了较好的实践效果。但从系统培养学生的爱国主义感情、增强民族自豪感和社会责任感等方面出发，社会服务类、参观考察类、阅读欣赏类、实地调研类和微电影类等实践教学形式的作用可能更强大一些。当然，学无定规，教无定法。只有把教材与现实结合起来，把深奥的理论转化为学生喜闻乐见的形式，既讲天边、又讲身边，既讲道理、又讲故事，积极回应学生的现实关切，准确了解学生的内心诉求，引导学生在各种社会思潮、社会问题的碰撞中选择主流价值，思想政治理论课的吸引力和感染力才会增强，学生的获得感才会提升，学生成长发展的需求和期待才能得到满足。

本章小结

自 2011 年 3 月思想政治理论课教学部成立伊始，我们就开始思考如何开展思想政治理论课实践教学问题。教学部领导提出了“坚持教育同生产劳动和社会实践相结合，系统设计实践育人教育教学体系，科学制订实践教学活动年度计划，增强学生对社会的认知感和责任感”的实践教学思路，并采取了社会服务类、参观考察类、阅读欣赏类和实地调研类四种实践教学形式。在

① 沙占华，柴素芳.微电影教学：高校思想政治理论课实践教学的创新形式[J].思想理论教育导刊，2017(9)：130-132.

充分讨论和精心准备的基础上，我们于 2012 年上半年选择部分专业学生进行了试点，实践教学进入了探索与实践阶段。2014 年 11 月，张昌林老师申报的“推进墨家文化融入高校思想政治理论课教育教学”课题获批为山东省委高校工委思政课教改项目，揭开了枣庄学院开展高层次教学研究的序幕，也促使我们确立了以枣庄地方特色资源为依托开展思想政治理论课实践教学的行动方案。2015 年 10 月，根据上级精神和学校发展要求，学校将思想政治理论课教学部升格为马克思主义学院。在坚持以枣庄地方特色资源为依托开展思想政治理论课实践教学的基础上，我们又提出了面对新形势创新思想政治理论课实践教学的发展要求。

新技术、新媒体和新设备的出现给高校思想政治理论课实践教学提供了新机遇，也带来了挑战。“思政课教学既是一门科学，也是一门艺术。好的思政工作应该像盐，但不能光吃盐，最好的方式是将盐溶解到各种食物中让人自然吸收。筑牢课程教学主阵地，守好思政教育责任田，把思政课办得越来越好，必须围绕教学需要推动思政课改革创新，推进‘思政课程’向‘课程思政’转化，不断增强思政课的思想性、理论性、针对性和亲和力。”[①]实现实践教学形式的与时俱进是保持思政课具有强大生命力的基本要求。2018 年 7 月，我们根据形势需要重新修订的《思想政治理论课分类实践教程》出版，新增加了微电影类实践教学形式，适应了当今社会发展的需要，实现了高校思政课教学与高科技的有效结合，满足了大学生的多样需求，为发挥大学生的能动性提供了有利条件，为构建具有我校特色的思想政治理论课实践教学模式奠定了基础。

习近平总书记指出：“中华民族几千年来形成了博大精深的优秀传统文化，我们党带领人民在革命、建设、改革过程中锻造的革命文化和社会主义先进文化，为思政课建设提供了深厚力量。”[②]地方特色文化资源中涵盖了特定地方的历史事件素材、人物传记、精神财富，是中华优秀传统文化的特殊组成部分。将这些丰富的地方特色文化资源融入思想政治理论课实践教学之中，不仅易于被学生接受和理解，易于引起学生的情感共鸣，也能有效弥补现有思想政治理论课的情感缺陷，对丰富高校思想政治理论课实践教学资源，优化思想政治理论

① 郭立扬. 让思政课变得越来越鲜活[N]. 中国教育报，2019-04-17(2).

② 习近平. 用新时代中国特色社会主义思想铸魂育人 贯彻党的教育方针落实立德树人根本任务[N]. 人民日报，2019-03-19(1).

课的课程结构,提高实践教学效果具有积极意义。作为一座既有悠久历史文化,又曾经历过革命战争淬炼过的城市,枣庄市的地方特色资源为我们实施思想政治理论课实践教学提供了丰富的资源基础,为大学生陶冶情操、增长才干、锻炼能力提供了多样的实践场地。但选择那些地方特色资源开展,以何种形式融入思想政治理论课实践教学中,将是我们下一步研究的问题。

第四章 枣庄市代表性地方特色资源实践教学选题研究

尽管每一个相对独立的地域中都蕴藏有丰富的特色资源，但合理的标准给划分地方特色资源提供了理论依据。把课程教材中的“大理论”框架通过学校所在地区的“小历史”展现出来，把枣庄市的社会建设、经济发展、社会变迁的相关背景和发展过程融合到思想政治理论课的实践教学过程中，这既实现了教材理论与社会实际的有效结合，也增加了思想政治理论课的地方性、现实性、鲜活性和独特性。作为一座历史文化古城，一座因煤而建、因煤而兴的现代化城市，一座处于“一山、一水、两汉、三孔”黄金旅游线上的新兴旅游城市，枣庄市的多种地方特色资源是我们开展思想政治理论课实践教学的鲜活素材和丰厚沃土，枣庄市周边的济宁、临沂和徐州等地的地方特色资源也给予了有力支撑。这就给学生提供了认识枣庄、认识山东、了解中国的难得机遇。当然，由于选择角度的不同，同一个地方特色资源可得到不同的实践教学选题，同一类资源也会因课程考核的不同而形成不同的选题，特别对于地方特色农村、地方红色文化及地方红色场馆等资源而言。为保证实践教学的深入性、系统性，提高思想政治理论课实践教学的针对性，增强课题研究的广泛性与实用性，参照第二章对地方特色资源的划分和第三章规定的社会实践教学形式，笔者将尽可能多地把相关选题呈现在读者面前。尽管应该结合思想政治理论课的具体要求，实现社会实践教学选题的均衡分布，但考虑到自己的教学认识和教学体会，故这些选题多围绕“思想道德修养与法律基础”和“毛泽东思想和中国特色社会主义理论体系概论”课程而设计。

一、代表性地方特色农村资源选题

农村问题是中国现代化的基本问题，也是影响中国工业化、城市化、共同富裕和可持续发展等的基本因素。自我国改革开放以来，特别随着新农村建设、“乡村振兴”战略和美丽乡村建设战略的贯彻实施，大多数农民的生活发生了巨大变化，广大农村也发生了新气象、新变化。尽管农民工的诞生又给乡村注入了新活力，但也给农村发展和农民家庭带来了一些新情况、新问题。经过党和国家的不断努力，一些问题已得到了解决，但“我国农业农村发展面临的难题和挑战还很多，任何时候都不能忽视和放松‘三农’工作”[①]。把枣庄地区的特色农村资源纳入思想政治理论课实践教学中来，让大学生利用节假日到一些农村进行实地走访、调查研究，了解农村发展的现状，探寻这些新情况、新问题出现的成因、表现及社会影响，为解决这些新情况、新问题寻找切入点。

代表性资源

山亭区葫芦套村

葫芦套村位于山东省枣庄市山亭区徐庄镇政府驻地东南一公里处，地处连环山套之中，因地貌形似葫芦而得名。村庄生态环境优美，村内青山绿水相间，百年古树郁郁葱葱，高山瀑布飞泻而下，连环山套之中小溪流淌，展现一幅望得见山、看得到水、记得住乡愁的生态田园画卷，是一处难得的有青山、有绿水、有文化、有底蕴、民风淳朴，原生态旅游特色鲜明，开发潜力巨大，是“山东省旅游特色村”。2015 年 4 月以来，这个村坚持“三步走”发展规划，建设美丽乡村，强村富民促发展，逐步推动了葫芦套村化茧成蝶。

村内红色底蕴浓厚，历来有拥军爱民的好传统。1940 年 5 月，八路军一一五师师部机关在代师长陈光、政委罗荣桓的率领下进驻葫芦套村，召开了葫芦套干部会议。罗荣桓在会上做了报告，该村现存葫芦套一一五师司令部机关旧址和陈光罗荣桓旧居等相关革命历史文物，2015 年 6 月被列为“省级文物保护单位”，葫芦套村被誉为山亭区的“小延安”。

该村结合自身区位和产业特点，将生态观光旅游和体验式农业相结合，发展现代民宿产业，真正实现让农房变成景观，农民变成房东，农村变成景区，形成乡村旅游新景观。使古老传统的农家老屋，变成一处处各具特色、古朴优雅、幽静舒适，既有怀旧老景又有小资情调和文艺范儿的时代气息，是适宜游客居住休闲、身心放松的乡村民俗旅游休闲胜地。今天的葫芦套村，突出葫芦吉祥文化与本土元素的搭配运用，修建环山绿道、商业水街、福禄广场、文化艺术馆，发展葫芦观赏、葫芦采摘、葫芦美食、葫芦艺术，培育观光摄影、生态垂钓、旅游购物、农家餐饮、特色住宿等业态，展现出一幅望得见山、看得到水、记得住乡愁

---

① 习近平. 习近平对做好“三农”工作作出重要指示[N]. 光明日报，2015-12-26(1).

的生态田园画卷。

（摘自：http://www.632news.com/lnbk/2016/09/364539.shtml）

选题示例

葫芦套村生态旅游建设调查研究

教学目的

大学生通过对葫芦套村的实地调查研究，了解了该村实施乡村生态旅游发展之路的来龙去脉及对该村发展的影响，了解了村“两委”和驻村第一书记在探索实施乡村振兴过程中扮演的角色及发挥的作用，特别概括该村发展过程中的经验教训，为广大山区农村实现特色发展提供参考依据。

教学指导

本选题是为讲解《毛泽东思想和中国特色社会主义理论体系概论》（2018版）第七章第二节的“推进生态文明建设”和第十章第五节“建设美丽中国”等知识点而设计的。“如何实现发展，以什么样的方式发展”是很多地方面临的普遍问题。山亭区葫芦套村结合自身实际，发挥自身优势走出了一条特色发展之路，既践行了“绿水青山就是金山银山”的发展理念，也为实施美丽乡村建设提供了样本。本选题旨在通过概括总结葫芦套村的发展经验为全国各地的乡村建设提供参考指南。本选题也适合以观后感或微电影形式来组织实施。

参考资料

（1）鲍亚元：《嘉兴美丽乡村建设理论与实践》，中国农业大学出版社2001年版。

（2）朱平国、孙树志：《居有其所：美丽乡村建设》，中国民主法制出版社2016年版。

（3）电视剧：《美丽乡村》，康宁导演，刘大成等主演，吉林中视鸿歌影视文化传媒有限公司2016年出品。

（4）电视剧：《美丽乡村浪漫事》，杨真导演，国歌、崔艺东、左腾云、刘小海等主演，映山红影视文化传媒2014年出品。

（5）中国美丽乡村网（http://www.zgmlxc.com.cn/）。

其他有关选题

（1）葫芦套村葫芦文化开发情况调查研究。

（2）葫芦套村红色景点保护开发调查研究。

（3）葫芦套村发展模式应用价值调查研究。

(4) 葫芦套村红色旅游发展状况调查研究。

(5) 葫芦套村山地农业发展状况调查研究。

枣庄市××村村办企业发展问题调查研究

教学目的

通过对××村的实地调查研究，了解该村企业的发展历程，熟悉村办企业生产转型的基本做法和成功经验，了解村办企业对新农村建设的特殊影响，把握村办企业当前存在的主要问题及应对措施，总结村办企业发展过程中的经验教训，为新时代下促进我国村办企业大发展提供有益参考。

教学指导

本选题是为讲解《毛泽东思想和中国特色社会主义理论体系概论》(2018版)第五章第二节的"社会主义市场经济理论"、第六章第二节的"全面建设小康社会"、第七章第二节的"加快转变经济发展方式"、"构建社会主义和谐社会"和第十章第一节的"全面建成小康社会"等知识点而设计的。自改革开放以来，村办企业(乡镇企业的组成部分)如雨后春笋般发展起来。但随着时代变迁及国家政策和市场竞争的日益激烈等因素的影响，一些村办企的命运发生了变化。本选题旨在通过对××村的村办企业发展历程及其对新农村建设影响的调查研究，为我国村办企业的当代发展提供参考。从"中国近现代史纲要"课程需要的角度出发，本选题也适合以观后感形式来进行。

参考资料

(1) 孙学敏：《农村企业家的生成与中国传统农业的转变》，经济科学出版社2010年版。

(2) 萧冬连：《探路之役：1978—1992年的中国经济改革》，社会科学文献出版社2019年版。

(3) 林毅夫：《解读中国经济》，北京大学出版社2012年版。

(4) 周延东：《乡村秩序的裂变与重建：企业与社会的"双向嵌入"》，社会科学文献出版社2017年版。

(5) 全国乡村振兴网(http://www.qgxczxw.com/)。

其他有关选题

(1) ××村村办企业结构调整问题调查研究。

(2) ××村企业文化问题调查研究。

(3) ××村新农村建设情况调查研究。

(4) ××村农民养老问题调查研究。

(5) ××村发展模式问题研究。

枣庄市××村村民收入状况调查研究

教学目的

本选题的主要目的是以××村为代表，调研农村家庭的收入差别情况及主要成因，分析这种差别带来的社会影响，探索如何处理“先富”与“后富”的关系，以推动我国农村的发展，实现农村的和谐稳定。

教学指导

本选题是为讲解《毛泽东思想和中国特色社会主义理论体系概论》(2018版)第五章第二节“邓小平理论的主要内容”的“社会主义市场经济理论”、第六章、第七章和第十章第一节“建设现代化经济体系”问题而设计的。家庭联产承包责任制给农村的发展提供了政策保证，坚持按劳分配为主体、多种分配方式并存的分配制度又给农村的发展提供了政策依据。由于劳动能力及机遇和社会关系等差别，农村家庭联产承包责任制的实施及部分人的“土地外收入”使农村出现了贫富的差别，使本来经济状况相差不大的千家万户发生了巨大变化，而且这种差别还有进一步扩大化的趋势。通过对本问题的调查研究，大学生既可以客观认识我国改革开放以来广大农村发生的多样变化，也可以认识当代农村存在的多样问题，从而深刻认识“三农”问题的重要性。

参考资料

(1) 陈锡文、赵阳、陈剑波、罗丹:《中国农村制度变迁60年》,人民出版社2009年版。

(2) 刘奇:《中国三农“危”与“机”》,中国发展出版社2014年版。

(3) 徐少林:《中国“三农”报告》,黄河出版社2014年版。

(4) 电视剧:《海水苦泪水甜》,陈雨田导演，王伟等主演，辽宁华侨文化影业总公司2005年出品。

(5) 中国农村研究中心(http://www.rcre.agri.cn/)。

其他有关选题

(1) ××村农民工情况调查研究。

(2) ××村家庭养老问题调查研究。

(3) ××村农村青年婚嫁问题调查研究。

(4) ××村家庭教育问题调查研究。

(5) ××村土地流转问题调查研究。

枣庄市××村教育状况调查研究

教学目的

本选题的主要目的是选取××村为代表，对农村落实九年制义务教育、农村学校的教育质量、留守儿童的教育状况等相关问题进行调研。通过调研全面了解农村教育现状，认真分析当前影响农村教育发展的症结及造成原因，探索解决当前农村教育问题的途径方法，以实现教育强国战略。

教学指导

本选题是为讲解《毛泽东思想和中国特色社会主义理论体系概论》(2018 版)课程第五章第二节“邓小平理论的主要内容”的“两手抓，两手都要硬”、第六章、第七章和第十章第三节“推动社会主义文化繁荣兴盛”问题而设计的。随着社会的发展，农村教育出现了可喜变化，但由于城乡差距、政府投资、生源质量、教师素质及家庭重视等因素的影响又使得二者的差距进一步拉大，既影响了农村孩子借助教育改变自己命运的机会，又进一步拉大了城乡差距，影响了中国梦的实现。通过对农村教育问题的调查研究，大学生能深刻认识到农村教育现状及其对农村发展的影响，客观分析农村教育存在的问题，全方位了解党和各级政府为实现教育的城乡一体化制定的教育方针政策，并积极探索行之有效的解决措施，以实现农村教育的高质量发展。

参考资料

(1) 谢妮、申健强、陈华聪:《农村留守儿童教育现状研究》，经济科学出版社 2010 年版。

(2) 贾勇宏:《人口流动中的教育难题:中国农村留守儿童教育问题研究》，中国社会科学出版社 2013 年版。

(3) 常永才:《文化变迁与民族地区农村教育革新》，中央民族大学出版社 2007 年版。

(4) 电影:《一个都不能少》，张艺谋导演，魏敏芝等主演，广西电影制片厂 1999 年出品。

其他有关选题

(1) ××村适龄儿童幼儿园教育状况调查研究。

(2) ××村小学生教育质量状况调查研究。

(3) ××村初中生教育质量状况调查研究。

(4) ××村高中生教育质量状况调查研究。

(5) ××村对于上大学的认识问题调查研究。

枣庄市××村大学生村官问题调查研究

教学目的

本选题的主要目的是让大学生们深刻认识大学生村官对于推进社会主义新农村建设、巩固党在农村的执政基础、培养中国特色社会主义接班人的重要性；全面认识大学生村官在实际工作中存在的问题，努力营造大学生"村官"成长、成才的环境，建立健全对大学生"村官"的管理和激励制度，以促进城乡人才双向流动、推动新农村建设的顺利进行。

教学指导

本选题是为讲解《毛泽东思想和中国特色社会主义理论体系概论》(2018版)第十章第二节"发展社会主义民主政治"等问题而设计的。大学生村官工作是十七大以来党中央为发展我国农村而作出的一项重大战略决策，主要目的是培养一大批社会主义新农村建设骨干人才、党政干部队伍后备人才、各行各业优秀人才。2014 年 5 月 30 日，中共中央组织部进一步明确了大学生村官工作的定位和作用：一是培养了解国情、熟悉基层、心贴群众、实践经验丰富的干部、人才；二是增强基层组织建设、促农村发展、让农民受益。"向较为落后的农村基层输送具有高素质、高文化程度的大学生，让他们在任职的过程中直接与广大人民群众紧密联系，不仅极大地推动了农村整体发展，而且在工作过程中也极大地磨炼了大学生。"① 通过关注本问题，当代大学生既能深刻认识大学生村官对新农村建设的重要性和必要性，也能全面了解大学生村官的发展现状，引导当代大学生把实现个人理想与社会需要结合起来。

参考资料

(1) 傅宁军：《大学生村官》，江苏人民出版社 2009 年版。

(2) 李兴稼：《大学生村官的使命与创业》，金盾出版社 2010 年版。

(3) 史亚军：《如何当好大学生村官》，中国农业出版社 2011 年版。

(4) 电视剧：《大村官》，刘流导演，贺刚、王力可、邵峰等主演，浙江永乐影视制作有限公司摄制 2013 年出品。

(5) 大学生村官服务网(http://cg.ncss.org.cn/)。

① 刘杨，夏溪. 论大学生村官对农村基层组织建设的意义与作用[J]. 河南教育，2010(12)：62-63.

其他有关选题

(1) 大学生村官发展状况调查研究。

(2) 大学生村官管理机制问题调查研究。

(3) 大学生村官适应农村问题调查研究。

(4) 大学生村官应具备的能力问题研究。

(5) 村民心目中的大学生村官形象问题调查研究。

枣庄市××村村民自治问题调查研究

教学目的

本选题的主要目的是通过对××村的村民自治情况的调查研究,大学生能充分认识实施村民自治的重要性,全面分析当前制约村民自治的主要问题,并探索解决问题的方法,推动基层民主建设,进一步发展社会主义民主。

教学指导

本选题是为讲解《毛泽东思想和中国特色社会主义理论体系概论》(2018版)第十章第二节"发展社会主义民主政治"和第四节"加强和创新社会治理"等问题而设计的。我国宪法和相关法律规定,有居民(村民)选举的成员组成居民(村民)委员会,实行自我管理、自我教育、自我服务、自我监督的制度。村民自治制度是我国依法治国战略的基本体现,是促进农村适应市场经济体制改革的基层管理制度,其核心是实施"四个民主"(民主选举、民主决策、民主管理、民主监督),通过"海选"方式选定领导农村发展的掌舵人和引路者。自20世纪70年代末80年代初萌芽以来,村民自治经历了一个渐进发展过程,现已在全国各乡村推广普及。通过本选题使当代大学生了解我国农村自治的运行情况,分析当前制约其发展的影响因素,并探讨在新时代下如何改进这一制度,从而更好地促进农村的民主政治建设。

参考资料

(1) 李增元:《村民自治到社区自治:农村基层民主治理的现代转型》,山东人民出版社年2014年版。

(2) 董红:《当代中国村民自治问题研究》,中国农业出版社2014年版。

(3) 李炳烁:《农村社会治理的法治转型与权利发展:基于村民自治的制度分析》,江苏大学出版社2013年版。

(4) 电视剧:《鲜花盛开的村庄》,游晓锦、陈福黔导演,牛群、苏可、熊睿玲等主演,北京东方昆仑文化传播有限公司2013年出品。

(5) 中国农村村民自治信息网(http://cmzz.mca.gov.cn/)。

其他有关选题

(1) 村民自治中的“两委”关系问题研究。

(2) 村民素质对村民自治的影响问题研究。

(3) 村民自治与“乡村发展”的关系问题研究。

(4) 公民意识对村民自治的影响调查研究。

(5) 宗族势力对村民自治影响问题的研究。

××村美丽乡村建设调查研究

教学目的

本选题的主要目的是大学生通过对××市的美丽乡村建设情况进行调查研究,了解广大民众对美丽乡村建设的认识及其对社会发展的影响,调研××村美丽乡村建设的基本现状,分析当前制约美丽乡村建设的基本因素,探索更有效的美丽乡村建设途径,全面促进我国美丽乡村建设。

教学指导

本选题是为讲解《毛泽东思想和中国特色社会主义理论体系概论》(2018版)第七章第二节“科学发展观的科学内涵和主要内容”、第十章第五节“建设美丽中国”等问题而设计的。美丽乡村建设就是把可持续发展提升到绿色发展的高度,为实现后人“乘凉”而“种树”,就是不给后人留下遗憾而是留下更多的生态资产,其实质就是要正确处理人与自然的关系。美丽乡村建设关系人民福祉,关乎民族未来,事关“两个一百年”奋斗目标和中华民族伟大复兴中国梦的实现。党中央、国务院高度重视美丽乡村建设,先后出台了一系列重大决策部署,使美丽乡村建设取得了重大进展。通过对××村美丽乡村建设情况的调查研究,让当代大学生了解我国美丽乡村建设的基本情况,深刻认识美丽乡村建设的重要性,分析当前制约美丽乡村战略实施的因素及其成因,探寻破解的思路,为建设美丽乡村出谋划策。

参考资料

(1) 夏训峰、席北斗、王丽君等:《农村环境综合整治与系统管理》,化学工业出版社2019年版。

(2) 朱平国、孙树志:《居有其所:美丽乡村建设》,中国民主法制出版社2016年版。

(3) 电视剧:《美丽乡村》,康宁导演,刘大成等主演,吉林中视鸿歌影视文化传媒有限公司2016年版。

(4) 电视剧:《美丽乡村浪漫事》,杨真导演,国歌、崔艺东、左腾云、刘小海等主演,映山红影视文化传媒2014年出品。

(5) 中国美丽乡村网(http://www.zgmlxc.com.cn/)。

其他有关选题

(1) 美丽乡村建设中的村民素质问题调查研究。

(2) 美丽乡村建设中的村规民约问题调查研究。

(3) 美丽乡村建设中的保护与开发问题调查研究。

(4) 美丽乡村建设中的旅游经济问题调查研究。

(5) 美丽乡村建设中的特色发展问题调查研究。

××村基层党组织建设问题调查研究

教学目的

党的领导是建设社会主义新农村的根本保证,以党组织为核心的农村基层组织是建设社会主义新农村的关键。本选题的主要目的是大学生通过对××村的党组织建设情况的调查研究,了解当前农村基层党组织的建设状况,分析当前农村基层党组织建设中存在的问题及成因,提出解决问题的基本思路,为促进农村发展建设过硬党组织,不断夯实我党在农村的执政基础。

教学指导

本选题是为讲解《毛泽东思想和中国特色社会主义理论体系概论》(2018版)第十二章"中国特色社会主义领导核心理论"问题而设计的。党的领导是社会主义现代化建设的根本保证,而党的基层组织是党全部工作和战斗力的基础,是团结带领群众贯彻党的理论和路线方针政策、落实党的任务的战斗堡垒,也是实施新农村建设的组织保障。随着市场经济的不断发展和改革开放的不断推进,农业、农村、农民正在发生前所未有的深刻变化,农村基层党组织与农民群众的利益关系和联结方式也正在发生着深刻变化,农村基层党建工作面临着许多亟待研究解决的新情况、新矛盾、新问题。如何把"基层党组织建设成为宣传党的主张、贯彻党的决定、领导基层治理、团结动员群众、推动改革发展的坚强战斗堡垒"①,如何进一步增强基层党组织的凝聚力、服务力和发展力,使之真正成为贯彻落实科学发展观的组织者、推动者和实践者,是当前需要认真探

① 习近平.决胜全面建成小康社会,夺取新时代中国特色社会主义伟大胜利:在中国共产党第十九次全国代表大会上的报告[N].人民日报,2017-10-28(1).

讨和解决的重大课题。通过本选题，大学生能够在认识我国基层党组织建设的基本情况前提下，也能够为解决问题做出新贡献。

参考资料

(1) 肖纯柏：《农村基层党组织功能实现途径研究》，人民出版社 2011 年版。

(2) 周挺：《乡村治理与农村基层党组织建设》，知识产权出版社 2013 年版。

(3) 王同昌：《新时期农村基层党组织建设研究》，合肥工业大学出版社 2015 年版。

(4) 电影：《第一书记》，陈国星导演，杨立新、徐帆等主演，北京紫禁城影业有限责任公司摄制 2010 年出品。

(5) 中国基层党组织建设网(http://www.chinadj.org/)。

其他有关选题

(1) ××村村“两委”带领村民致富情况调查研究。

(2) ××村村干部选举中的家族势力问题调查研究。

(3) ××村党支部发展新党员情况调查研究。

(4) ××村村“两委”战斗力情况调查研究。

(5) ××村党员模范带头作用情况调查研究。

二、代表性地方特色山地资源选题

正如前文所述，尽管枣庄地区没有驰名中外的名山大川，但一些山地不仅曾是历史上绿林好汉的藏身地，也是革命时期的抗日根据地和阻击国民党军队的特殊屏障，是地方历史传奇与火热革命场景的见证者、承载者和讲述者。尽管这种实践资源给实践教学带来了一些压力(需要时刻关注学生的人身安全)，但把这些有历史故事、革命场景和瑰丽风光的地方特色山地资源融入思想政治理论课的实践教学之中，让学生在考察中长见识，在实践中长能力。这不仅有助于陶冶学生的情操、愉悦身心、开阔视野、强健体魄，也有利于更好地激发大学生的爱国情怀和民族自豪感，让他们更加爱枣庄、爱山东、爱祖国。

代表性资源一

鲁南革命名片——抱犊崮

抱犊崮属沂蒙山区，海拔 580 米，位于山亭区东南部，距枣庄市驻地 23 公里，面积达 665.5 公顷，是国家 AAAA 级旅游景区、国家森林公园、国家地质公园，是一座集自然景观、人文景观为一体的名山。抱犊崮拔地通天，鹤立群山，以其独有的“雄”“奇”“险”“秀”而著称，崮身宛如高高的圆杯倒扣于山峰之上，自颈至巅，峭壁如削，山石裂缝纵横，古柏倒挂。这里山势突兀、巍峨壮丽、泉流瀑泻、柏苍松郁。伫崮东眺，黄海茫茫云雾缭绕。

抱犊崮在20世纪20年代初，曾发生过震惊中外的“民国第一案”。1923年5月6日，绿林志士孙美瑶为摆脱被围剿的困境，在津浦线临城南，拦截了由浦口开往天津的第二次特别快车，劫持了英、法、美、意、葡、墨等七国27个外国人，其中还有美国前总统罗斯福的女儿。中外为此震惊，各国公使哗然，北洋政府惶惶不安。孙中山、毛泽东、陈独秀、鲁迅和冰心等人对此都有过评论，现已拍摄成20集电视连续剧《民国大劫案》。

抱犊崮也是鲁南红色革命的摇篮。1935年2月，中共苏鲁边区临时特委派郭子化等到抱犊崮山区开展农村工作，建立了鲁南第一个党支部。1939年9月，罗荣桓亲自带领八路军一一五师部队进驻抱犊崮山区，相继建立了苏鲁支队、运河支队、鲁南支队，开创了抱犊崮山区的新局面。同年11月20日，罗荣桓在抱犊崮山下南泉村建立了鲁南第一个县级红色政权——峄县抗日民主政府，建立了第一个鲁南农村基层党组织——大兆庄村党支部。抱犊崮也是著名的“铁道游击队”等抗日武装的指挥机关所在地及大后方。八路军抱犊崮抗日纪念园是对这段火热历史场景的生动再现，是全国红色旅游百家经典景区，全国科普教育基地，是国务院公布的第二批抗战旧址，也是山东省人民政府命名的国防教育基地，更是山东行政学院教学科研基地、省级爱国主义教育基地和枣庄市党员干部“三同”教育实践基地。

抱犊崮还是国家地质公园、国家水利风景区、全国农业旅游示范点、省级自然保护区、省级风景名胜区、省级文物保护单位、全省科普教育基地、山东省十佳森林公园、山东省十大魅力景点、山东省最受游客喜爱的魅力景区、山东省自驾游首选目的地、山东省十佳休闲度假旅游区、枣庄市爱国主义教育基地。

（摘自：https://baike.so.com/doc/6205705-6418972.html）

选题示例一

考察八路军抱犊崮抗日纪念园有感

教学目的

对八路军抱犊崮抗日纪念园的参观考察，可以引导当代大学生重走革命战争路线，重温鲁南地区当时火热的革命场景，让他们深刻体会历代仁人志士和革命先烈之所以不惜抛头颅、洒热血等壮举的伟大意义，深刻领会“天下兴亡、匹夫有责”的价值内涵，深刻体会革命先辈无畏艰难、英勇抗战的精神，引导他们继承革命精神，传承红色基因，激励他们珍惜今天来之不易的生活，进一步增强爱国主义精神，真正把爱国之志变成报国之行。

教学指导

本选题是为讲解《思想道德修养与法律基础》(2018 版)第三章第二节“爱国主义及其时代要求”和第四章第三节“做社会主义核心价值观的积极践行者”等知识点而设计的。2013 年 7 月，在参观考察西柏坡革命旧址时，习近平总书记在谈到革命历史传统的教育意义时指出：“历史是最好的教科书。对我们共产党人来说，中国革命历史是最好的营养剂。多重温这些伟大历史，心中就会增加很多正能量。”[①]大学生通过欣赏祖国壮丽河山的瑰丽风光，增强自己的国家自豪感和民族责任感，强化爱国主义精神和坚定自己的理想信念，在全球化时代更加自觉地捍卫国家和民族利益；通过走进革命历史遗迹和革命场馆，观看反映当时革命场景的影视作品和观瞻革命历史文物等形式，自觉抵制各种错误认识，进一步坚定自己的理想信念，弘扬社会主义核心价值观，从而成为合格的社会主义事业的建设者和接班人。本选题也适应“中国近现代史纲要”和“毛泽东思想和中国特色社会主义理论体系概论”课程实践教学的需要。

参考资料

(1) 陶道强:《枣庄抗战通史》，中国社会科学出版社 2016 年版。

(2) 苑继平:《枣庄胜景》，青岛出版社 2006 年版。

(3) 崔新明、司艾华:《铁道游击队史》，中国社会科学出版社 2015 年版。

(4) 枣庄旅游网(http://st.517tez.com/)。

其他有关选题

(1) 抱犊崮红色革命景点保护开发研究。

(2) 观抱犊崮国家森林公园有感。

(3) 抱犊崮红色旅游发展调查研究。

(4) 抱犊崮抗日根据地历史价值研究。

(5) 抱犊崮旅游经济发展研究。

---

① 习近平. 党面临的“赶考”远未结束[N]. 人民日报，2013-07-14(1).

代表性资源二

鬼斧神工的杰作——熊耳山

熊耳山国家地质公园位于枣庄市山亭区东南部 北庄镇境内，海拔 483 米，东西绵延 6 公里，南北宽 2 公里，呈东西走向，是中国罕见的崮形山体岩溶地质地貌。因其主峰远看貌似一只大熊耳，故称之为熊耳山。熊耳山为距今 5 亿年前的浅海相沉积的石灰岩、页岩、砂岩等地层。山体上半部的石灰岩受断裂构造影响，长期的物理、化学风化作用及溶蚀作用，使张性裂隙渐变发展而形成裂谷。熊耳山国家地质公园裂谷一侧的岩体受重力、地震等因素影响，逐渐倾斜、崩塌、坠落而产生崩塌地质灾害。原山体逐渐风化剥蚀而形成山顶平平、边缘陡峭、山肩斜缓的崮形地貌景观。熊耳山国家地质公园属泰沂山脉特殊的崮型山体岩溶地质结构，集群崮、双龙大裂谷、卧虎洞、龙抓崖、崩塌地质灾害遗迹等自然景观为一体，是崮形地貌各生成阶段的实物展现，为山东仅有、全国罕见的原始而独特的石灰岩地质地貌奇观，具有较高的科普、科研和观赏价值。

熊耳山拥有悠久光荣的革命传统。1935 年 4 月，中共临时特委郭致远、张光中等 6 名同志在牛鼻洞中建立了第一个鲁南农村基层党组织——大北庄村党支部，为鲁南地区革命斗争播下了火种；1936 年，台儿庄老道人王士贤创办了“鲁峄北黄龙洞贫民私塾义务小学”，这是抗战时期抱犊崮山区的唯一学堂，八路军宣传队经常到洞内宣传革命道理，1935—1942 年这短短六年中，培养过数百名学生，为革命培养并输送了不少仁人志士。1938 年，国民党第四十军庞炳勋部曾一度把黄龙洞作为后勤仓库。

熊耳山景区环境优美、民风淳朴、物产丰富，拥有牡丹庵、黄龙洞、沧浪渊等人文景观，且交通便利，现已成为人们地质科普、旅游探险、休闲娱乐之佳处。自 2001 年 12 月被命名为国家地质公园以来，熊耳山现已成为国家防震减灾科普教育基地、山东省十大优秀新景点、山东省最受欢迎自驾游基地、中国旅游报好客山东—休闲度假特荐基地、山东省最具特色影视拍摄基地等，也是国家科普教育基地、旅游观光胜地、休闲健身佳地。

（摘自：https://baike.so.com/doc/5982458-6195423.html）

选题示例二

观国家地质公园熊耳山有感

教学目的

大学生对熊耳山国家地质公园的参观考察，既能欣赏我国壮丽河山的独特景色，也深刻体会历代仁人志士和革命先烈之所以不惜抛头颅、洒热血等壮举的伟大意义，深刻领会“天下兴亡、匹夫有责”的价值内涵，进一步增强爱国主义精神，激励他们珍惜今天的幸福生活，把爱国志变成报国行。

教学指导

本选题是为讲解《思想道德修养与法律基础》（2018 版）第三章第二节“爱国主义及其时代要求”和第四章第三节“做社会主义核心价值观的积极践行者”等知识点而设计的。通过欣赏祖国壮丽河山的瑰丽风光，增强大学生的国家自豪感和民族责任感，强化爱国主义精神和坚定自己的理想信念，在全球化时代更加自觉地捍卫国家和民族利益。本选题也适应“中国近现代史纲要”和“毛泽东思想和中国特色社会主义理论体系概论”课程实践教学的需要。

参考资料

(1) 苑继平：《枣庄胜景》，青岛出版社 2006 年版。

(2) 肖建军：《河山》，新世界出版社 2009 年版。

(3) 朱祖希：《美丽山东》，蓝天出版社 2014 年版。

(4) 张妙弟：《美丽中国》，蓝天出版社 2014 年版。

(5) 美丽中国视觉网（http://www.mlzgw.net/）。

其他有关选题

(1) 熊耳山开发保护调查研究。

(2) 熊耳山红色资源开发研究。

(3) 观熊耳山国家地质博物馆有感。

(4) 熊耳山旅游经济现存问题调查研究。

(5) 观熊耳山大裂谷有感。

三、代表性地方城市特色问题资源选题

我们在第二章中指出，代表性城市场所资源也就是该城市为解决本地民生问题而建立的特殊场所或场地资源。作为一座正在转型的资源枯竭型城市，一

座正在创建全国卫生城市的地区性城市，枣庄市既具有一般城市普遍存在的共性问题，也具有自身的特殊问题。习近平总书记指出："民生工作离老百姓最近，同老百姓生活最密切。……做好和改善民生工作，可以增进社会消费预期，有利于扩大内需，抓民生也是抓发展。""面对复杂的国内外经济形势，要把保障和改善民生紧紧抓在手上，切实托住这个底。"①为解决这些民生问题，枣庄市在老城区及其区市政府辖区内建设了不同场所以解决问题。如在枣庄市老城区，为解决下岗职工就业（也为方便市民购物）而出现的八大批发城、青檀路果品批发市场（已拆迁）、振兴批发市市场（已拆迁）和香港街等；为解决市民菜篮子问题而兴建的新华市场、龙头市场和齐村市场等；为方便市民休闲娱乐而建设的光明广场、东湖公园等。另外，城市社区安全、枣庄市农民工发展状况、市民交通安全意识等民生问题也是好的实践选题。教师们把这些特殊的城市场所资源融入高校思政课的实践教学中，根据不同课程的教学需要设定不同选题，让这些地点成为当代大学生观察和了解社会的窗口，成为大学生认识自我、调整自我和发展自我的实践基地，从而实现社会育人的教育目的。

代表性资源

市民健身娱乐大舞台——枣庄光明广场

枣庄光明广场位于枣庄市中区光明路中段，光明路与龙庭路的交会处，南依烈士陵园，北临科技馆，市区多条公交线路可直达，是一座现代化都市花园广场。

光明广场占地0.15平方公里，由中心区、休闲区和文化区三部分组成，主要包括中心广场、文化广场、休闲广场、草坪花池、疏林草地和喷泉、灯光、雕塑等。广场采用轴线规划式布局，着力体现了一条南北轴线和三条东西次轴线，以光明路为视点，组成了东、南、西、北、东南、西南六条视线通廊。其中，中心广场共占地0.02平方公里，通透开阔，配有大型立体式喷泉；东南侧休闲广场呈圆形，直径80米，地面采用磨光大理石铺设，采用光带和色带勾勒出不同的空间，25米高的不锈钢彩球高杆灯点缀其中；位于西南侧的文化广场呈半圆形布置，下沉式的环状阶梯围合出圆形舞台，配有音响，可用于小型文艺团体演出和群众性的歌咏演唱活动；广场绿地建设以疏林草地为主，绿化面积0.07平方公里，主要包括观赏草坪、友谊林、石榴林、合欢林等；同时，10个大型花坛穿插于

---

① 习近平.习近平谈治国理政（第2卷）[M].北京：外文出版社，2017：361-363.

广场四周。广场还设有健身广场、露天溜冰场等场景。

（摘自 https://you.ctrip.com/sight/zaozhuang656/125435.html）

选题示例

枣庄市老城区居民休闲场所现状调查研究

教学目的

大学生通过对该场所的考察和对在该处所锻炼身体的市民的采访调查，分析枣庄光明广场对市民生活及对城市发展的影响，调查枣庄城区休闲场所的现状及存在问题，在广泛征集市民对管理使用城市休闲场所建议基础上，为把枣庄老城区建设成为美丽、和谐、宜居的城市提出建设性意见。

教学指导

本选题是为讲解《毛泽东思想和中国特色社会主义理论体系概论》(2018版)第十章第五节“建设美丽中国”等知识点而设计的。市民广场源起于20世纪90年代，是政府为老百姓提供的一项公共服务设施。从广义上理解，市民广场泛指多功能、多结构、多样性的城市事物空间，它不仅是物理空间的开阔，也代指精神的、形态的空间深厚与广阔，所以市民广场也称为文化广场。优秀的文化广场甚至可以成为特色鲜明的城市地标，将产生巨大的社会效益和经济效益。在新的时代背景下，把传统意义上的广场打造成为城市文化繁荣发展的一个不可或缺的有机组成部分，但如何更好地发挥广场的惠民功能、娱乐功能，如何充分挖掘广场的人文内涵，让文化在广场中得到充分表现，实现群众文化生活的自觉向往，是枣庄光明广场建立的初衷。枣庄光明广场的建立不仅在空间位置和外在环境上吸引了市民的汇聚，也成了当地文体演出和车展的理想场地，但也产生了一列问题，如何管理和经营广场已成为亟须解决的重要课题。

参考资料

(1) 林芳莹：《城市发展新方向：从城市化到世界城市群》，中国社会科学出版社2019年版。

(2) 吕宁、韩霄：《中国休闲城市发展报告(2019)》，旅游教育出版社2019年版。

(3) 刘江会、朱敏：《城市发展、城市竞合与上海全球城市建设》，经济科学出版社2016年版。

(4) 侯景新、肖龙、石林：《城市发展前沿问题研究》，经济管理出版社2018年版。

(5) 枣庄旅游网(http://st.517tez.com/)。

其他有关选题

(1) 枣庄市老城区八大批发城发展调查研究。

(2) 枣庄市老城区下岗人员再就业问题研究。

(3) 枣庄市老城区东湖公园发展调查研究。

(4) 枣庄市老城区农贸市场发展调查研究。

(5) 枣庄市老城区创建全国卫生城市调查研究。

当前社会诚信问题调查研究

教学目的

本选题的主要目的是让大学生通过对枣庄部分市民问卷调查、社会走访或随机访谈等形式,了解市民对当今社会诚信的基本看法,分析当前社会诚信基本现状,归纳当前人们缺乏诚信的基本表现,剖析诚信缺失的社会危害,探讨如何提高公民道德素质,如何促进市民讲诚守信,以推动我国的和谐社会建设。

教学指导

本选题是为讲解《毛泽东思想和中国特色社会主义理论体系概论》(2018版)第十章第三节的"培育和践行社会主义核心价值观"、第四节"坚持在发展中保障和改善民生"的"加强和创新社会治理"等问题而设计的。诚信是中华民族的传统美德。改革开放以来,我国的经济建设和社会发展都取得了举世瞩目的成就,但社会上也存在一些诚信缺失现象。诚信缺失犹如毒瘤正在严重地侵蚀着我们国家和社会的机体。全面建设小康,构建和谐社会,都离不开社会诚信这一重要保障。诚信缺失已成为制约我国全面发展的一个重要问题。在建设社会主义的关键时期,切实加强社会主义道德建设、以德治国,把法制建设与道德建设、依法治国与以德治国紧密结合起来,"对弘扬民族精神和时代精神,形成良好的社会道德风尚,促进物质文明与精神文明协调发展,全面推进建设中国特色社会主义伟大事业,具有十分重要的意义"①。通过对本问题的调研分析,大学生认识我国社会诚信的现状及建设的紧迫性与必要性,为建设社会主义和谐社会而献言献策。

参考资料

(1) 王小锡:《社会主义核心价值观研究丛书:诚信篇》,江苏人民出版社

① 公民道德建设实施纲要[N].人民日报,2001-10-25(1).

2015 年版。

(2) 马文·布朗:《公司诚信:反思组织伦理与领导行为》,罗仲伟、陈君,译,中国社会科学出版社 2011 年版。

(3) 张国臣:《社会诚信建设理论与实践》,人民出版社 2013 年版。

(4) 王淑芹等:《大学生诚信伦理研究》,人民出版社 2012 年版。

(5) 中国文明网(http://www.wenming.cn/)。

其他有关选题

(1) 当前大学生课堂诚信问题调查研究。

(2) 当前企业的社会诚信问题调查研究。

(3) 当前企业广告的诚信问题调查研究。

(4) 当前网络销售的社会诚信问题调查研究。

(5) 当前旅游导游的社会诚信问题调查研究。

枣庄市改革开放成就调查研究

教学目的

通过本选题,大学生能充分认识为什么改革开放是决定当代中国命运的关键抉择,是发展中国特色社会主义的必由之路,深刻理解改革是社会主义制度的自我完善和自我发展的论断的重要意义,全面认识深化改革的重要性,辩证理解改革、发展、稳定之间的关系,积极支持我国的改革发展。

教学指导

本选题是为讲解《毛泽东思想和中国特色社会主义理论体系概论》(2018版)第五章、第六章、第七章而设计的,主要目的是让大学生通过了解改革开放对枣庄市发展的巨大影响,深刻认识改革开放对我国发展的重要性、特殊性,深刻理解改革开放是党在新的时代条件下带领全国各族人民进行的新的伟大革命,是决定当代中国命运的关键一招,也是决定实现"两个一百年"奋斗目标、实现中华民族伟大复兴的关键一招。习总书记指出:"改革开放是我们党在新的历史条件下带领人民进行的新的伟大革命。这场伟大革命,从党的十一届三中全会到现在,走过了 35 年极不平凡的历程。事实证明,改革开放是当代中国发展进步的活力之源,是党和人民事业大踏步赶上时代的重要法宝,是大势所趋、人心所向,停顿和倒退没有出路。"①通过对本问题的研究,我们更深刻地认识

① 习近平.加强对改革重大问题调查研究 提高全面深化改革决策科学性[N].人民日报,2013-07-25(1).

到，作为社会主义制度的自我完善和自我发展，我国实施改革开放有其历史的必然性，改革开放只有进行时，没有完成时。

参考资料

(1) 习近平：《关于〈中共中央关于全面深化改革若干重大问题的决定〉的说明》，《人民日报》2013 年 11 月 16 日。

(2) 魏礼群：《改革开放三十年：见证与回顾》，中国言实出版社 2008 年版。

(3) 吴晓波：《激荡三十年》，中信出版社 2017 年版。

(4) 中国改革论坛网(http://www.chinareform.org.cn/)。

其他有关选题

(1) ××省(市、自治区)改革开放成就调查研究。

(2) ××市改革开放以来农业发展状况调查研究。

(3) ××市改革开放以来工业发展状况调查研究。

(4) ××市改革开放以来第三产业发展状况调查研究。

(5) ××市改革开放以来城市化状况调查研究。

改革开放以来枣庄市个体经济发展状况调查研究

教学目的

使学生了解自改革开放以来，我国“国有经济一统天下”的局面已经被打破，形成了多种经济成分并存发展的局面。在深刻总结所有制结构改革经验的基础上，党的十五大第一次明确提出了公有制为主体、多种所有制经济共同发展，是我国社会主义初级阶段的基本经济制度，是由社会主义性质和初级阶段国情决定的。本问题主要目的是让学生了解改革开放以来枣庄市个体经济的发展情况，从而深刻认识改革开放对中国的深刻影响。

教学指导

本问题是为讲解《毛泽东思想和中国特色社会主义理论体系概论》(2018 版)第六章、第七章和第十章第一节“建设现代化经济体系”问题而设计的。我国社会主义初级阶段多层次生产力水平的客观存在，注定了要有与之相适应的不同类型的所有制形式。一切符合“三个有利于”标准的提出，又给这些所有制形式的出现发展提供了政策依据。通过对本问题的调查研究，当代大学生认识到我国已确立的以公有制为主体、多种经济成分共同发展的基本经济制度的客观依据及其对我国发展的影响；理解公有制的含义、主体地位和主导作用的主要体现；客观认识非公有制经济的两种作用，客观认识个体经济对枣庄社会发展的影响，深刻体会这一制度是中国特色社会主义制度的重要支柱，是社会主义市场经济体制的有益补充的深刻含义。

参考资料

(1) 吴敬琏：《中国增长模式抉择》，上海远东出版社2013年版。

(2) 厉以宁：《中国经济双重转型之路》，中国人民大学出版社2013年版。

(3) 蔡昉：《理解中国丛书：破解中国经济发展之谜》，中国社会科学出版社2014年版。

(4) 刘凝霜：《新中国民营经济思想研究(1949—2019)》，经济科学出版社2019年版。

(5) 中国经济信息网(http://www.cei.gov.cn/)。

其他有关选题

(1) 改革开放以来××市民营经济发展状况调查研究。

(2) 改革开放以来××市"三资"经济发展状况调查研究。

(3) 改革开放以来××市个体经济发展状况调查研究。

(4) 改革开放以来××市乡镇企业发展状况调查研究。

(5) 改革开放以来××市国有企业下岗职工再就业情况调查研究。

新时代城市老年群体养老问题调查研究

教学目的

本选题主要通过对××市的部分社区的老年群体进行问卷调查、社会走访或随机访谈等形式来了解他们对我国当前城市养老状况的基本看法，调查他们对养老问题的认识和看法，分析制约当前城市敬老院或社会福利院养老的主要因素，探讨解决问题的建议与措施，以推动我国的和谐社会建设。

教学指导

本选题是为讲解《毛泽东思想和中国特色社会主义理论体系概论》(2018版)第十章第四节"坚持在发展中保障和改善民生"等问题设计的。敬老养老历来是中华民族的传统美德。随着我国城市化进程的不断加快和老龄化时代的到来，我国城市中的老年群体越来越多，使得社会养老的压力也越来越大。随着独生子女家庭增多、家庭小型化和市场经济的发展，传统家庭养老面临着越来越多的挑战，代与代之间的孝道、赡养、照料老人的观念日益淡化，家庭对老人提供基本生活保障的传统不断被削弱。城市老年群体将以何种模式养老开始困扰他们。通过对本问题的调查研究，大学生全面了解我国城市养老的现状，深刻认识到我国城市养老问题的严重性与紧迫性，从而积极推动我国的和谐社会建设。

参考资料

(1) 林明鲜、刘永策：《城市居家与机构养老老年人生存现状比较研究》，山东人民出版社 2015 年版。

(2) 易富贤：《大国空巢：反思中国计划生育政策》，中国发展出版社 2013 年版。

(3) 郜庆、董金秋、贾志科：《城市社区治理与社区养老服务保障》，对外经济贸易大学出版社 2015 年版。

(4) 电影：《飞越老人院》，张扬导演，许还山、吴天明、颜丙燕等主演，中国电影集团公司 2012 年出品。

(5) 中国养老院网站(http://www.zgyly.roboo.com/)。

其他有关选题

(1) 新时代下家庭养老状况调查研究。

(2) 新时代下城市老年群体社会消费调查研究。

(3) 新时代下城市老年群体亲情关系调查研究。

(4) 新时代下农村老年群体生活状况调查研究。

(5) 新时代下老年人休闲娱乐状况调查研究。

四、代表性地方特色企业资源选题

一个地方的特色企业承载着一个地方的发展简史。枣庄是一座因煤而建、因煤而兴的城市，与煤炭相关的主导产业曾占经济结构的八成以上。据史料记载，枣庄地区早在隋唐时期就有人在零星开采煤炭，早在 13 世纪中叶至 15 世纪 70 年代，枣庄周围就出现了小煤窑群。这一带地处陶枣煤田东端，煤炭矿藏相当丰富。在面积为 32 平方公里的煤田上，大小煤窑星罗棋布，古矿井触处皆是，传说有千余年的开采历史。每一座煤矿都是枣庄历史发展变迁的缩影。可以说，深藏地下的煤炭资源，成就了枣庄辉煌的历史。尽管由于国家经济结构调整等原因，曾经社会影响较大的煤炭企业已破产倒闭，有的经营业绩下滑也比较严重，但枣庄的地方特色企业一定离不开枣庄煤炭，离不开枣庄中兴煤矿。因此，研究枣庄中兴煤矿就是研究枣庄的发展史，就是研究和发展煤炭文化，就是缅怀枣庄的过去，也是为了枣庄的未来发展探访求策。

代表性资源

中国煤矿发展名片——中兴煤矿公司

中兴公司的前身是枣庄煤矿，全称为“商办山东峄县中兴煤矿股份有限公司”。中兴煤矿开采于隋朝年间，但公司却成立于1878年，曾创造了“四个第一”(第一家在清朝末期就利用机械化采煤的企业、中国第一家民族股份制企业、发行了中国民族工业第一张股票、中国近代第一大民族资企业)和“一个唯一”(唯一一家由徐世昌、黎元洪两任民国总统任董事长，由周自齐、朱桂辛两任民族总理任财务总监的企业。李鸿章、张学良等人都曾是中兴公司的大股东，公司在清末和民国年间的董监会大股东和经理人，也是新旧不断更替的大官僚、大军阀、大财阀，如张莲芬、徐世昌、黎元洪、张作霖、朱启钤、任凤苞、钱新之、叶景葵等)。中兴煤矿年产量曾一度达到185万吨，拥有37艘远洋轮船，修建了陇海铁路，参与建造了上海港、江阴港、连云港、青岛港、汉口港，积淀起丰厚的文化。至20世纪30年代，中兴煤矿发展成为仅次于抚顺、开滦的全国第三大煤矿。1936年，中兴煤矿的原煤产量达182万吨。1938年日军侵占枣庄后，中兴煤矿公司被日本三井株式会社攫取。日本侵略者对枣庄煤炭进行了大规模的掠夺性开采，煤炭资源遭到严重破坏。八年间大约有4000多名矿工死于日本侵略者“以人换煤”的法西斯血腥政策之下。

中华人民共和国成立后，中兴公司更名为枣庄煤矿。1999年，枣庄煤矿由于资源枯竭，关井破产重组为新中兴公司。枣庄煤矿，几度兴衰，百年沧桑。百年中兴，孕育了中国近代工业文明，寄托了几代民族资本家富国强民的梦想，其遗存是民族工业的标志和见证，极具旅游开发价值。2018年1月27日下午，“中国工业遗产保护名录”第一批正式公布，枣庄中兴煤矿因创造了“四个第一”和“一个唯一”而成功入选。

中兴煤矿国家矿山公园位于枣庄市市中区城北，由中兴煤矿遗址和枣庄煤矿办公大楼、配楼、东大井、南大井、北大井、机务处、电厂、老公司、东过车门、西过车门、台枣铁路、老洋街、枣兴堂、电光楼、老火车站、国际洋行及探采矿工具、史籍等构成。该矿山公园依托中兴公司，计划建设中国近代工业博物馆、国家矿山公司、张学良纪念馆等，全方位展示中国民族企业的发展历程和文化底蕴。在充分保护矿业遗迹、维护生态环境的基础上，合理开发利用人文资源开展工业旅游和生态旅游，并以中兴煤矿博物馆为中心，以爱国主义教育基地为导入点，是一座集学术研究、科研考古、生态园林、红色旅游、休闲娱乐于一体的大型矿山地质公园。该公园是原国土资源部公布的第二批33个国家矿山公园资格单位之一，也是山东省唯一一家以煤矿申报的国家矿山地质公园。

（摘自：https://www.tuliu.com/read-44834.html）

选题示例

观中兴历史文化博物馆有感

教学目的

百年中兴孕育了中国近代工业文明，寄托了民族资本家富国强民的梦想，其遗存是民族工业的标志和见证。“具有130多年历史的中兴煤矿公司留下了丰厚的工业遗产，为枣庄文化旅游的发展创造了优越的条件。”①本选题旨在通过对枣庄中兴历史文化博物馆的考察，观览博物馆及矿山公园的实物、资料及工业遗址、遗存，具体了解中兴煤矿公司（原中兴矿局）的发展历程，深入了解其在我国民族工业发展史上的地位及影响，深刻认识中国民族资本家兴办矿业富国强民的艰辛历程，激发同学们学习创新、矢志强国的热情与信心，推动我国从工业制造到工业智造、从工业大国到工业强国的转型发展。

教学指导

本选题为学习《中国近现代史纲要》（2018版）“从鸦片战争到五四运动前夜（1840—1919）”的综述“风云变幻的八十年”、第一章“反对外国侵略的斗争”、第二章“对国家出路的早期探索”，“从五四运动到新中国成立（1919—1949）”的第六章“中华民族的抗日战争”，“从新中国成立到社会主义现代化建设新时期（1949—2012）”的第八章“社会主义基本制度在中国的确立”等知识点而设计。通过对本选题的调查研究，大学生可以了解中兴煤矿公司的发展历程，充分认识中国民族资本家实业强国的艰辛，了解新中国成立后党和国家对对中兴煤矿公司等资本主义工商业进行社会主义改造的重要性，深入探究中兴文化在当代中国的特殊价值及其时代意义，深刻认识中兴煤矿作为近代中国民族工业的一个缩影，对弘扬爱国主义、振奋民族精神的作用。当然，本选题对于帮助学生学习和理解《毛泽东思想和中国特色社会主义理论体系概论》的“社会主义改造”知识点部分也有促进作用。

参考资料

（1）张永远：《百年中兴史话》，中国文史出版社2009年版。

---

① 李纲.中国民族工业遗产旅游资源价值评价及开发策略：以山东省枣庄市中兴煤矿公司为例[J].江苏商论，2012(4)：126-129.

(2) 于良:《百年中兴》,现代教育出版社 2013 年版。

(3) 枣庄煤矿志编委会:《枣庄煤矿志》,中华书局 2001 年版。

(4) 纪录片:《世纪中国》,艾辛导演,北京中联视界文化传播有限公司 1998 年出品。

(5) 枣矿集团网(http://www.zkjt.com.cn/)。

其他有关选题

(1) 参观中兴煤矿国家矿山公园有感。

(2) 枣庄煤矿百年兴衰历史启示研究。

(3) 中兴煤矿对我国民族资本主义发展影响研究。

(4) 中兴煤矿历史遗迹保护和开发调查研究。

(5) 枣庄中兴文化的历史影响及当代启示研究。

五、代表性地方特殊关爱群体场所资源选题

作为对中华民族传统美德的继承与发展,走进特殊场所、关爱特殊群体不仅是大学生认识社会和感知自我社会价值的特殊场合,也是锤炼其品德修为、增强社会使命感的特殊渠道。对于大学生而言,“只有把自己的小我融入祖国的大我、人民的大我之中,与时代同步伐、与人民共命运,才能更好实现人生价值、升华人生境界”[①]。枣庄市特殊关爱群体场所数量众多,不仅有大量的养老中心、社会福利院,一些基层乡镇还兴建了留守儿童关爱中心。这类资源为我们实施社会服务类实践教学提供了场所或场地。鉴于场所表现的趋同性和教育教学功能的相近性,故选择其代表性资源如下:

首先,枣庄市特殊教育学校(枣庄市聋哑学校)。该学校位于枣庄学院西邻(现已搬迁到枣庄市新城区)是枣庄市唯一的一所对听力、视力障碍儿童少年实施九年义务教育的全日制特殊教育学校。学校始建于 1982 年 10 月。1985 年 10 月增设盲部(现为明部)。1996 年 1 月统称为枣庄市盲聋学校。2006 年 11 月 21 日更名为枣庄市特殊教育学校,共有 18 个教学班,学生 161 人。学生来自枣庄的五区一市,实行寄宿制,免费入学。其次,山亭区北庄镇留守儿童关爱中心。该关爱中心位于枣庄市山北庄镇北庄小学附近,建有 8 个功能室、购置图书 4000 余册、39 英寸液晶电视一台、电脑 7 台、音体美器材、益智类玩具等,中心还充分利用空间配置健身器材。最后,枣庄市社会福利院。该福利院位于

① 习近平.在纪念五四运动 100 周年大会上的讲话[N].光明日报,2019-05-01(1).

枣庄市峄城区南关，由美国基督教徒万美利女士于1922年10月在临沂创办。1931年迁至峄县城南关，原名峄县基督教孤儿院，收养孤儿400余名。其经费来源一是靠美国津贴，二是办医院、诊所收入，三是办农业和工副业收入。1951年11月由峄县人民政府接管，更名为峄县生产教养院，当时有职员46人，孤儿、残老169人，房屋129间，耕地800余亩。

选题示例

大学生志愿服务调查研究

教学目的

尊老爱幼是中华民族的传统美德。通过安排学生参加形式多样的服务社会活动，如到敬老院为老人们服务、在街上宣传法律知识、去实践教学基地参观考察、暑期“三下乡”活动等，大学生能够更好地了解社会，培养他们为人民服务的道德品质与适应社会发展需要的综合能力。

教学指导

本选题是为讲解《思想道德修养与法律基础》(2018版)课程第四章第三节“做社会主义核心价值观的积极践行者”和第五章第四节“向上向善、知行合一”等相关内容而设计的。“学生志愿服务是倡导一种崇高的精神，即‘奉献、友爱、互助、进步’的志愿者精神，学生走出课堂、走出校园自愿参与服务社会的活动。”①社会主义道德建设要以为人民服务为核心、以集体主义为原则，这既符合我国社会主义初级阶段道德建设的现实状况，也是进行社会主义精神文明建设的客观要求。组织在校大学生志愿服务社会特殊群体，奉献爱心，可以引导当代大学生积极投身道德实践活动，加强修身律已、崇德向善，讲道德、尊道德，以高尚的道德品质与境界引领社会道德风尚。本选题对于讲解《毛泽东思想和中国特色社会主义理论体系概论》(2018版)课程第十章第三节的“培育和践行社会主义核心价值观”问题也具有促进作用。

参考资料

(1) 李兵:《社会服务理论和实践研究》，知识产权出版社2014年版。

(2) 魏娜:《志愿者》，中国人民大学出版社2013年版。

(3) 谭建光:《做好的志愿者》，人民出版社2011年版。

(4) 王楗夫:《为人民服务》，中国方正出版社2014年版。

---

① 薄爱敬.论大学生社会实践和志愿服务可持续发展的有效机制[J].学校党建与思想教育，2011(18):110-111.

(5) 中国青年志愿者网(http://www.zgzyz.org.cn/)。

其他有关选题

(1) 枣庄市特殊教育学校志愿服务有感。

(2) 枣庄市社会福利院志愿服务有感。

(3) 山亭区北庄镇留守儿童关爱中心志愿服务有感。

(4) ××市老年服务中心(老年公寓)运营状况调查研究。

(5) ××市留守儿童关爱中心发展情况调查研究。

六、代表性地方历史文化城镇资源和历史遗迹资源选题

在第二章尽管对地方历史文化城镇资源和地方历史遗迹资源做了区分，但作为历史文化资源的不同形式，鉴于二者当代表现的趋同性(如四大历史文化和古薛国、古滕国等历史遗迹都表现为先民们的生活遗迹、历史文物和考古发掘等)地域的分散性和文物的不可再生性，考虑到思想政治理论课实践教学的观赏性、实效性和安全性，把两种地方特色资源合二为一，融入思想政治理论课实践教学中，围绕北辛文化遗址、古滕国遗址、古薛国遗址、孟尝君父子墓等历史遗迹资源和四座省级历史文化名镇(山亭区西集镇、山亭区北庄镇、山亭区冯卯镇和薛城区邹坞镇)开展实践教学。只有把“善于弘扬优秀传统文化和现实文化有机统一起来，紧密结合起来”，才能实现“在继承中发展，在发展中继承”[①]。因此，主要围绕四大历史文化名镇开展实践教学，其教学效果可能更为明显。

代表性资源

伏羲故里——枣庄市山亭区西集镇

西集镇位于枣庄市山亭区西南部，处枣庄市中、薛城、滕州、山亭四区(市)的中心位置。西集镇历史悠久，文化底蕴深厚，曾经历了商代暨国、春秋时期小邾国、倪国、滥国等四国，留下了普照寺、梁王城、扳倒井、神山汉墓群、郳国故城、龟山寨、建新遗址等丰富的历史文化遗产；铁匠铺、木杆秤、羊肉汤、烧饼摊、伏里土陶等民俗文化丰富多彩。该镇北有巨龙河，南有凤凰山，西有普照寺，东有梁王城，呈现出古城古寺古街坊，古楼古井古寨墙的独特景象，现已形成“一山一水，一寺一城”独特的历史文化景观。

① 习近平.习近平谈治国理政(第2卷)[M].北京：外文出版社，2017：313.

西集镇拥有市级以上文物保护单位10处，其中国家级1处、省级3处、市级6处；伏里土陶被列入山东省非物质文化遗产和国家地理标志保护产品，伏里土陶商标被评为中国地理标志证明商标，2009年被列为山东省非物质文化遗产。“西周水牛樽”“蟾蜍”等土陶艺术品，流入世界26个国家和地区，9件伏里土陶新作在上海世博会上展出。西集镇文化资源丰富多样，代表性文化有龙河湿地的水文化、乡情海养生谷的养生文化、伏羲故里的伏羲文化、苏鲁抗日义勇总队成立旧址的红色文化、普照寺民俗庙会的佛教文化、梁王城（郳国故城）的小邾国文化和倪氏颜氏文化、西集羊肉汤的饮食文化，2017年6月，该镇被评为“山东省第四批历史文化名镇”。西集镇正以“古”为特色的民俗文化，借助节会经济大力推动民俗文化振兴，积极打造省级历史文化名镇。

（摘自：http://www.sohu.com/a/234348334_369432）

选题示例

观山亭区西集镇历史文物古迹有感

教学目的

作为枣庄市拥有的四座山东省历史文化名镇之一，山亭区西集镇就是中国历史发展画卷的再现，就是中华民族文化发展历史的缩影。习总书记指出：“历史遗迹不仅见证了历史的发生，更连接了历史、当下与未来。”①本选题主要通过对西集镇历史文物古迹的参观考察，深刻认识中华民族的悠久历史，多角度感受中华文化的多样性，进一步增强大学生的历史自豪感、民族自豪感。

教学指导

本选题是为讲解《中国近代史纲要》（2018版）课程上编“从鸦片战争到五四运动前夜（1840—1919）”的综述“风云变幻的八十年”中“鸦片战争前的中国与世界（中国灿烂的古代文明）”问题而设计的。山亭区西集镇不仅有四国（商代暨国、春秋时期小邾国、倪国、滥国等）遗迹和普照寺、梁王城、扳倒井、神山汉墓群、郳国故城、龟山寨、建新遗址等丰富的历史文化遗产，还拥有伏羲文化、红色文化、佛教文化和以西集羊肉汤为代表的饮食文化。把当地历史遗迹、历史文物和著名景点等特色历史文化资源融入思想政治理论课实践教学中，“能够更好看清世界、参透生活、认识自己；历史也是一位智者，同历史对话，我们能更好认识过去、把握当下、面向未来”②，可以激励莘莘学子刻苦学习励志成才，为实

① 习近平．在建设首善之区上不断取得新成绩[N]．人民日报，2017-06-05(1).

② 习近平．习近平谈治国理政（第2卷）[M]．北京：外文出版社，2017：351.

现中华民族伟大复兴做出更大贡献。

参考资料

（1）明清河、刘书玉:《人类文明视阈下的鲁南特色文化研究》,中国社会科学出版社 2015 年版。

（2）胡小林:《鲁南区域文化》,高等教育出版社 2013 年版。

（3）邓滕生:《枣庄文化通览》,山东人民出版社 2012 年版。

（4）苑继平:《枣庄文物》,青岛出版社 2006 年版。

（5）枣庄旅游网(http://st.517tez.com/)。

其他有关选题

（1）山亭区西集镇历史文化现状调查研究。

（2）山亭区西集镇旅游经济发展状况调查研究。

（3）山亭区伏里土陶继承创新调查研究。

（4）山亭区西集羊肉汤饮食文化调查研究。

（5）考察山亭区苏鲁抗日义勇总队成立旧址有感。

七、代表性地方历史名人资源选题

作为一个地区发展的参与者和历史见证者,“历史名人曾经在历史上发挥出巨大作用,随着社会不断发展,已经成为一种独特的文化现象”①。地方历史名人既是特定时代的精英和表率,也是中华民族优秀文化的传承和延续。他们身上写满了故事和传奇,是非常具有吸引力的资源。枣庄地区拥有墨子、鲁班等众多历史名人,其事迹和思想也是广泛流传和影响久远。例如墨子,作为战国时期著名的思想家、教育家、科学家、军事家,一个百科全书式的“平民圣人”,他不仅创立了墨家学说,提出了“兼爱”“非攻”“尚贤”“节葬”“节用”等思想,形成了当时“非儒即墨”的局面,还创立了以几何学、物理学、光学为突出成就的一整套科学理论,被称为“科圣”。孙中山称赞其为“世界第一平等博爱主义大家”,与黄帝、华盛顿、卢梭并列为四大伟人,毛泽东认为“墨子是一个比孔子高明的圣人”。把这些历史名人资源纳入思想政治理论课的实践教学之中,通过考察反映历史名人生平及其业绩的纪念场馆,阅读和欣赏有关历史名人的有关著作和影视作品,用历史名人的思想和事迹去影响感染学生,既实现了大学生与当地历史名人的“交流交往”,增强了思想政治理论课的历史性、文化性和趣

① 马克家.浅论历史名人文化是旅游景区的灵魂[J],黑龙江史志,2008(16):72.

味性，也增加了大学生对所在学校的认同感、自豪感。

代表性资源

中国“科圣”——墨子

墨子姓墨，名翟，战国初年学者、思想家。墨子出身微贱，曾学儒术，因不认同儒家学说，自创墨家学派以抗衡。墨子作为中国战国时期著名思想家、政治家、军事家、社会活动家和自然科学家，提出了“兼爱”“非攻”等观点。墨子在上说下教中言行颇多，《墨子》一书是墨子其弟子及再传弟子所编，是研究墨子思想的重要依据。今存《墨子》一书中有《尚贤》《尚同》《兼爱》《非攻》《节用》《节葬》《天志》《明鬼》《非乐》《非命》等篇。墨学在当时影响很大，与儒家并称“显学”。他主张“兼爱”“非攻”，提出“尚贤”“尚同”的政治思想，主张从天子、诸侯国君到各级正长，都要“选择天下之贤可者”，做到“一同天下之义”，天下人都要相亲相爱，反对强凌弱的战争。《墨子》中还包含了丰富的关于力学、光学、几何学、工程技术知识和现代物理学、数学的基本要素。

为传承墨子的学术思想并展示其发明创造，墨子故里滕州市建有墨子纪念馆，这是世界唯一一座专门研究墨子文化、收集墨子资料、展示墨子研究成果的场馆，是一座集学术研讨、图书资料收藏、科技教育、参观游览于一体的综合庭院式建筑群体。纪念馆由东、西、北三部分组成，东院为展厅，西院建有目夷亭和名人题词碑廊，北部为图书资料楼，收藏国内外墨学研究图书资料。东院展厅主要有序厅、综合厅、科技厅、圣迹堂、军事厅组成等，序厅以墨子塑像和伟人评墨子为主；综合厅主要展示墨子思想与墨学研究成果，及历届墨学国际研讨会盛况；科技厅主要展示墨子光学、力学、时空观、声呐原理等；圣迹堂主要绘有《墨子圣迹图》；军事厅重点展示墨子军事思想及防御措施。墨子研究馆是游客了解优秀传统历史文化，学习墨学知识，掌握古滕文化的最佳场所。

（摘自 https://baike.so.com/doc/6905874-7127718.html）

选题示例

观墨子纪念馆有感

教学目的

墨子是中国战国时期著名思想家、政治家、军事家，墨家学派创始人；墨子纪念馆是一座专门研究墨子文化、展示墨子研究成果的场馆。本选题旨在通过对墨子纪念馆的参观考察，观览展览馆的实物、资料、书画及影视作品，深入研究以墨子为代表的中国历史名人对中国发展的影响，深刻认识墨学思想的当代价值及意义，用中华优秀传统历史文化滋养当代大学生的爱国情和建国志，使他们健康成长为中国特色社会主义事业的建设者和接班人。

教学指导

本选题是为讲解《思想道德修养与法律基础》(2018版)第三章第一节“中国精神是兴国强国之魂”和《中国近现代史纲要》的“风云变幻的八十年”等问题而设计的，意在将优秀传统文化和地方文化资源融入思想政治理论课教学之中。墨子是中国战国时期著名思想家、教育家、科学家、政治家、军事家，是中国科学思想和科技创新的历史推动者，中国民本思想的启蒙者，中国逻辑学的发轫者，中国传统文化的杰出代表。《墨子》是墨子及墨家学派的著作汇编，是研究墨子及其后学的重要史料。《墨子》内容广博，包括了政治、军事、哲学、伦理、逻辑、宗教、文化、科技等方面，系统地论述了“兼爱”“非攻”“尚贤”“尚同”“节用”“节葬”“非乐”“天志”“明鬼”“非命”等政治主张，构建了以“三表法”为基础的认识论和辩学体系和以防守为要点的古代城防理论。通过本选题使学生能够了解墨子的生平事迹及其思想学说，了解墨子在科技、军事、逻辑学等方面的重大成就，认识墨学的十大主张及墨学在中国传统文化中的重要影响，探究其“兼爱”思想在当今社会具有的现实指导意义，激励学生刻苦学习，激发创新潜能，全面落实国家“大众创业、万众创新”战略部署。

参考资料

(1) 任继愈:《墨子》,上海人民出版社1956年版。

(2) 吴毓江:《墨子校注》,中华书局1993年版。

(3) 梁启超:《墨子学案》,上海书店1992年版。

(4) 电影:《墨子》,贾岗导演,王志刚、张立等主演,河南大象影视制片有限公司2008年出品。

(5) 中国墨子网(http://mozi.tengzhou.gov.cn/)。

其他有关选题

(1) 观李宗仁史料馆有感。

(2) 观贺敬之文学馆有感。

(3) 观王学仲艺术馆有感。

(4) 观王铭章烈士纪念碑亭有感。

(5) 观王麓水烈士纪念碑亭有感。

×××——观鲁班纪念馆有感

教学目的

本选题旨在通过对鲁班纪念馆的圣祖堂、公祭大厅、木工器械馆、石器馆、兵器馆、建筑厅、舟桥厅等重要馆厅的参观，展现鲁班的生平、重要事迹及传说，全面了解鲁班作为“百工圣祖”的重大发明和杰出贡献，深刻认识“科技是国家强盛之基，创新是民族进步之魂”①的重要价值，深刻体会科技创新对建设创新型国家的重要意义，从而激励大学生能够成才。

教学指导

本选题是为讲解《中国近代史纲要》(2018 版)课程上编“从鸦片战争到五四运动前夜(1840—1919)”的综述“风云变幻的八十年”中“鸦片战争前的中国与世界(中国灿烂的古代文明)”问题而设计的，意在将优秀传统文化和地方文化资源融入思想政治理论课教学之中。鲁班是我国古代优秀手工业工匠和杰出发明家，被尊为“百工圣祖”，也被誉为“机械之圣”，是与墨子同时代的平民圣人，其发明创造主要集中在墓葬工具、农业用具、木工工具、防盗器具、军事武器、仿生机械、雕刻、土木建筑等方面。鲁班给中华民族留下了丰厚的文化遗产，成为中华民族勤劳智慧、勇于创新的典范和象征。鲁班的传说入选国家级非物质文化遗产名录，不仅在汉族人民中传播，也在许多少数民族中流传。鲁班纪念馆是纪念“百工圣祖”鲁班的专门场馆。通过本选题，大学生能够了解鲁班的生平事迹及杰出贡献，把握这位伟大发明家勤于钻研、勇于创新的精神，深入探究实施创新驱动发展战略、建设创新型国家的重要意义，深入认识“拥有一大批创新型青年人才，是国家创新活力之所在，也是科技发展希望之所在”，激励莘莘学子“树立科学精神、培养创新思维、挖掘创新潜能、提高创新能力，在继承前人的基础上不断超越”②，努力为实现中华民族的伟大复兴做出自己贡献。当然，本选题也适合《思想道德修养与法律基础》(2018 版)第三章“弘扬中国精神”教学需要。

参考资料

(1) 王星北：《鲁班》，上海人民美术出版社 2006 年版。

(2) 午荣、章严：《鲁班经》，人民出版社 2018 年版。

(3) 禾稼：《鲁班学艺》，吉林美术出版社 2010 年版。

---

① 习近平.坚定不移创新创新再创新 加快创新型国家建设步伐[N]人民日报，2014-06-10(1).

② 习近平.坚定不移创新创新再创新 加快创新型国家建设步伐[N]人民日报，2014-06-10(1).

(4) 唐英超:《鲁班爷传》,华艺出版社 2001 年版。

(5) 中国鲁班网(http://www.lubanyj.com/)。

其他有关选题

(1) 观滕州市汉画像石馆有感。

(2) 观滕州市博物馆有感。

(3) 观枣庄煤矿办公大楼有感。

(4) 观枣庄市博物馆有感。

(5) 观台儿庄清真古寺有感。

八、代表性地方当代名人资源选题

作为中华民族的优良传统,艰苦奋斗是实现远大理想的必由之路,是促使青少年健康成长并最终成功成才的必由之路。“社会主义制度的建立给我们开辟了一条到达理想境界的道路,而理想境界的实现还要靠我们的辛勤劳动。”[①] 正是由于广大人民群众的艰苦奋斗,枣庄市才发生了翻天覆地的变化。在实现“两个一百年”奋斗目标的特殊时刻,要坚持发扬光大这种精神,就需要充分发挥当代名人的特殊作用。因为地方当代名人就是这种精神的继承者、实践者和传承者。作为一座历史悠久的文化名城,一座红色革命城市和充满生机与活力的新兴工业城市,枣庄不仅拥有众多的历史名人资源,也有大量的老革命家、战斗英雄、支前模范和劳动模范、道德楷模等地方当代名人资源。通过对当代名人的专访或聆听他们的“忆苦思甜”,让大学生了解曾经革命战争岁月的血雨腥风,体会老革命家、战斗英雄、支前模范参加革命的一往无前和视死如归,感受劳动模范、道德楷模建设社会主义的激情澎湃和任劳任怨,从而使当代大学生深刻认识艰苦奋斗的重要性,也激励他们更加坚定自己的理想信念。

代表性资源

为了军旗的神圣——记战斗英雄韦昌进

韦昌进,男,汉族,中共党员,现任山东省枣庄军分区政治委员,1965 年 11 月出生,江苏南京人,1983 年 10 月入伍。1985 年 3 月,他随部队参加边境作战。韦昌进参加边境自卫还击作战,在弹片击中左眼、穿透右胸,全身 22 处负伤的情况下,高呼“为了祖国,为了胜利,向我开炮”,引导炮兵打退敌军 8 次反

① 中共中央文献研究室. 毛泽东文集(第 7 卷)[M]. 北京:人民出版社,1999:226.

扑，独自坚守战位11个小时，由于伤势过重，昏迷7天7夜，左眼失明，为保卫改革开放和平环境做出了巨大奉献。从战场归来后，始终不忘初心，义务作事迹报告和宣讲辅导500余场次，用自身经历弘扬主旋律、传递正能量，荣获"八一勋章""战斗英雄""全国自强模范"等称号，6次受到党和国家领导人的亲切接见。韦昌进身体恢复后，先后到蓬莱市人民武装部、济南警备区、泰安军分区等地工作，现任枣庄军分区政治委员。

岁月流逝，本色依然。韦昌进的工作几经变迁，但无论岗位和职务怎样变化，他正直、谦逊的底色没有变，敢于担当和做事较真的军人本质没有变，前线勇士冲锋战斗的姿态没有变。这就是战斗英雄韦昌进。他视荣誉如生命，骨子里始终流淌着不屈不挠的军人血液，身上始终充满着铮铮铁骨的英雄气概。无论职务怎么变，冲锋战斗的姿势永远不变。2009年9月，组织上安排韦昌进到山东省泰安军分区担任副政治委员。2010年3月，韦昌进组织驻泰部队13名英模人物，成立了一支由他任团长的"革命传统宣讲团"。一年里，宣讲团就先后到政府机关、学校、企业巡回宣讲15次，受教育群众近2万余人。

在几十年的和平工作环境中，韦昌进就像一团火，走到哪里，照到哪里，亮到哪里。在一次次的爱国主义教育、国防教育、坚定理想信念报告中，他以满腔的激情点燃了更多人的爱国热情！韦昌进说："现在社会上确实有一些不良风气，我不管别人怎么做，但起码我要管好自己。无论什么时候，都要保持革命军人本色，用一言一行树立共产党人的好形象。"

（摘自 http://sd.sdnews.com.cn/2017/weichangjin/）

选题示例

参加战斗英雄韦昌进报告会有感

教学目的

"一个有希望的民族不能没有英雄，一个有前途的国家不能没有先锋。包括抗战英雄在内的一切民族英雄，都是中华民族的脊梁，他们的事迹和精神都是激励我们前行的强大力量。"①本选题旨在运用韦昌进先进事迹，教育当代大学生在感谢和缅怀那些为捍卫国家民族利益而不惜流血牺牲的英雄们的同时，充分认识中国人民团结御辱、同仇敌忾的民族气节和誓死不屈的民族精神，既要有报国心，更要有报国志，坚定自己时刻要与祖国同呼吸、共命运的理想信

① 习近平.在颁发"中国人民抗日战争胜利70周年"纪念章仪式上的讲话[N]人民日报，2015-09-03(2).

念，自觉把自己的前途命运与祖国和人民的前途命运紧密联系起来。

教学指导

本选题是为讲解《思想道德修养与法律基础》(2018版)第三章"弘扬中国精神"问题而设计的。爱国主义体现了人们对自己祖国的深厚感情，反映了个人对祖国的依存关系，是人们对自己故土家园以及民族和文化的归属感、认同感、尊严感与荣誉感的统一。爱国主义是调节个人与祖国之间关系的道德要求，政治原则和法律规范，也是民族精神的核心。弘扬爱国主义就是要爱祖国的大好河山、爱我们的骨肉同胞、爱祖国的灿烂文化。"中国正在发生日新月异的变化，我们比历史上任何时期都更加接近实现中华民族伟大复兴的目标。实现我们的目标，需要英雄，需要英雄精神。"①通过对韦昌进先进事迹的学习，帮助当代大学生理解爱国主义及其时代价值，做忠诚的爱国者。

参考资料

(1) 良化:《中华正气》，海燕出版社2014年版。

(2) 卞敏:《中华传统美德丛书:爱国卷》，南京大学出版社2013年版。

(3) 赵瑞琦:《网络爱国主义》，中国传媒大学出版社2012年版。

(4) 杜小明:《感悟爱国》，华南理工大学出版社2015年版。

(5) 青少年爱国主义网(http://agzy.youth.cn/)。

其他有关选题

(1) 参加劳动模范×××报告会有感。

(2) 参加优秀教师×××报告会有感。

(3) 参观道德模范×××事迹图片展有感。

(4) 参加人民心中的好公仆座谈会有感。

(5) 参加学生心中的英雄形象座谈会有感。

九、代表性地方红色文化及红色场馆资源选题

虽然地理范围相对较小，但枣庄地区在参与中国革命历史的过程中不仅诞生了抗战文化、革命老区文化和以铁道游击队等为基础形成的抗日游击文化，也留下了台儿庄大战纪念馆、铁道游击队纪念馆、鲁南人民抗日武装起义纪念馆、八路军一一五师抱犊崮抗日纪念园和被誉为"山东小延安"的抱犊崮

---

① 习近平. 在颁发"中国人民抗日战争胜利70周年"纪念章仪式上的讲话[N]. 人民日报，2015-09-03(2).

山区革命根据地等红色场馆资源。因此，枣庄市并评为“中国红色经典城市”是实至名归。在中国特色社会主义新时代，作为一种特殊的精神延续和力量体现，“红色文化作为一种重要的资源，已成为社会主义核心价值观教育的载体”①。把红色文化和红色场馆融入高校思想政治理论课的实践教学之中，把教材中的政治原理和中国革命的历史文化、特定场景结合起来，通过复写或再现中国革命的火热场面，增强大学生对社会主义核心价值观的理解力，有效提高思想政治理论课教育的实效性，才能引导学生将文化的力量转化为行动的力量。

代表性资源

台儿庄大战纪念馆

台儿庄大战纪念馆是为纪念发生于1938年3月14日—4月15日的台儿庄战役（也称“台儿庄大捷”、“鲁南会战”或“血战台儿庄”）而建。在历时1个月的激战中，中国军队约29万人参战，日军参战人数约5万人。中方伤亡5万余人，毙伤日军2万余人（日军自报伤亡11984人）。它打击了日本侵略者的嚣张气焰，坚定了全国军民坚持抗战的信心。这次战役鼓舞了全民族的士气，改变了国际视听，歼灭了日军大量有生力量，也打击了日本侵略者的威风。此次大捷是中华民族全面抗战以来，继长城战役、平型关大捷等战役后，中国人民取得的又一次胜利，是抗日战争以来取得的最大胜利，也是徐州会战中国民革命军取得的一次重大胜利。毛泽东对于这次会战的意义给予了肯定的评价：“每个月打得一个较大的胜仗，如像平型关台儿庄一类的，就能大大地沮丧敌人的精神，振起我军的士气，号召世界的声援。”周恩来指出：“这次战役，虽然在一个地方，但它的意义却在影响战斗全局、影响全国、影响敌人、影响世界！”

该场馆坐落在山东省枣庄市风景如画的古运河畔的台儿庄城西南郊，与大战时的火车站隔河相望，大战纪念馆占地34000平方米，总建筑面积6000平方米。展览馆共有三个展室，建筑面积1400平方米，馆内陈列着台儿庄大战发生时中日双方资料、文物千余件，书画馆珍藏着参战将士和亲属以及著名书画家、政界人士的书画作品近千件。整个纪念馆融展览馆、书画馆、影视馆、全景画馆为一体，气势雄伟，庄严肃穆。馆前三十八级台阶意味着中日台儿庄大战发生于1938年；二十四根立柱支撑着白色天棚，象征着中华民族顶天立地，永远屹

① 张梦．红色文化与社会主义核心价值观融合路径研究[J]．淮南职业技术学院学报，2018(6)27-29．

立于世界民族之林；纪念馆馆名由著名书法家启功先生题写；主体建筑物前方矗立着台儿庄大战纪念碑，碑名由原国防部部长张爱萍将军题写，碑文由全国人大常委会副委员长程思远撰文、著名书法家权希军书写。

《血战台儿庄》全景画馆是我国唯一一家以抗战为题材的大型全景画馆，它是18边形的筒式建筑，高28米，直径43米，建筑面积3 100平方米，《血战台儿庄》全景画馆包括绘画、地面塑型、灯光、音响和解说五个部分，将历史真实与艺术真实融为一体，生动地再现了中国军队在台儿庄以阵地战迎击日军，浴血奋战，直到取得胜利的历史过程。同时，还选择北大门激战、清真寺争夺战、西北门争夺战等典型战斗场景为表现重点，整个画面高16.5米，周长124米，画面首尾相连成全周形，巨幅画面与逼真的地面塑型有机结合，配有特殊的灯光、立体音响，战斗气息极为浓烈，给人以身临其境之感。

（摘自 https://baike.so.com/doc/5357237-5592756.html）

选题示例

观台儿庄大战纪念馆有感

教学目的

本选题旨在通过对台儿庄大战纪念馆的游览考察，瞻仰台儿庄大战纪念碑，观览展览馆的实物、资料、书画作品以及《血战台儿庄》全景画馆，观看《血战台儿庄》等影视作品，全面地了解台儿庄大战的战役进程，把握台儿庄大战在民族精神史上的不朽地位，了解国共合作、共赴国难的历程及国民党与抗日的正面战场，充分认识中国人民团结御辱、同仇敌忾的民族气节和誓死不屈的民族精神，认识抗日战争是中华民族全民族的反侵略的正义战争。

教学指导

本选题是为讲解《中国现代史纲要》(2018版)第六章“中华民族的抗日战争”问题而设计的。台儿庄大捷是继平型关作战以后中国军队取得的又一次伟大胜利，沉重打击了日本侵略者的嚣张气焰，歼灭了日军大量有生力量；也是日军一次战役进攻中的败退，在日军侵华战争以来尚属首次。这不仅是日军在兵力数量上的损失，更重要的是其精神上的挫折，打破了“日军不可战胜”的神话。台儿庄大捷在政治上增强了全国军民抗战必胜的信心，也用胜利的事实证明了“亡国论”是没有根据的，改变了国际上对中日战争前途的看法，极大地提高了中国在国际上的地位，并为争取外援创造了有利的条件。通过本选题，大学生能够深刻认识台儿庄大捷在中华民族战争史上具有的里程碑意义，及其集中体现的爱国主义、集体主义、团结统一、不怕牺牲等中华民族的民族精神，认识台儿庄大战纪念馆作为一座弘扬民族精神的丰碑，将为中国人民实现全面建成小康社会、建成富强民主文明和谐的社会主义现代化国家，实现中华民族伟大复兴提供强大的精神动力与力量源泉。

参考资料

(1)《历史不能忘记》丛书编委会:《震惊中外的台儿庄战役》，中国民主法制出版社 1999 年版。

(2) 曹胜强:《台儿庄大战资料选辑》，中国社会科学出版社 2010 年版。

(3) 电影:《血战台儿庄》，杨光远导演，葛亚明等主演，广西电影制片厂 1986 年出品。

(4) 纪录片:《世纪中国》，艾辛导演，北京中联视界文化传播有限公司 1998 年出品。

(5) 中国人民抗日战争暨世界反法西斯战争胜利 70 周年(http://www.xinhuanet.com/politics/kzsl70/zjjq.htm)。

观铁道游击队纪念园有感

教学目的

本选题旨在通过对铁道游击队纪念公园的游览考察，瞻仰铁道游击队纪念碑和双雄墓等重要景点，学唱电视剧《铁道游击队》主题曲《弹起我心爱的土琵琶》，参观考察铁道游击队影视城，深入了解铁道游击队与日本侵略者浴血奋战的英雄事迹，了解相关影视剧的拍摄和革命精神的传承和弘扬，充分认识铁道游击队的历史功绩以及游击战争在中华民族抗战中的战略地位和作用。

教学指导

本选题是为讲解《中国近代史纲要》(2018 版)第六章“中华民族的抗日战争”而设计的。抗日战争是中国人民进行的反抗日本帝国主义侵略的伟大的民族革命战争，也是一百多年来中国人民反对外敌入侵第一次取得完全胜利的民族解放战争。在抗日战争初中期，游击战被提到了战略地位，具有全局性的意义；在战略防御阶段，游击战在敌后广泛开展和敌后抗日根据地的开辟，有力配合了正面战场；在战略相持阶段，敌后游击战争成为主要的抗日作战方式，还为人民军队进行战略反攻准备了条件。隶属于“八路军一一五师苏鲁支队”的铁道游击队以薛城为中心，挥戈于百里铁道线上，出没于万顷微山湖中，依靠群众，开展游击战术，同敌人展开 8 年多的英勇斗争。他们截军列、打洋行、扒火车、炸桥梁，经历数百次惊险战斗，打得日伪军魂飞胆丧，歼灭和瓦解了大批敌人，缴获大批物资、获取大量的情报，开辟了华中、山东赴延安的通道，在枪林弹雨、风险万千的情势下，护送刘少奇、陈毅、罗荣桓、肖华等首长和千余名指战员安全过境到达延安，使鲁南抗日根据地得以不断巩固和扩展，为革命胜利做出重大贡献；日本宣布无条件投降后，在沙沟车站附近举行的受降仪式上，侵枣日军头目太田率官兵及其家属千余人列队向"铁道游击队"缴械投降。"铁道游击队"具有传奇般色彩的英雄们以及惊天地、泣鬼神的业绩，是枣庄历史上和地方文化中丰富而壮丽的人文资源。通过本选题，大学生能够在认识"铁道游击队"的英雄事迹和历史功绩的前提下，深入认识游击战争在中华民族抗战中的战略地位和作用，以及弘扬先烈的革命精神、为实现伟大的"中国梦"而立志成才。

参考资料

(1) 知侠：《铁道游击队》，时代文艺出版社 2011 年版。

(2) 邓滕生：《枣庄文化通览》，山东人民出版社 2012 年版。

(3) 文思：《铁道游击队传奇》，中国文史出版社 2005 年版。

(4) 电视剧：《铁道游击队》，王新民导演，赵恒煊等主演，山东省辉煌世纪影视文化有限公司 2005 年版。

(5) 中国人民抗日战争暨世界反法西斯战争胜利 70 周年(http://www.xinhuanet.com/politics/kzsl70/zjjq.htm)。

观鲁南人民抗日武装起义纪念馆有感

教学目的

本选题旨在通过对鲁南人民抗日武装起义纪念馆、滕州烈士陵园及滕州国防科技教育城等场馆的瞻仰参观，具体了解鲁南人民抗日武装起义的历程及意义，深入了解王铭章师长及国民革命军一二二师将士浴血奋战的滕县保卫战，深刻认识我国国防科技事业光辉的发展历程和航天发展的卓越成就。

教学指导

本选题是为讲解《中国近代史纲要》(2018 版)中编"从五四运动到新中国成立(1919—1949)"的第六章"中华民族的抗日战争"而设计的，并意在将优秀传统文化和地方文化资源融入思想政治理论课教学之中。抗日战争爆发后，中共苏鲁特委在徐州一带开展抗日民族统一战线工作，广泛进行抗日救亡活动。鲁南起义武装为保卫徐州、策应国民党军队正面战场的作战进行了英勇的战斗，在临(城)枣(庄)公路上的邹坞、大甘林设伏击毙日军，并数次破坏津浦路上的临城、滕县段的铁路，沉重打击了日伪军。滕县保卫战是徐州会战—台儿庄大战最光辉的序幕战，也是中国人民抗日战争史上最悲壮的战役之一，川军的巨大牺牲赢来了台儿庄战役的胜利。通过本选题，大学生能够了解鲁南人民抗日武装起义及滕县保卫战的基本情况，了解鲁南早期党组织发展壮大的艰辛历程，深入认识国民党抗日爱国将领王铭章及原山东野战军第八师师长兼政委王麓水等先辈的丰功伟绩，深刻认识我国国防科技事业和航天事业的发展历程及成就，深刻认识当前我国全面实施改革强军战略、走中国特色强军之路的重大意义，激发广大学子传承抗战精神、报效伟大祖国的坚定信念。

参考资料

(1) 孟昭泰：《枣庄战事》，青岛出版社 2006 年版。

(2) 李广星：《滕县志》，中华书局 1990 年版。

(3) 李广星：《滕州史话》，中华书局 1992 年版。

(4) 电影：《血战台儿庄》，杨光远导演，葛亚明等主演，广西电影制片厂 1986 年出品。

(5) 中国人民抗日战争暨世界反法西斯战争胜利 70 周年(http://www.xinhuanet.com/politics/kzsl70/zjjq.htm)。

观孟良崮战役纪念馆有感

教学目的

孟良崮战役是解放战争时期中国人民解放军华东野战军在山东省蒙阴县东南孟良崮地区，对国民党军进行的山地进攻战役。孟良崮战役纪念馆是为纪念孟良崮战役而建。本选题旨在通过对孟良崮战役纪念馆的参观，具体了解战役发生的背景、经过、结果及胜利的原因，了解革命先烈的英雄事迹及沂蒙人民拥军爱军、踊跃支前的壮举，深入认识陈毅、粟裕非凡的胆略、气魄及高超的军事指挥艺术，深入认识孟良崮战役作为解放战争中战略转折的重大战役，为实现战略反攻奠定了坚实的基础，其地位和意义重大。

教学指导

本选题是为讲解《中国近代史纲要》(2018 版)的第七章“为新中国而奋斗”而设计的，并意在将地方红色文化和红色场馆等地方特色资源融入思想政治理论课教学之中。抗日战争胜利后，全国人民企盼和平，中国共产党积极争取通过和平的道路建设一个新中国，但国民党却坚持独裁和内战的方针，撕毁停战协议，以进攻中原解放区为起点，挑起全面内战。孟良崮战役是我军在处于劣势的条件下、集中数倍于敌的优势兵力所取得的胜利，基本粉碎了国民党对山东解放区的重点进攻，沉重打击了国民党的嚣张气焰，鼓舞了人民解放军的士气，使我军由弱转强，使全国的军事、政治形势发生了重大变化，是解放战争由战略防御转为战略进攻的重要转折点，为刘邓大军挺进中原奠定了基础。通过本选题，大学生能够了解孟良崮战役的背景、进程、结果及重大意义，了解在敌强我弱的不利态势下取胜的原因，深刻认识装备精良的国民党被歼灭的原因，深刻认识人民是胜利之本、贯彻党的群众路线以及弘扬沂蒙精神、发扬光荣革命传统的重要意义。

参考资料

(1) 汪峰:《浴血孟良崮》，军事科学出版社 2007 年版。

(2) 临沂行署办公室:《孟良崮战役资料选》，山东人民出版社 1980 年版。

(3) 电视剧:《解放》，唐国强导演，唐国强、刘劲等主演，中国电视剧制作中心 2009 年出品。

(4) 电视剧:《沂蒙》，管虎导演，迟蓬、马少骅、孟霞、徐因楠、冯海煜、王艺禅等主演，山东影视集团有限公司 2009 年出品。

(5) 孟良崮战役纪念馆(http://agzy.youth.cn/xzzh/mlg/index.html)。

观徐州市淮海战役纪念馆有感

教学目的

淮海战役是解放战争时期我人民解放军对国民党军南线主力进行的规模巨大的歼灭战，徐州市淮海战役纪念馆就是纪念为淮海战役胜利、弘扬老一辈革命家的丰功伟绩和英雄们的革命精神而建的纪念馆。本选题旨在通过对淮海战役纪念馆的参观，观阅大量翔实而珍贵的历史照片、革命文物和艺术作品及全景画馆，及具体瞻仰淮海战役烈士纪念塔、淮海战役总前委群雕、淮海战役碑林等纪念建筑，深入了解淮海战役的光辉历程，深刻认识中央军委和总前委的卓越指挥才能以及我军指战员英勇无畏、压倒一切敌人的英雄气概。

教学指导

本选题是为讲解《中国近代史纲要》(2018 版)第七章“为新中国而奋斗”而设计的，意在将地方红色文化和红色场馆等地方文化资源融入思想政治理论课教学中。淮海战役是解放战争时期中国人民解放军华东野战军、中原野战军在以徐州为中心，东起海州(连云港)、西至商丘、北起临城(今枣庄市薛城)、南达淮河的广大地区，对国民党军进行的战略性进攻战役。战役于1948年11月6日开始，1949年1月10日结束，共消灭国民党军正规军连同其他部队555 099人，解放军伤亡13.4万人。淮海战役是三大战役中解放军牺牲最重、歼敌数量最多、政治影响最大、战争样式最复杂的战役。淮海战役的胜利，使长江中下游以北的广大地区获得解放，为解放军渡江作战奠定了基础。通过本选题使学生能够了解淮海战役的背景、过程、取胜原因及意义，深入了解淮海战役是解放军在兵力、装备都不占优势的情况下同国民党重兵集团展开的决定性的战略决战，莘莘学子永远铭记革命先烈为中国人民解放事业所建立的不朽功勋，激励他们为实现中华民族伟大复兴的中国梦不断奋勇前进。

参考资料

(1) 百如:《淮海战役》，人民美术出版社2012年版。

(2) 李建国:《淮海战役研究》，湖南人民出版社2002年版。

(3) 电视剧:《亮剑》，陈健、张前导演，李幼斌、何政军、张光北、童蕾等主演，海润影视制作有限公司2005年出品。

(4) 电影:《大决战之淮海战役》，李俊导演，古月、苏林主演，八一电影制片厂1991年出品。

(5) 淮海战役纪念馆(http://hhzy.xz.gov.cn/)。

十、代表性地方民间文化资源选题

民间文化是延续民族根脉不可替代的教育资源，对于传承民族基因和延续民族根脉具有特殊效果。如前文所言，枣庄地区民间文化众多。把这些带有地方民族色彩的民间文化资源融入高校思想政治理论课的实践教学之中，和马克思、恩格斯、列宁及中共领导人的著作一起，成为当代大学生研读的对象，不仅实现了研读类实践教学图书资料的多样化和地方化，也有利于形成本源性的特色图书资料资源。当然，考虑到这类图书资料的缺乏性，也考虑到学生专业知识结构因素，我们只鼓励有兴趣的学生以这类图书资料为研读对象，不要求所有专业学生都必须这样做。以枣庄市柳琴戏为例，由于这类资源现在多以视频或影视作品形式出现，特选取部分柳琴戏曲视频链接如下，以供大家欣赏。

代表性实践教学选题

观柳琴戏曲《×××》有感

戏曲名称

(1)《懒大嫂赶会》。

(2)《动人的歌谣唱不完》。

(3)《滚灯》。

(4)《醒悟》。

(5)《喝面叶》。

参考资料

(1) 明清河、刘书玉:《人类文明视阈下的鲁南特色文化研究》,中国社会科学出版社2015年版。

(2) 胡小林:《鲁南区域文化》,高等教育出版社2013年版。

(3) 孙桂俭:《中国枣庄柳琴戏高层论坛文集》,齐鲁电子音像出版社2008年版。

(4) 郝艺:《柳琴情韵:枣庄柳琴戏精品剧目及经典唱腔》,中国戏剧出版社2013年版。

(5) 山东鲁南柳琴戏曲网站(http://www.chuiyue.com/eg/27109/)。

总之,虽然选择了以上地方特色资源并围绕它们列举了部分选题,但并不代表其他地方特色资源不具有代表性,也不意味着围绕这些资源而产生的题目就不适合思想政治理论课实践教学的需要。实际上,枣庄地区的其他特色资源,如枣庄市烈士陵园、枣庄市博物馆、驿城区万亩冠世榴园、滕州市博物馆、滕州汉化石像博物馆、台儿庄战史陈列馆和运河展馆等以及枣庄市的战斗英雄、劳动模范、道德楷模等,不仅特色鲜明,也具有很强的教育性、启发性。在今后教育教学研究中,我将以更灵活的方式把它们融入思想政治理论课的实践教学之中,以更好地提升思想政治理论课教育教学的深刻性、趣味性和时效性。

本章小结

依据第二章的分类标准,在经过认真思考和精心设计的基础上,选取了枣庄地区的代表性地方特色资源,并围绕这些资源列举了相关选题,既证明了枣庄地方特色资源的多样性、独特性,也体现了这些特殊对我校思想政治理论课实践教学的不可或缺性,但遗憾之处也在所难免,主要表现为:首先,从选取代表性资源的地理位置看，只考虑了特色资源的代表性，没有考虑这些特色资源的全面性，也没有全面考虑交通的便捷性与安全性，这可能会给实施实践教学带来不便；其次，从实践选题类型看，所列举的实践教学选题也不够全面，列举社会服务类、参观考察类和实地调研类方面的实践选题较多，阅读欣赏类的实践题目较少，代表性也有待进一步加强；最后，从微电影类实践教学的发展角度来看，尽管是我们设计的一种实践教学方式，但由于写作和储存等方面的原因，没有列举这类选题。如何弥补这些缺憾将是我在今后研究中需要着力解决的问题。

如何组织学生开展实践教学是问题的关键，也是下一步要探讨的问题。坚持理论性和实践性相统一是高校思政课教学改革的必然要求，完善的实践教学体系是提升高校思政课教学质量、增强学生满意度和获得感的基础和保证，是提升实践教学效果的有效手段。为做好思想政治理论课实践教学工作，枣庄学院制定了一系列文件作为开展思想政治理论课实践教学工作的政策依据和行动指南。下一章将以这些文件为基础，对学校开展思想政治理论课实践教学的基本思路、实施细则和实践教学的作业等问题进行详细的介绍说明。

第五章 高校思想政治理论课实践教学的组织实施

理论联系实际是思想政治理论课教育的本质要求，在教学中加强实践环节是实现理论联系实际的有效形式，是深化思想政治理论课教学改革、拓宽教学渠道和提高教学实效性的重要环节。合理的设计规划是成功的前提，有序的组织落实是成功的保证。为强化思想政治理论课实践教学环节，探索实践教学育人的长效机制，根据党和国家的方针政策要求，在参考其他学校做法的基础上，我校制定实施了《枣庄学院思想政治理论课教育教学改革与建设实施意见》、《枣庄学院思想政治理论课考试考核实施办法》、《枣庄学院思想政治理论课实践教学实施方案》和《枣庄学院思想政治理论课实践教学计划》，制定了思想政治理论课实践教学"三定"（定学时、定学分和定管理机构）制度，实现了一年级专科学生和一、二年级本科学生的全覆盖教学，并取得了良好效果。

一、思想政治理论课实践教学的基本思路①

《枣庄学院思想政治理论课实践教学计划》对此做了详细的规定要求。

（一）实施范围

实践教学计划自2012—2013学年第1学期开始，在全校本专科学生（思想政治教育专业除外，下同）所开设的"思想道德修养与法律基础""中国近现代史纲要""马克思主义基本原理概论""毛泽东思想和中国特色社会主义理论体系概论"四门课程（专科为"毛泽东思想和中国特色社会主义理论体系概论""思想道德修养与法律基础"两门）中实施。

（二）教师职责

任课教师是承担课程实践教学的指导者和具体组织者，须依据相关实践教

---

① 摘编自《枣庄学院思想政治理论课实践教学计划》。

学的规定，紧密结合教学内容，精心组织，周密安排实践教学。

（三）学时学分安排

根据教育部要求和学校教学安排，实践教学环节本科学生共计 142 学时，2 学分；专科学生共计 109 学时，1 学分。本科实践教学计划、专科实践教学计划分别见表 5-1、表 5-2。

表 5-1　本科实践教学计划

课程名称	学分	总课时	理论教学课时	校内实践教学课时	假期社会实践课时	学期周课时分配							
						一	二	三	四	五	六	七	八
						12周	15周	15周	15周				
思想道德修养与法律基础	0.5	51	24	12	15	√							
马克思主义基本原理概论	0.5	51	30	15	6			√					
中国近现代史纲要		34	30	4									
毛泽东思想和中国特色社会主义理论体系概论	0.5	102	60	15	27				√				
形势与政策	0.5	128	80	30	18		√		√				

表 5-2　专科实践教学计划

课程名称	学分	总课时	理论教学课时	校内实践教学课时	假期社会实践课时	学期周课时分配							
						一	二	三	四	五	六	七	八
						12周	15周	15周	15周				
思想道德修养与法律基础	0.4	51	24	12	15	√							
毛泽东思想和中国特色社会主义理论体系概论	0.4	76	30	15	31				√				
形势与政策	0.2	96	60	30	6		√		√				

（四）时间安排

思想政治理论课实践教学与思想政治理论课理论教学同步进行。根据《枣庄学院本科人才培养方案》规定，本科学生的实践教学："思想道德修养与法律基础"课程在第一学期完成，"中国近现代史纲要"课程在第二学期完成，"马克思主义基本原理概论"课程在第三学期完成，"毛泽东思想和中国特色社会主义理论体系概论"课程在第四学期完成。专科学生的实践教学："思想道德修养与法律基础"课程在第一学期完成，"毛泽东思想和中国特色社会主义理论体系概论"课程节在第二学期完成(具体安排见表 5-1、表 5-2)。

（五）组织形式

(1)"思想道德修养和法律基础"课程实践教学，组织学生深入城市和农村，撰写一篇不少于 3000 字的调查报告。

(2)"中国近现代史纲要"课程实践教学，组织学生观看红色影视剧、参观爱国主义教育基地、学习历史人物等，撰写一篇不少于 2000 字的观后感。

(3)"马克思主义基本原理概论"课程实践教学，组织学生研读马克思、恩格斯、列宁、毛泽东、邓小平等的经典著作，撰写一篇不少于 2000 字的读后感。

(4)"毛泽东思想和中国特色社会主义理论体系概论"课程实践教学，组织学生利用节假日等通过深入农村、城市社区和工矿企业等基层，运用所学的马克思主义理论就我国经济社会发展重点、热点、难点和疑点等实际问题进行调研，并撰写一篇不少于 3000 字的调研报告。同时，鼓励学生利用节假日、寒暑假等时间开展广泛深入的社会服务活动，如植树活动、"三下乡"、义务献血、义务支教和社区服务等。

（六）成绩考核与登录

枣庄学院学生实践教学成绩考核与思想政治理论课课程考核相分离原则，实践教学成绩由各课程规定的计算方法决定，满分 100 分，60 分为合格，按总成绩的 20%统一登录。成绩不合格者，必须重修。社会服务活动效果突出且有证明材料者，可适度加分，但最多加至实践教学成绩满分。

（七）组织和经费保证

设置思想政治理论课实践教学教研室，统筹实施思想政治理论课实践教学工作，组织实践教学实施和实践教学成绩评定工作。学生外出实践及学生优秀论文成果展示和论文集所需经费从学校经费中拨付。

二、思想政治理论课实践教学的实施细则[①]

根据思想政治理论课的课程性质和开设目的,《枣庄学院思想政治理论课实践计划》对四门课如何实施实践教学做了详细安排。

(一)“思想道德修养与法律基础”课程

1. 项目名称

组织学生深入城市、农村和社区等地进行调研,活动结束后撰写一篇关于公民思想道德修养、法律修养、法治进展和反映社会现实问题等方面的不少于3000字的调查报告(也可组织大学生利用节假日到老年公寓、敬老院、留守儿童关爱中心、城市社区等场所进行助学、助教、帮劳和帮老等活动,活动结束后撰写一篇3000字左右的思想认识或活动总结)。

2. 基本思路

组织方式:实践教学以学习团队(7～10人)为研究主体,采取课题研究模式进行组织。团队组长负责团队学习的协调和文档资料的形成。

内容安排:实践教学的具体内容应围绕“思想道德修养与法律基础”理论教学的重点展开。学生学习团队应在指导教师的指导下分工合作,规范学习进程并撰写调研报告。

教师职责:教师应结合“思想道德修养与法律基础”课程教学内容,提出课题研究的具体要求;指导学生组织实践团队和拟订学习进程安排,指导学生撰写调研报告;完成对实践教学成绩的评定。

教学学时:15学时。

成绩评定:实践教学成绩评定包括学生自评和指导教师评定。前者侧重于团队内依据对成员贡献大小协商评定,形成团队成员自评成绩;后者由教师对团队提交的调查报告给予简要评价并给出相应成绩。该项实践教学的总成绩为:团队成员自评成绩(40%)+团队研究报告成绩(60%)。

3. 流程安排

(1) 1～3周:团队组建与项目申报;

(2) 4～13周:团队调查研究与撰写报告;

(3) 14～15周:报告评价与成绩评定。

---

① 摘编自《枣庄学院思想政治理论课实践教学计划》。

4. 实施细则

(1) 团队组建与项目申报

团队组建:参加实践教学环节的学生,以自愿原则为基础,按7～10人规模组织学习团队,并推举组长1人。不能自行组建团队的学生,由任课教师统一安排并指定组长1人。学习团队一经组建,原则上不再进行调整。

项目申报:实践教学项目申报应以学习团队为单位进行。申报前,团队应就准备申报的项目进行先期研讨,分析从事该项目研究的优势和不足,并制订学习计划,共同提出书面申请。

(2) 团队研究

团队应制作问卷对选定课题进行调查研究,并将回收问卷(至少80份)装订成册,并连同调查报告一同提交。

团队应使用合法拍摄手段制作图片资料以便对选定课题进行支撑论证,并将相关图片资料装订成册,连同调查报告一同提交。

团队研究是本实践教学重要环节,是在个人研究基础上,在团队范围内集中进行的学习研讨。每一团队的研究次数不少于2次,组长担任团队研讨召集人并负责保存讨论记录。

(3) 撰写报告与团队总结

撰写报告:团队研究报告由团队分工协作集体完成,并由一人统稿。指导教师应根据具体情况,指导学生写作。

团队总结:团队组长应认真填写"思想道德修养与法律基础实践教学团队总结表",并根据团队研究过程中成员的表现情况,按照每人对团队工作的贡献大小依次排序,贡献最大者排第一,依次递减,原则上不并列,并参照各项评价指标,形成团队各成员的自评成绩,得分上限为40分。

(4) 报告评价与成绩评定

指导教师应仔细阅读学生团队提交的研究报告,并书写简要评语,根据报告质量给出团队研究报告成绩,得分上限为60分。同时,指导教师应将团队成员自评成绩和团队研究报告成绩加总形成团队每个成员的实得成绩。

(二)"中国近现代史纲要"课程

1. 项目名称

组织学生观看反映中国近现代历史的红色电影、电视或纪录片,参观反映党领导人民群众为推翻"三座大山"而进行革命活动的红色基地、场馆,撰写一篇不少于2000字的观后感。

2. 基本思路

组织方式和实践类型：以学生个体为研究主体，观看红色电影、电视或纪录片，参观红色基地、场馆，撰写一篇不少于2000字的观后感。

教师职责：结合“中国近现代史纲要”课程教学特点，提出实践教学的具体要求，指导学生撰写观后感，并完成对实践教学成绩的评定。

教学学时：15学时。

成绩评定：实践教学成绩由指导教师根据学生提交实践教学作业评定。

3. 流程安排

(1) 1～3周：内容选择与制订学习计划；

(2) 4～13周：撰写观后感；

(3) 14～15周：观后感评价与成绩评定。

4. 实施细则

(1) 内容选择与制订学习计划

在指导教师的统一安排下，根据自身选择，学生在观读相关材料后，独立提出观后感的内容框架。教师应对学生的研究申请提出指导意见。

(2) 过程指导及撰写观后感

在学生写作方向选定后，指导教师应灵活指导学生实践。学生将实践学习过程的具体进展情况记录下来，并完成观后感。

(3) 观后感评价与成绩评定

指导教师应仔细阅读观后感，并书写简要评语，按要求给出观后感评价成绩，最高分100分。

(三) “马克思主义基本原理概论”课程

1. 项目名称

阅读马克思、恩格斯、列宁、毛泽东、邓小平等的经典著作，阅读与本地区有关的历史事件、英雄人物、劳动模范、企业发展历史的资料，撰写一篇不少于2000字的读后感。

2. 基本思路

组织方式和实践类型：实践教学以学生个体为研究主体，实践教学类型为经典著作阅读。学生结合“马克思主义基本原理概论”理论教学内容，阅读一篇马克思主义经典著作，通过学习思考撰写读后感。

教师职责：结合“马克思主义基本原理概论”课程教学的重点，提出实践教学的具体要求，指导学生拟订学习进程安排和指导学生撰写读后感，并完成对实践教学成绩的评价。

教学学时：15学时。

成绩评定：实践教学成绩由指导教师根据学生提交读后感评定。

3. 流程安排

(1) 1～3周：内容选择与制订学习计划；

(2) 4～13周：经典阅读与撰写读后感；

(3) 14～15周：读后感评价与成绩评定。

4. 实施细则

(1) 内容选择与制订学习计划

在指导教师的统一安排下，根据自身的知识储备，学生独立提出经典著作阅读申请，分析进行该经典著作阅读的优势和不足，并制订学习计划。教师对学生的阅读申请提出指导意见。

(2) 过程指导、经典阅读及撰写读后感

在学生经典阅读篇目选定后，指导教师应灵活指导学生阅读过程。学生将阅读过程的具体进展情况做好记录，并完成读后感撰写。

(3) 读后感评价与成绩评定

指导教师应仔细审核读后感，并书写简要评语，按要求给出读后感评价成绩，最高分100分。

(四)“毛泽东思想和中国特色社会主义理论体系概论”课程

1. 项目名称

组织学生利用节假日通过深入农村、城市社区和工矿企业等基层，运用所学的马克思主义理论就我国的经济社会发展重点、热点、难点和疑点等实际问题进行实地调研，并撰写一篇不少于3000字的调研报告。

2. 基本思路

组织方式：实践教学以学习团队(7～10人)为研究主体，采取课题研究模式进行组织。团队组长负责团队学习的协调和文档资料的形成。

内容安排：实践教学的具体内容应围绕“毛泽东思想和中国特色社会主义

理论体系概论"理论教学的重点来产生。学生学习团队应在指导教师的指导下，分工合作，规范学习进程并撰写调研报告。

实践类型：实践教学的类型为社会调查，学生通过实地调查、网络调查、文献资料研究等方式完成调查活动，并规范撰写调研报告。

教师职责：结合"毛泽东思想和中国特色社会主义理论体系概论"课程教学内容，提出课题研究的具体要求；指导学生组织实践团队和拟订学习进程安排、指导实践教学过程、指导学生撰写调研报告，评定学生团队及个人的成绩；形成指导教学过程中的书面材料，并完成对该项实践教学成绩的评定。

教学学时：15 学时。

成绩评定：实践教学成绩评定包括学生自评和指导教师评定。前者侧重于团队内依据对成员贡献大小协商评定，形成团队成员自评成绩；后者由教师对团队成果及成员平时表现情况加以评定，形成团队研究报告成绩和个人平时成绩。该项实践教学的总成绩为：团队成员自评成绩（25%）＋团队研究报告成绩（60%）＋个人平时成绩（15%）。

3. 流程安排

(1) 1～3 周：团队组建与项目申报；

(2) 4～13 周：团队调查研究与撰写报告；

(3) 14～15 周：报告评价与成绩评定。

4. 实施细则

(1) 团队组建与项目申报

团队组建：参加实践教学环节的学生，以自愿原则为基础，按 7～10 人规模组织学习团队，并推举组长 1 人。不能自行组建团队的学生，由任课教师统一安排并指定组长 1 人。学习团队一经组建，原则上不再进行调整。

项目申报：实践教学项目申报应以学习团队为单位进行。申报前，团队应就准备申报的项目进行先期研讨，分析从事该项目研究的优势和不足，并制订学习计划，共同提出书面申请。

(2) 过程指导与团队研究

过程指导：在学生实践教学项目选定后，指导教师应灵活指导团队进程。指导教师至少参加每个团队的团队活动一次，了解各团队成员的工作情况，对疑难问题进行讲解。指导教师应将指导过程形成书面记录。

团队研究：团队研究是本实践教学重要环节，是在个人研究基础上，在团队范围内集中进行的学习研讨。每一团队的研究次数不少于2次，组长担任团队研讨召集人并负责保存讨论记录。

（3）撰写报告与团队总结

撰写报告：团队研究报告由团队分工协作集体完成，并由一人统稿。指导教师应根据具体情况，指导学生写作。

团队总结：团队组长应根据团队研究过程中成员的表现情况，按照每人对团队工作的贡献大小依次排序，贡献最大者排第一，依次递减，原则上不并列，并参照各项评价指标，形成团队各成员的自评成绩，得分上限为25分。

（4）报告评价与成绩评定

指导教师应仔细阅读学生团队提交的研究报告，并书写简要评语，根据质量给出团队研究报告成绩，得分上限为60分。指导教师从团队成员自评成绩、团队研究报告成绩以及个人平时成绩三个方面加总形成团队各个成员的实得成绩，个人平时成绩主要依据指导教师在过程指导中对各成员的评价，并参考团队讨论记录中“发言重要性排序结果”得出，得分上限为15分。

三、思想政治理论课实践教学的作业要求

虽然规定了社会服务、参观考察、阅读欣赏、实地调研和微电影五种实践教学形式，但实际上共有调研报告、观后感、读后感和微电影四种作业形式。为便于学生及时完成作业，除规定写作类作业一律用A4纸并且手写完成外，还对各类实践教学作业的封面和考核用表做了明确规定。

首先是实践教学作业的封面问题。为提高作业的整洁度，各类实践作业统一使用A4纸打印的封面，其规范格式如图5-1所示。

其次是实践教学作业的成绩评定用表问题。为全面考核学生参加实践教学的过程表现及贡献，规定四类实践教学作业一律使用A4纸打印的“枣庄学院思想政治理论课实践教学成绩评定表”，其规范格式如表5-3所列。

调研类·观感类·研读类·微电影类

枣庄学院思想政治理论课
实践教学作业

题目______________________________

姓名________________________
学院________________________
专业________________________
班级________________________
学期 201＿－201＿学年度第＿学期

枣庄学院教务处
马克思主义学院

图 5-1　实践教学作业封面

表 5-3　枣庄学院思想政治理论课实践教学成绩评定表

20　—20　学年第　学期　　学院　　专业　级　班

<table>
<tr><td>实践时间</td><td colspan="5">年　月　日—年　月　日</td></tr>
<tr><td>实践主题</td><td colspan="5"></td></tr>
<tr><td>实践形式</td><td colspan="5">○研读类○调研类 ○观读类○微电影类○其他类</td></tr>
<tr><td>实践地点/单位</td><td colspan="5"></td></tr>
<tr><td colspan="6">实践成果：（包括实践征文、调研报告、论文等，A4 纸打印附后）</td></tr>
<tr><td rowspan="6">小
组
成
员</td><td>姓名</td><td>学号</td><td>分工情况</td><td>自评成绩</td><td>小组成绩</td></tr>
<tr><td></td><td></td><td></td><td></td><td></td></tr>
<tr><td></td><td></td><td></td><td></td><td></td></tr>
<tr><td></td><td></td><td></td><td></td><td></td></tr>
<tr><td></td><td></td><td></td><td></td><td></td></tr>
<tr><td></td><td></td><td></td><td></td><td></td></tr>
<tr><td colspan="6">小组分工合作情况：（备注：以个人形式参加实践教学活动的无须填写本栏）
计划安排分工情况：

实地调研分工情况：</td></tr>
<tr><td colspan="6">调研报告分工情况：</td></tr>
<tr><td>指
导
教
师
意
见</td><td colspan="5">本栏以上部分（不含本栏），由学生填写好再打印，字体要求：宋体，小四号，加粗，空格里的文字必须上下、左右都居中，有横线提示的位置不变，填写完成后注意删除提示文字。

指导教师（签字）：
年　月　日</td></tr>
</table>

再次是各类实践教学作业的结构模式、写作规范等的要求，具体如下。

（一）调研报告类

1. 结构模式

调研报告包括封面、内容简介、目录索引和正文部分。

封面要求用A4纸打印，内容包括题目（一般以"×××调查报告"形式表述）、姓名、学院、专业、班级等信息。内容简介是对调研报告的概要性描述，内容包括调研背景、调研方法、调研实施过程以及调研结果。目录索引是对正文关键部分的列示。正文部分包括导言、主体、结尾等内容。

2. 写作要求

调研报告的正文内容主要包括导言、主体和结尾三个部分。

(1) 导言部分：主要包括说明社会实践调查该问题的原因和目的、意义、调查的方法、调查的时间、地点等内容。该部分可根据选题差异选择性写作，要求概括精炼，字数不宜过多。

(2) 主体部分：是社会实践报告内容的主要部分。一般包括以下三部分内容。一是基本理论概述。对报告所运用一个或多个理论观点进行概括说明。要求理论选择准确，概括精炼，切忌照搬照抄。二是实践调查概述。对调查得来的事实和有关材料进行整理，并结合查阅文献资料进行叙述概括。要求材料全面、客观、精确、具体，具有代表性。三是分析阐释。运用一个或多个理论观点对实践调查概述的内容进行具体分析、议论、说明。这是报告的重点，要求观点鲜明，论据充分，分析透彻，具有较强的说服力。

(3) 结尾部分：主要包括形成结论、提出看法和建议。这是报告最有价值的部分，要求内容精练，字数不宜过多，结论正确，建议切实可行。

3. 成绩评定

依据具体课程考核要求及相关考核办法，由指导教师在"枣庄学院思想政治理论课实践教学成绩评定表"的相关位置给出实践小组成绩，在参考小组成绩的基础上，分别给出本实践小组各成员的具体成绩。

调研报告范例

枣庄市城镇化发展情况调研报告

一、枣庄市城镇化发展的基本情况

（一）经济社会平稳快速发展，城乡统筹扎实推进经济社会发展速度决定城镇化进程。2007年，枣庄市GDP、地方财政收入分别完成926.91亿元、45.2亿元，分别比上年增长16.0%、27.3%；人均GDP达到25462元、人均地方财政收入1190元，分别是2002年的2.85倍和3.33倍。三次产业比重为8.7∶64.2∶27.1，非农产业比重占91.3%，高于全省9.68个百分点，比2002年提高了5.9个百分点。进出口总额6.43亿美元，是2002年的3.5倍，其中进口1.02亿美元，是2002年的2.3倍，出口5.41亿美元，是2002年的3.9倍，实际利用外资1.3亿美元，是2002年的2.8倍。城乡用电实现同网同价。枣庄市下辖的五区一市充分发挥区位优势，各展所长，竞相发展，走出了一条特色鲜明的城镇化发展之路，新建了一大批城市道路、文化广场、公园等功能性工程，形成了各具特色的工业园区和产业带，所有区(市)全部建有污水处理厂，人居环境明显改善。

(二) 城镇化进程实现新突破，城市面貌大为改观

近五年，城市基础设施建设累计完成投资72亿元。目前，全市建成区面积145.73平方公里，比2002年增加42.16平方公里。中心城区建设步伐加快。光明大道、南方植物园等一批市政工程相继完成，市行政中心顺利西移，行政中心新建城区4.7平方公里，建设投资达42亿元。基础设施建设进一步加强。区(市)之间全部实现一级以上公路连接，公路通车里程达到6066公里，是2002年的3.15倍。城市用水普及率达到99.06%，城市集中供热普及率达到52%，城市燃气普及率达到96%。全市已建成城市污水处理厂9个，日处理城市污水33万吨，污水集中处理率达到76%。

(三) 生态环境进一步优化，居民生活质量显著提升

2007年，主要污染物排放有所减少，化学需氧量排放总量4.32万吨，比上年降低了5.79%；二氧化硫排放总量10.33万吨，比上年降低了5.82%；全年空气质量二级以上天数占比90%。所有区(市)全部建有污水处理厂，共9处。社会事业也全面发展。2007年，市级工程技术研究中心达到36家，参加科技活动人员5828人，科技活动经费支出8.7亿元。2007年以来，全市投入资金5836.8万元，为全市农村小学、初中学生免费提供了教科书；共投入资金约2.7亿元，全面实现了城乡义务教育免杂费；省级规范化普通高中有26所，中小学入学率达到100%，高中段入学率达到83%。全市主要文化机构24个。全市各类卫生机构158所，拥有卫生技术人员19302人，实际开放床位10328张。目前，全市新型农村合作医疗试点工作全面展开，59个镇街、2390个行政村、220万农民参加了新型农村合作医疗，试点乡镇、试点行政村、农民整体参合率

分别为100%、100%和96.02%。居民生活水平大幅提高。2007年,城镇居民人均可支配收入、农民人均纯收入分别达到12560元和5150元,比上年增长14.1%和10.7%;食品支出占消费支出比重逐步下降,城镇居民恩格尔系数为35.14%,比2002年降低了0.23百分点,私人拥有汽车12.4万辆。累计征缴各项社会保险费55.5亿元,城镇养老保险、职工基本医疗保险覆盖面分别达到82.7%、71.5%。

二、枣庄市城镇化发展存在的问题

近几年,枣庄城镇化进程取得了显著成绩,但一些历史性遗留问题仍未得到根本解决。

(一) 城镇化进程明显滞后于经济社会发展

与工业化中期的加速发展阶段比较,城镇化滞后于工业化和经济发展水平。2007年枣庄市城镇化率为46.6%,第二产业增加值占GDP比重为64.2%,城镇化率与工业化率之比为0.73,低于二者的合理比例区间(1.4~2.5)下限近两倍。2006年,全省城镇化质量指数达到58.34%,而枣庄市城镇化质量指数为50.61%,与全省其他城市差距明显。

(二) 中心城区布局分散,带动作用还不强

枣庄市新一轮城市总体规划确定新城区、薛城区、高新区、市中区、峄城区为枣庄市的中心城区,但由于布局分散,城镇化进程仍以粗放增长为主,集约发展水平低,城市规模和实力差距较大,内在质量不高,中心城区的辐射带动作用还没有得到充分发挥。

(三) 城镇建设资金紧缺,筹资渠道不畅,基础设施建设无法满足社会发展的需要

中心城区道路、地下管网、供排水、公交等公共基础设施比较滞后,不少集镇还存在有街无镇、有路不平、有水不净等问题。小城镇对外开放度和辐射力带动力还不强,基本上还依靠本土企业和民营经济,发展速度缓慢。

(四) 城镇建设与管理水平还不高

城镇管理理念、管理办法还不适应现代化城市发展的要求,重建设轻管理、重新区轻老城、重地上轻地下、重形式轻内涵,基础设施建设标准不高,公共服务设施不配套等问题仍然存在。

三、枣庄市城镇化发展的对策建议

以科学发展观为指导,围绕打造“江北水乡·运河古城”的城市品牌,突出城镇体系建设,发展城市群,凸显城市带,择优培育中心镇(18个国家级、省级、市级

中心镇、重点镇),提高城市化水平和质量,加快城镇化进程,提升鲁南门户城市的核心竞争力。力争到"十一五"末,枣庄市的城镇化水平提高到55%;中心城建成区面积达到105平方公里,人口达到100万。全市GDP、地方财政收入实现"两个翻一番",分别达到1800亿元、100亿元;全面完成省政府下达的节能减排目标任务;全社会固定资产投资年均增长20%;进出口总额年均增长17%;实际利用境外资金年均增长8%;社会消费品零售总额年均增16%;城镇居民人均可支配收入和农民人均纯收入年均增长8%;城镇登记失业率控制在4%以内。

(一) 完善城镇体系,加快城乡一体化进程

(1) 突出城镇的规划和定位。完善峄城区、薛城区基础设施配套,改善人居环境;加快运河古城重建工作,把台儿庄组团打造成知名旅游目的地;突出生态特色,把山亭组团打造成生态休闲区;打造市中区商贸中心;壮大滕州市城区规模,增强集聚功能。

(2) 突出城镇体系建设。坚持因地制宜、突出重点、以点带面的思路,通过中心镇、重点镇示范带动作用,积极稳妥地推进小城镇建设工作。

(3) 全面提升城市管理水平。在深入贯彻落实规划法制化、建设市场化、管理属地化的基础上,着力突破制约城市发展的体制机制障碍,充分发挥市场机制在资源配置中的基础性作用。

(二) 大力发展第二、第三产业,夯实城镇化基础

产业是城镇赖以存在和发展的基石,没有产业化就没有城镇化。

(1) 加快发展新型工业化力推城镇化。围绕城镇体系建设,按照传统产业新型化、支柱产业多元化、新兴产业特色化的要求,加大各类经济园区和开发区建设力度,着力培育和壮大煤化工、机床、水泥、新型建材、农副产品加工等八大产业集群,通过新型工业化发展,形成一批特色城镇。

(2) 繁荣发展服务业提升城镇化水平。服务业是城市经济的核心产业,也是城镇化进程的重要标志。首先,大力发展文化旅游业。按照存古、复古、创古的理念,高标准规划建设运河古城核心景区,配套建设游客接待中心、休闲度假公园等项目,打造中国第一座二战纪念城市、京杭大运河上最后一座能够恢复的完整古城,打造国内外知名的优秀旅游产品。第二,加快发展沿运物流业。以枣庄港、台儿庄港、峄城港、滕州港四大枢纽港口为节点,统筹规划建设一批大宗货物物流园区,集中发展煤炭、建材、化工等物流企业,壮大沿运临港现代物流业规模。第三,大力发展生产性服务业。积极发展金融、保险、法律、会计、运输、通信、广告等服务业,服务生产的能力显著增强,促进专业镇的快速发展。

（三）突出抓好中心城区一体化建设，提升组团城市功能

以中心城区为主攻方向，集约资源，优先发展，加快一体化建设步伐。按照“完善功能，壮大中心城规模，把老城做新，把新城做靓，促进新老城区共同繁荣”的要求，以项目为载体，以市场化运作为手段，强力吸引、优化整合各类资源要素，迅速膨胀规模，完善整体功能，力争经过3～5年的努力，形成以精、新、特为基调的城市隆起带，拉动区域经济发展。新城建设以村庄搬迁改造为突破口，高标准建设一批项目，完善行政、交通、居住、科技、教育等功能。同时，加快推进城市公交网络建设，为城乡一体化发展提供支撑。

（四）坚持深化改革，破解城镇发展与管理难题

(1) 理顺城市建设管理体制。按照管干分离的原则，对环境卫生、市政管养、园林绿化、行政执法等适宜放到区里的事权，要逐步下放，实行属地管理，市里主要负责宏观指导和监管考核，研究制定调动中心城区的区级政府加大城建投入、重视城市建设管理积极性的办法措施，逐步摆脱市里“既当运动员又当裁判员”、管干不分的局面。

(2) 稳步推进城市投融资体制改革。全面放开城镇基础设施建设市场，积极引进投资者参与城市建设与经营，吸引更多的市外资本、民营资本参与城镇公用事业和基础设施建设。

(3) 切实解决住房问题。政府应将城市住房工作摆在重要位置，大力整顿和规范房地产市场，着力增加主要面对中低收入家庭的普通商品住房、经济适用房和廉租房供应。

（五）突出转型，加大对资源型城市的支持力度

目前，国家对土地红线明确为“高压线”，小城镇建设与用地矛盾又异常突出，加快城镇化进程必须破解用地方面的难题。建议省里在制订今后城镇发展规划时，对此提出明确的意见和措施。另外，计划经济体制下，枣庄作为资源型城市向国家输出了大量廉价的原材料和能源，为国家加快工业化进程提供积累，与国家和资源深加工地区长期处于利益分配不对称的状态，存在城市建设欠账较多、社会事业发展缓慢、生态环境恶化等一系列问题。建议省里在制定今后城镇化建设意见时，适当地向枣庄倾斜，在安排老工业城市产业结构调整和重点项目专项资金（国债）、高新技术产业项目资金、区域环境综合治理资金、城镇基础设施基本建设项目时，给予重点支持。

［资料来源：董东升．枣庄市城镇化发展情况调研报告［J］．徐州教育学院学报，2008，23(4)：178-179．］

（二）观后感类

1. 结构模式

观后感，顾名思义，就是看过某影视资料或历史遗迹之后，抒发内心的感受，然后叙述成文字，分享给大家参考学习。观后感范畴很广，电影、电视剧、纪念馆、博物馆、历史遗迹，都可以触发观者的感情，进而引发观者的感想。

观后感的写作有固定的步骤和结构，一般分为以下几步：

（1）引——围绕感点，引述材料。观后感重在“感”，而这个“感”是由特定的“观”生发的，“引”是“感”的落脚点。所谓“引”就是围绕感点，有的放矢地引述、介绍所观影像或遗迹。

（2）议——分析材料，提炼感点，亮明基本观点。在引出“观”的内容后，要对“观”进行一番评析，既可就事论事对所“引”的内容做一番分析，也可由现象到本质，由个别到一般的做一番挖掘；对寓意深的材料更要做一番分析，水到渠成后“亮”出自己的观点。

（3）联——联系实际，纵横拓展。写观后感最忌讳的就是就事论事、泛泛而谈。泛泛而谈往往使观感缺乏针对性，不能给人以震撼。联，就是要紧密联系实际，既可以由此及彼地联系现实生活中相类似的现象，也可以由古及今联系现实生活中相反的种种问题，由此扩展开来，使所感具有广阔的视野和深刻的含义。

（4）结——总结全文，升华感点。结，既可以回应前文，强调感点，也可以提出希望，发出号召。

2. 写作要求

（1）文章开篇要明确感点。所谓感点，就是原作中最能引发出你感受的地方。感点要集中、突出，最好能抓住原作的中心和重点来谈，因原作的中心和重点一定是最充分最直接给人启迪、引发感受的地方。

（2）对原作的介绍复述要详略得当，要点出感点。如果一篇文章共四段，前三段全是复述情节，最后一段简单发感，这是不合适的。对原文的复述要简洁，不需要大量篇幅。概述原文后，马上点出感点，这个感点实际就是观后感的中心论点。

（3）生发、展开议论要紧扣原作。原作引起人的感受往往是多方面的，有时是从原作中领悟出某种道理；有时是引起某些联想；有时是引起对某种生活现象和社会现象的感触和议论。所以，议论与联想都要抓住感受最深的某一点谈，不能天马行空，离开原作。同时，要处理好重点感受与联系实际的关系、主题与材料的关系，所有材料都要受感点的支配。

3. 成绩评定

依据具体课程考核要求及相关考核办法，由指导教师在“枣庄学院思想政治理论课实践教学成绩评定表”的相关位置给出个人具体成绩。

观后感范例

向辛亥革命致敬——观《辛亥革命》有感

××学院20××级××专业本科(专科)×班　×××

在张黎的镜头中，这次革命一如教科书里描述的那样，既没有迥异的改编，也没有刻意的言谈。一百年前的风起云涌，中规中矩，每个人说该说的话，做该做的事，有激情也有节制，每一个镜头里都蓄满了纪念与缅怀的情调。张黎说，这部电影，就是向辛亥革命致敬！

替张黎打头阵的，是奔赴刑场的秋瑾，既然是致敬，也就有了修饰，所以慷慨就义的秋瑾服装华美，仪态从容，这是对未来美好之寄望，也是给褪色的记忆换新装。她的生命尽头，是一个崭新的开始，而为这开始做注解的，则是宋佳的配音独白。

有了胡子的成龙仿佛多了一份为天下操劳的责任，他的形象必须大气且沉稳，但又不能没了威风，所以文戏武演——他的手里要么握着枪，要么举着刀，他需要有道具来辅助角色的塑造，也需要空间，让奔波跳跃了大半生的身影可以在路上行走得更稳健。

角色在李冰冰这里出现了隔阂，带着一肚子怨气的徐宗汉，让李冰冰演的只剩下怨，却没了生气。这并不能怪她，她太想把这个演好，太想给这角色输入精气神，结果导致太过用力。

革命太过激情就会让人失去从容。

最从容的人，莫过于赵文瑄和孙淳。两人，一个作为革命的先驱者，一个作为胜利果实的窃取者，在整部影片中，都为自己的目的忙碌和行走着，有权谋也有权衡，用角色讲故事，既不妥协，也无颠覆，在结果上给观众以共识，不背离初衷，也尊重艺术自身的魅力。

最纠结的恐怕就是陈冲了，她扮演的隆裕自始至终都是坐着的，命运却是最动荡的，皇亲国戚，家国天下，没一样能给角色以安全感，所以她哭，她委曲求全，所以最后一场戏，她化了浓妆，正式和一个时代告别。

故事再次回到了起点——革命。

这次，为革命做诠释和解读的人换成了孙文，但那些话，张黎在《走向共和》中曾让同样的人物说过，影片是向百年前的一场革命致敬，也是张黎又一次表达自己的初衷，风雨飘摇的历史，尚未完成的革命，根本不需要影片去做翻天覆地的改动，就算角色不够生动，至少还能藏星星之火做火种。

人间正道是沧桑。一个人的致敬，是孤独的，也是骄傲的。

（三）研读（读后感）类

1. 结构模式

读后感，顾名思义，要先有“读”，而后才有“感”可言，它将阅读与写作紧密地联系在一起。在日常生活中，我们阅读了一篇文章、一本书、一首诗而后将自己的感受、心得、体会写下来形成文字，就是读后感。读后感的结构一般分为如下四个部分：

（1）述读（前提）；

（2）感点（桥梁）；

（3）发感（论证）；

（4）结感（升华）。

在这个结构模式中，“感点”是关键，没有了感点，读后感也就失去了灵魂，也就无所谓“读后感”。感点，就是你读后最有感受的地方。

在整篇文章中，感点在“述读”与“发感”之间起着桥梁的作用，是结构全文的纽带。“感点”承接“述读”。读后感的写作，必须是先“读”而后“感”，不“读”则无“感”，“读”是“感”的前提和基础，“感”是“读”的延伸或结果。“感点”也领起“发感”，它是发感的依据。发感必须围绕感点展开论述，对感点发表自己的看法、感受，以议论为主，突出一个“感”字。“结感”收束全篇，升华感点，是“感”的归宿。

2. 写作要求

写读后感，要注意把握好以下步骤。

第一步，拟主标题。这一步很重要。很多人直接写“《×××》读后感”，这样的标题很难引起别人阅读的兴趣。如果有一个非常醒目的主标题，会更容易让人一开始就抓住文章的主旨和要义，产生一种让人乐于阅读的心思。所以，虽然也可以不要主标题，但一般情况下，建议拟一个主标题，如“×××——读《×××》有感”。

主标题是文章的眼睛，眼睛醒目，就像一个人拥有一双明亮的大眼睛一样，先是好看了三分。因此，主标题一定要高度凝练感想感悟。不要泛泛而写，一定要结合感点。

第二步，述读——引。在通常情况下，要围绕感点，引述材料。就是围绕感点，有的放矢地简述原文相关内容。写这部分内容就是为了交代感想从何而来，并为后文的议论做好铺垫。在述读这一部分，要做到：一是引述原文要精简，不能大段大段地叙述所读书籍、文章的具体内容；二是对于原文的述读，材料精短的，可以全文引述；三是篇幅较长的，只能够是简述与感点有直接关系的部分，与感点无关紧要的部分不要引述；四是引用材料要精简、准确、有针对性；五是这一部分如果拖沓冗长或者与主题不相符，就会让人反感。

第三步：感点——议。议就是紧承前一段“述读”所引述的材料，针对材料进行评析，既可就事论事，对所“引”的内容进行一番分析；也可以由现象到本质、由个别到一般地进行一番挖掘；对寓意深的材料更要深入剖析，然后水到渠成地“亮”出自己的中心论点。但要注意的是，感点的提出要有与之相关的所读材料。如果没有述读的这部分材料，感点就是无源之水，流而不远；感点也只能是空发议论，泛泛而谈。所以，不管述读在感点之前，还是在感点之后，首先要有述读的存在，其后才能有感点的成立。

第四步：发感——联。“发感”就是对“感点”——中心论点——进行论证。这一部分是读后感的主体部分，是对感点的阐述，通过摆事实、讲道理证明感点的正确性，或通过正面论、反面证，证明感点的合理性。但也要注意一些问题。一是所摆的事实、所讲的道理都要围绕感点来展开，而不能游离于感点之外。也就是所摆的事实、所讲的道理和感点要有共鸣，不能另立一个论点。否则，就会不知所云，下笔千言，离题万里。二是发感还要联系实际，深入论证。联系实际，既可以由此及彼地联系现实生活中相类似的现象，也可以由古及今联系现实生活中相反的种种问题，有时候还可以是个人的思想、言行、经历。三是联系实际时要有针对性，必须紧扣感点，而不能泛泛而谈，不能脱离感点随意联想，不着边际。

第五步：结感——结。结感就是收束全文，既可以回应前文，强调感点；也可以提出希望和要求。要注意的是：一是不管怎样结尾，都要与前面的几个部分构成一个有机整体，不能“横空出世”，说一些不着边际的话；二是要收尾自然，顺理成章收束全篇。或发人深思，或气势磅礴，或首尾呼应，暗合标题，都不失精彩。

3. 成绩评定

依据具体课程考核要求及相关考核办法，由指导教师在“枣庄学院思想政治理论课实践教学成绩评定表”的相关位置给出个人具体成绩。

读后感范例

洞察人类历史发展规律的教材

——重温恩格斯《在马克思墓前的讲话》

在经济全球化和社会主义市场经济深入发展的今天，重温恩格斯《在马克思墓前的讲话》这篇仅有1251个字的短文，对于党的各级领导干部洞察人类历史发展规律，坚定正确的理想信念，及时抓住机遇，主动应对严峻挑战，不无裨益。

在讲话中，恩格斯重点阐述了马克思两个具有划时代意义的伟大发现——唯物史观和剩余价值理论。

1845年秋至1846年5月，马克思和恩格斯在《德意志意识形态》中首次阐明了社会存在决定社会意识这一唯物史观的出发点。马克思和恩格斯论证了物质生产在人类历史发展中的决定作用，从生产力和交往形式的矛盾运动中揭示人类社会形态从低级到高级发展的一般规律，进而阐述了共产主义取代资本主义的历史必然性。

1849年马克思在《雇佣劳动与资本》中论述了以剥削雇佣工人劳动为基础的资本主义生产关系的实质，之后在《资本论》中全面、科学地论证了剩余价值理论，从而创立了剩余价值学说。恩格斯在讲话中高度评价了这一学说的创立，认为马克思“发现了现代资本主义生产方式和它所产生的资产阶级社会的特殊的运动规律。由于剩余价值的发现，这里就豁然开朗了，而先前无论资产阶级经济学家或者社会主义批评家所做的一切研究都只是在黑暗中摸索”。

正是上述两大发现使马克思主义创始人完成了对社会主义的“理论论证”，把社会主义奠定在科学的基础之上；两大发现同时也是科学社会主义由理论转变为实践的重要理论基础。资产阶级的灭亡和无产阶级的胜利是同样不可避免的，并不是任何人头脑臆想的产物，而是资本主义社会内部矛盾运动的合乎规律的必然结果。

20年前，由于苏共亡党、苏联解体，世界社会主义陷入空前的低潮，不少人对马克思主义和社会主义的必然胜利丧失了信心。恩格斯在《在马克思墓前的讲话》中所说的马克思的两大发现还灵不灵?

其实,在当今世界,唯物史观和剩余价值学说没有过时。过去的资本,主要是一国资本,是产品垄断;后来发展到多国资本,产业垄断;现在主要表现为国际资本,金融垄断。苏联解体后,以美国为首的西方强国利用各种强权特别是金融霸权,放手、放肆地掠夺他国,张着大嘴"巧吃""白吃"世界。从一定意义上说,目前这场正在深化的国际金融危机,不仅是对美国这种强权政治和霸权主义特别是其中金融霸权肆意泛滥的绝地报复,更是对美国所谓"民主制度"的根本挑战。正如马克思在《资本论》中说:"一切真正的危机的最根本的原因,总不外乎群众的贫困和他们的有限的消费,资本主义生产却不顾这种情况而力图发展生产力,好像只有社会的绝对的消费能力才是生产力发展的界限。"这场国际金融危机的根本原因是生产社会化甚至生产全球化与生产资料私人占有之间的矛盾、生产无限扩张与社会有限需求之间的矛盾在经济全球化条件下深入发展的必然结果。这场灾难还没有完,还在演进中,所以,现在在全球范围内,出现重新呼唤马克思主义的声音,世界左翼和社会主义思潮出现复苏的迹象。我们中国共产党人也面临着进一步说明科学社会主义其中包括中国特色社会主义有着无比光辉灿烂的希望和前景的大好机遇。

当然,在学习马克思的两个理论基石时,也必须结合学习马克思主义的其他原理,而不能陷入片面性和简单化。1859年,马克思在《〈政治经济学批判〉序言》中指出:"无论哪一个社会形态,在它所能容纳的全部生产力发挥出来以前,是决不会灭亡的;而新的更高的生产关系,在它的物质存在条件在旧社会的胎胞里成熟以前,是决不会出现的"。正确认识和把握"两个必然"和"两个决不会"这两个论断之间的关系,对于我们坚持共产主义理想和中国特色社会主义信念具有重要的意义。

正因为马克思无情地宣布了资本主义必然灭亡,所以他是最遭资产阶级嫉恨和最受诬蔑的人。但马克思对这一切毫不在意,把它们当作蛛丝一样轻轻抹去。恩格斯宣布:马克思可能有过许多敌人,但未必有一个私敌。马克思这种英勇无畏、全心全意为解放全人类奋斗的崇高精神永垂不朽,并将永远值得每一位真正的共产党人学习与继承。

[资料来源:李慎明.洞察人类历史发展规律的教材——重温恩格斯《在马克思墓前的讲话》[J].党建研究,2011(2):59.]

（四）微电影类

1. 结构模式

微电影，即微型电影，指的是在电影和电视剧艺术的基础上衍生出来的具有完整故事情节和较强可观赏性的小型影片。微电影的时长一般为几分钟到几十分钟，其内容丰富广泛，包括时尚潮流、伦理道德、爱情亲情、青春励志、惊悚悬疑、幽默搞怪、公益事业等。微电影的结构一般分为四个部分：

第一部分：开端。作为让观众对作品感兴趣的重要之点，开端除交代时间、地点和主要人物以外，主要反映引起矛盾冲突的起因等。一个悬念丛生的开端，会立即吸引住观众。开端的形式也是多种多样，或以人物的行为为开端、或以某种环境为开端、或以对话为开端、或以格言俗语为开端等。

第二部分：发展。发展是开端之后人物关系得到充分展示、人物性格得到深刻显现、矛盾冲突得到多方面展开的过程。

第三部分：高潮。高潮是作品中的矛盾发展到最紧张的部分。在该部分，人物的思想性格和作品的主题得到充分体现。

第四部分：结局。这是情节发展的最后阶段。在该部分，矛盾冲突已告结束，人物性格发展已经完成，事件变化有了结果，思想主题得到完整体现。

2. 制作要求

制作微电影，要注意把握好以下几步：

第一步，根据选定的主题写作微电影剧本。主题是微电影的灵魂，是微电影的中心思想。主题选定以后，就要围绕主题进行剧本的写作。剧本写作需要做好选材的工作。社会上（校园里）每天都会发生许多事情，要提炼出最能突出主题、最贴近生活实际并能给受众带来正能量的故事作为写作材料。剧本构思好以后，就要草拟剧本大纲，围绕大纲创作初稿，然后反复修改直到最终定稿。同时，要根据主题和材料，为微电影拟一个恰当的名字。

第二步，选取微电影拍摄器材。手机、摄像机、家用 DV、专业摄像机和单反相机等都是拍摄微电影的器材。拍摄微电影选择什么样的器材，要根据片子的定位来决定。大学生自己拍摄微电影，用手机、家用 DV 机等设备比较多，虽然拍摄的画面效果没有昂贵的专业级数码摄像机效果好，但它们价格便宜、携带轻便、操作简单，是高校大学生实现导演梦和演员梦的首选。

第三步，挑选微电影演员。演员是故事叙述的感情媒介，在确定剧本角色之后，找到合适的演员就成了作品制作的头等大事。在拍摄微电影之前，剧组人员要齐全，分工要明确，要根据个人的爱好和能力来分配角色。

第四步，塑造微电影人物造型。对微电影演员所扮演角色的人物塑造，离不开服装、化妆和道具。演员选搭服装时，只要与所扮演角色的身份相匹配即可，无须过于华丽，以免喧宾夺主。化妆是要确保镜头前的演员形象与所扮演的角色相匹配，好的妆容可以体现人物的身份、性格、经历。道具是所有出现在镜头前面的东西，道具的选择要考虑到化妆、服装和灯光等搭配因素。

第五步，寻找拍摄场地。场地的选择要适合微电影剧本的剧情，做到情、景、剧相结合。

第六步，微电影的后期制作。这是完成一部影片必需的过程，是影片拍摄完成以后，进行视觉剪辑和声音剪辑、制作字幕和特效等后期加工的过程。对影片进行剪辑，要符合剧情的发展。微电影的剪辑可以使用专用的剪辑软件，许多剪辑软件可以在网上免费下载得到。

第七步，微电影的审查和播放。一部微电影后期制作完成后，需要对影片的内容进行自查，看其是否有违反校纪校规或法律法规的内容，如有要及时进行删减或调整，以保证影片思想性、艺术性和观赏性的统一。微电影的播放途径灵活多样，采用何种播放途径由制作者根据实际需要决定。

3. 成绩评定

依据具体课程考核要求及相关考核办法，由指导教师在《枣庄学院思想政治理论课实践教学成绩评定表》的相关位置给出实践小组成绩，在参考小组成绩的基础上，分别给出本实践小组各成员的具体成绩。

微电影范例

团圆饭（改编剧本）

原作者　田　晔

××学院20××级××专业本科（专科）×班　×××

剧情介绍

刘老锅有三个孩子，一家人一直过着平静的生活。但生活中的这份宁静被征地赔偿款的分配问题给打破了。孩子们为了自己能够多分一些赔偿款而争吵不休。后来，大家意识到亲情比金钱更重要，不应该为了金钱而破坏亲情。最终一家人和好如初，一起吃了顿和美的团圆饭。

人物介绍

刘老锅：老实本分的农民，一心为孩子们着想。

刘　树：刘老锅的大儿子，本性懦弱、怕老婆。

杨　阳：刘树的老婆，性格泼辣，看中金钱。

刘　枫：刘老锅的二儿子，在校大学生，懂法律、明事理。

刘　叶：刘老锅的女儿，看重自己的利益。

[场景一　室外　白天]

刘枫回家，挨家挨户为村民们普法。

[场景二　室外　白天]

刘枫为村民宣传《继承法》。

刘枫：《中华人民共和国继承法》第二章　法定继承，第九条　男女平等：继承权男女平等。

[场景三　室外　白天]

村民甲：老锅，干什么去？

刘老锅：小枫回来了，还没着家呢，也没跟我说一声，我去看看。

村民甲：唉，小枫现在可出息哩，在那边讲法呢，你过去听听。

刘老锅：小枫这孩子真不错，真给老刘家长脸，我去听听。

村民甲：我刚从那回来，我先回家去，你去看看吧。

刘老锅：哎。

[场景四　室外　白天]

刘枫：第十条　继承人范围及继承顺序：第一顺序是配偶、子女、父母；第二顺序是兄弟姐妹、祖母、外祖母。继承开始后，由第一顺序继承人继承，第二顺序继承人不继承。

村民乙：小枫，我有个问题。

刘枫：哎，您问！

村民乙：现在有了赔偿款，按照法律该怎么分？

刘枫：按法律规定的话，地是谁的就应该分给谁钱。至于分得多少，就要看他的地占了多少。但是，法是死的，人是活的，一家人商量着来。如果商量通了，怎么着都行，是吧？

村民乙：嗯，好。

刘枫：嗯，我继续讲了啊。第十一条　代位继承：被继承人的子女先于被继承人死亡的，由被继承人的子女的晚辈直系血亲代为继承，代位继承人一般只能继承他的父亲或者母亲有权继承的遗产份额。

刘枫的爸爸走入宣讲现场。

刘枫：爸，你怎么来了？我一会儿过去啊。你先在这听会儿法，咱一会儿回家。

刘老锅点了点头，站在一边听儿子宣讲。

刘枫：第十二条　丧偶儿媳、女婿的继承权：丧偶儿媳对公婆，丧偶女婿对岳父、岳母，尽了主要赡养义务的，作为第一顺序继承人。第十三条　遗产分配：同一顺序继承人继承遗产的份额一般应当均等，对生活有特殊困难的缺乏劳动能力的继承人，分配遗产时，应当予以照顾……

[场景五　家里　白天]

刘老锅问儿子刘枫关于征地赔偿款的看法。

刘老锅：小枫，你也这么大了，爸有点事想和你商量商量。

刘枫：行，爸。你说吧，我听着。

刘老锅：是这么回事，我也想等你们都回来，我们共同商量。

刘老锅郁闷地摇了摇头，叹了口气：唉，我从头跟你说吧。

刘老锅开始向儿子讲述之前发生的事。

[场景六　家里　白天]

刘老锅在厨房里炒着菜，村会计来给他送征地赔偿款。

村会计：老锅，老锅，在家吗？

刘老锅：来了。

村会计：我给你带来点好东西，你猜我给你带来什么了？这是给你的补贴钱。

村会计说话间，拿出银行卡递给刘老锅。

刘老锅接过钱：我当是啥呢。饭快做熟了，在这吃饭，吃了饭再走。

村会计招了招手：不了，不了。我还给下家发呢，你们好好过年。

刘老锅：那就不送了。

刘老锅看着手中的卡，摇了摇头，转身走进了厨房。

[场景七　室内　晚上]

大儿媳妇杨阳知道征地赔偿款已发，决定和丈夫刘树商量回家过年。

杨阳：哎，刘树，咱们今年回家过年吧！

刘树：行，今年怎么突然想起回家过年来了？

杨阳：想家了呗。

刘树：想家了，真的？

杨阳：嗯！

刘树:我觉得你肯定有什么鬼心眼儿!

杨阳:我听说咱们家今年那个征地赔偿款下来了。

刘树:哦,我说的呢!

杨阳:怎么着咱们也是老大,能多分点。刘叶他们肯定先回去,他们回去了肯定光讨好老爸。

刘树:行行行,就依你说的,明天咱们就回家。

杨阳:这还差不多。

夫妻俩相视一笑。

[场景八　室内　晚上]

刘叶知道赔偿款这件事之后也决定回家。

刘叶:什么? 赔偿款下来了?

电话里:消息准确无误,你不回来看看吗?

刘叶:我必须得回啊,要不非得让我那嫂子抢了不行。回去晚了,啥也捞不着了。

电话里:那你还不赶快收拾,早点回来,别让你那嫂子抢了先机。

刘叶:行,我这就收拾,明天还得赶早车,一会再说吧。

[场景九　家里　白天]

儿女们回到家,在饭桌上商量赔偿款如何分配。

刘树:爸,我们回来了,在哪儿忙活呢?

刘老锅从厨房里应了一声出来:哎。

杨阳:爸,我们给你买的东西,你看看。

刘老锅:你们先去看电视,我在做饭。

夫妻俩拿着东西:那我们把东西放里边。

刘叶急匆匆地回到家,看到在厨房里的老爸:哎,爸。

刘老锅:叶儿回来了,你哥和你嫂子也回来了,先去屋里。

刘叶吃惊:他们都回来了!

刘叶气冲冲地走向了屋里,看到哥嫂:哟,你们这么早就回来了。

杨阳:谁像你这么慢啊,你这当丫头的不知道早点回家,爸都这么老了,你还不快把自己嫁出去,小心没人要你。

刘叶:我还愁嫁不出去啊,哪像你,嫁给我哥这样的。

刘树:你俩说就说吧,怎么又扯上我了?

杨阳:你怎么说话呢,有你这么说你哥的吗?

一家人围坐在饭桌前吃饭。

刘叶:爸,吃这个,这个真香,真好吃。

刘老锅:你还记得你小时候最爱吃这个菜,那个时候家里穷买不起,可是你哭着喊着要吃,现在吧,条件好了,买得起了那你又不经常回来吃了。

刘叶:爸,我保证以后经常回来看你。

老锅叹了口气。

杨阳:爸,我以后也经常回来看你,下次回来我给你带个大胖孙子。

刘老锅:好好好,真好,好久没这么吃饭了。希望我们明年再添一口。

刘树:爸,小枫什么时候回来,他跟你说了吗?

刘老锅:他前两天来的电话,说这两天回来。

刘树:哦。

杨阳推搡着刘树说:你快说啊,你不说我可说了啊。行了行了,你不说我说了!爸,听说咱们家的赔偿款下来了,你打算怎么分?

刘老锅:赔偿款那几亩地是我跟你妈种的。她走了,把她这部分钱就平分给你们哥几个,你们分了就行了。

杨阳非常气愤:什么平分!我们是老大,小叶又是个姑娘,迟早要嫁出去,小枫呢,上学又花了不少钱,怎么能平均分呢?

刘叶:我是姑娘怎么了。这是我亲爸。你说你一个外来的瞎掺和什么!我觉得我爸说得挺有道理的,我同意。

俩人互相推搡。

杨阳:你同意管什么用。爸,我觉得我说的也挺有理。我们是老大,我们就应该多分点。

刘树:少说两句,少说两句。

刘树推了推杨阳,杨阳推开刘树:你起来吧你。

刘叶:凭什么你们多分?大家都是爸的孩子,一视同仁。我觉得平均分最公平!

杨阳:你说得倒轻巧,你觉得平均分公平,其实你就怕到时候分不着钱,你就想和我们一样。

刘叶:不是,嫂子你也太不把自己当外人了吧!

杨阳:有你这么说话的吗?我嫁给你哥,怎么着都得有我一份。

刘老锅生气地拍了下桌子:行了,都别吵了,还有完没完?

刘叶:爸,你这得说清楚,要不某人又该瞎想了。

刘老锅摆摆手：好了，你们吃吧，我吃饱了。

刘老锅离开了饭桌。

[场景十　室内　白天]

刘老锅：小枫，这事应该怎么办？你给爸出个主意。

刘枫：爸，这家里的事儿，我也不便参与，你说呢？

刘老锅：有什么不便参与的？这几个孩子里边数你最懂事，最心疼爸，你就拿拿意见吧，出个主意。

刘枫：爸，这得看您怎么分了。我这里没事，商量着来呗，都是一家人。

刘老锅：怎么着才能让大家满意，尤其是你大嫂，真没办法（无奈地摇头）。

刘枫：要不我去大哥那做做工作吧。大家都一家人，和和美美的不挺好吗？

刘老锅：你大哥那么怕媳妇，要我说你给你大嫂做做工作。只要你大嫂那松了口，你大哥那就不用说了。要不然你大哥给你嫂子下跪也白说。

刘枫：行，那我跟他俩一起说。爸，你觉得怎么合适我就怎么说，你看怎么样？

刘老锅：这么着，这钱的一半你们哥儿仨平分。这样也比较公平。小叶现在也没说啥，因为她也能拿到一部分钱，但最难办的还是你大哥那。

刘枫：行，我去找他说说。

[场景十一　室内　白天]

小枫来找哥嫂商量分配赔偿款的事。

刘枫：嫂子，我来找你说点事。就是前几天发生的事，爸都和我说了。别因为补偿款那点事弄得家里吵吵。

杨阳：我们哪吵吵来呀，我跟你哥都觉得我们应该多分点。怎么着我们也是老大。

刘树在另一个房间偷偷听着。

杨阳：就算是分钱，我们也得跟爸说，你瞎掺和什么？

刘枫：嫂子，咱们都老大不小了，都挣钱了。爸给咱们钱，咱就拿着；要不给咱钱，咱也说不上什么话。爸都把咱拉扯大了，老了老了，咱们应该孝敬爸才对，你说是吧？

杨阳：小枫你什么意思啊？是不是嫌我们不孝敬爸啊？

刘枫：没有，没这意思。

杨阳：你说得轻巧，你跟刘叶横竖不吃亏，当然这么说了，是我们吃亏。

刘枫：嫂子，不是我们占了便宜。这些你都想多了，这种方法是公平的。

杨阳:公平什么啊!我看爸就是偏心眼,还就是偏向你跟刘叶。你们联合起来欺负我和你哥,你跟刘叶不就想多拿点钱吗,你们说是过来跟我们商量,其实就是通知我们一声。

刘枫:嫂子,我们这种方法是按照法律来的。

杨阳:你不就是学法的吗!你们欺负我和你哥不懂法,你们联合起来吓唬我们夫妻俩。

刘枫:嫂子,你别生气,你先坐下来我们慢慢谈。

杨阳:坐什么呀坐,我不管什么法不法,我就这意见。

刘树愤怒地走了进来,指着杨阳就说:杨阳你太过分了,有你这么说话的吗?

杨阳用力推了他一把:刘树,你这个窝囊废,你都被你爸欺负成什么样了?这日子没法过了。

刘树:小枫,你先出去,我和你嫂子商量商量。

刘枫离开。

刘树说:你闹够了没有?一直都是你觉得我很窝囊,老欺负我。这次绝对不允许你再欺负我的家人。

杨阳推了刘树一把:我看你长出息了,现在敢这么欺负我,这日子没法过了。

杨阳甩手离开。

刘树:不过就不过!

刘树走出房间,对小枫说:小枫,就按你说的,咱们均分就行。

刘枫:嫂子那能行吗?

刘树:甭管她,这事儿我说了算,听我的。

[场景十二 室外 白天]

刘树、刘叶和刘枫在家里再次讨论赔偿款的分配问题,杨阳在去的路上突然肚子疼,恰巧刘老锅走了过来。

刘老锅:杨阳,你这是怎么了?

杨阳:哎哟,我肚子疼。

刘老锅:多冷啊,快回家吧,走吧!

杨阳:肚子疼得厉害。

刘老锅:树儿树儿,快出来啊。

刘树跑着赶来。

刘树：杨阳这是怎么了？

杨阳：哎呀，肚子疼得厉害。

刘树：那赶紧进屋。

兄妹三人搀扶着杨阳走进屋。

[场景十三 室内 白天]

家人们围着躺在床上的杨阳。

刘树：杨阳，现在感觉怎么样？

杨阳：哎呀，肚子疼得厉害，连路也走不了了。

刘叶：肚子疼，装什么蒜！

刘树：刘叶，你少说两句，你嫂子都疼成这样了。要不咱们去医院吧，找个医生瞧瞧。大过年的别出什么毛病。

刘枫：哥，要不这么着吧，我把大夫请到家里来，你在家里陪嫂子。

刘树：好好好，你赶紧去啊。

刘老锅拿着卡，在门外徘徊。最终决定进屋。刘叶看到了，急忙上前阻止。

刘叶：哎，爸，你这样怎么能行呢？

老锅进了屋：别为这点钱争来争去了。刘树你拿着，这是所有的钱，我那份也给你们。

刘树推搡着不要，杨阳一把卡接过来，说：谢谢爸。

刘叶：嫂子你怎么这样？爸辛辛苦苦挣的钱。

刘树：刘叶，你也别吵吵了。爸，我和小枫已经商量了，还按咱们之前说的那么分。我们兄弟几个都老大不小了，都挣钱了。你自己又没有别的收入，还是你自己留着用吧。

杨阳在旁边拉扯着刘树。

刘树推了一下杨阳：你别说了，你别说了。

刘枫带着医生进屋：哥，医生请来了。

刘树：赶紧让医生进来，你好。

医生：你好，你是病人吧，哪儿不舒服啊？

杨阳：我想吐。

医生：想吐啊，别的症状有没有？

杨阳：浑身无力。

医生：还有别的症状吗？

杨阳：吃什么都想吐！

医生：吃什么都想吐啊，我给你看一下啊。看东西想吃吗？

杨阳：也想吃，但是吃了就是老吐。

医生：这症状估计是怀孕了，有时间去我们医院查一下。

刘树：真的啊，医生？

医生：很有可能。

刘树：太高兴了，我！

医生：现在外边天气冷，多穿点衣服。平时注意休息啊，多吃点有营养的东西。行，就这样。这症状几乎是没问题，养着就行。

刘树：好，谢谢医生。

医生：不客气。

送走了医生，刘老锅说：杨阳怀孕了，以后别干重体力活，多吃点好的，注意营养。

说完离开了屋子。

家人们细心照顾怀孕的杨阳。

[场景十四　室内　晚上]

一家人开心地围坐在一起吃饭。

刘老锅：树儿这养孩子，费钱，我们这个征地款你拿五分之二，枫儿、叶儿还有我各拿五分之一，这么着，大伙都没意见吧。

三个孩子一起说：没意见。

杨阳：爸，前些年吧，我们也没回来看你。以后我们每年都会来看你，好好孝顺你。这个钱还按原先咱们说好的来分，我觉得挺好的。

刘树：咱们来敬爸一杯。

一家人其乐融融地在一起吃了顿团圆饭。

除以上规定和要求外，我们还制定了一些配套措施以规范学校的思想政治理论课实践教学工作。例如，为促进社会实践教学能够顺利实施，根据学校领导的要求和安排，从 2016 年春季开始，马克思主义学院组织了一批指导过大学生实践教学的教师编写《高校思想政治理论课分类实践教程》一书，既为学生提供了大量的社会实践选题，也对如何实施社会实践工作做了详细说明。2017 年 7 月，该书被评选为“山东省高校思想政治教育优秀成果”一等奖。为客观评价思想政治理论课实践教学成绩，思想道德修养教研室引入了让各实践小组根据自己的实践作业制作 PPT 现场答辩的方式，其中学生评委给出成绩的平均值占总成绩的 30%，指导教师评定成绩占总成绩的 30%，社会实践报告成绩占总成绩的 40%，这种成绩评价方式有效调动了大学生参加社会实践教学的积极性。为巩固社会实践教学成果，自 2013 年以来，马克思主义学院（思政部）每年年末都挑选一批优秀实践作业编辑出版《思想政治理论课实践教学文集》，这项工作直到今天依然在坚持。为鼓励学生认真对待社会实践教学工作，有的老师还做出了对入选论文集的实践作业给予社会实践成绩满分（即 20 分，按照学校政策规定本部分成绩的最高分）的规定。

“历史从不等待一切犹豫者、观望者、懈怠者、软弱者。只有与历史同步伐、与时代共命运的人，才能赢得光明的未来。”①这些规章制度有效规范了学校的思想政治理论课实践教学，实现了思想政治理论课实践教学的制度化与可操作化，调动了学生参加思政课实践教学的积极性，有效督促激励他们走出校园走进社会，实现了校园育人与社会育人的有效结合，极大地提升了思想政治理论课的教育教学质量。同时，一直坚持实施的实践教学不仅促进了地方特色资源融入思想政治理论课的速度，为实现二者的有效融合提供了多样舞台和实践机遇，而且也为学校创建思想政治理论课实践教学基地提供了有力依据，揭开了构建具有枣庄学院特色的思想政治理论课实践教学模式的序幕。

本章小结

作为对思想政治理论课教育教学的改革探索，通过何种方式把地方特色资源融入高校思想政治理论课的实践教学环节，采取什么样的组织形式和考核方式才能发挥出地方特色资源的独特作用是解决问题的关键。古人云：“工欲善其事，必先利其器。”经过多年的摸索尝试，在全院教师的不断努力下，我们不仅找到了地方特色资源融入高校思想政治理论课实践教学的方式方法（主要包括社会服务类、参观考察类、欣赏阅读类、实地调研类和微电影类等基本方式），制定实施了组织学生开展实践教学的实施细则、考核社会实践的作业形式（包括调研报告、观后感、读后感和微电影等）及相关考核要求，也实施了若干激励措施以尽可能广泛地调动学生参与实践教学，实现了政治理论学习与当地社会实际的有效结合，揭开了学校思想政治理论课实践教学的新篇章。

作为一项系统的、复杂的教育教学改革工程，一项与时俱进的社会育人工程，思想政治教育贯穿于学校教育的各个部分，思想政治教育机制是这一系统

① 习近平. 习近平谈治国理政（第 2 卷）[M]. 北京：外文出版社，2017：32.

正常运行的有效调节方式。“思想政治教育只有在立足现实生活世界而又超越现实生活世界的辩证演进中教育人、引导人、提升人、促进人的自由而全面反战，才能进一步推动整个社会的发展与进步。”[①]要做好高校思政课社会实践育人工作，还需要关注并处理好一些问题之间的关系，如校内课堂理论教学与社会实践教学的关系、地方特色资源的选择与开发保护的关系、社会实践教学与网络实践教学的关系、地方特色资源与思想政治理论课教材的理论知识点的衔接关系等，才能创造良好和谐的社会环境，才能实现理论与现实的统一，也才能增加思想政治理论课的说服力、教育力。

① 于秋佳，孟庆新，李宇. 论高校思想政治理论课“实践教学”的实施策略[J]. 经济研究导刊，2013(11)：222-223.

第六章 深化高校思想政治理论课实践教学应注意的问题

高校思想政治理论课实践教学就是调整改革传统的思想政治理论课教育教学方式，就是通过学校与社会的有效结合以实现既定的教育教学目的改革活动。林建华指出："高校思想政治理论课教学改革是一个系统工程，高校思想政治理论课本身的活力和生命力就在于持续推进教学改革。"[①]但任何教学改革都涉及影响教育教学的多方面关系，这些关系影响着教育教学环境，影响着教育教学的目的能否顺利实现，也影响着大学生能否顺利成长为社会主义事业的建设者和接班人。把地方特色资源以适当形式融入高校思想政治理论课的实践教学只是这类资源发挥作用的基本前提，要把其特色教育价值转化为社会育人功能，除离不开学校制定实施的规章制度以保证社会实践教学的良好运行，离不开教师依托地方特色资源编辑的《高校思想政治理论课分类实践教程》对学生的指导外，还需要注意一系列问题。马克思指出："人的本质不是单个人所固有的抽象物，在其现实性上，它是一切社会关系的总和。"[②]作为一项复杂的教育教学改革工程，只有注意并协调好这些问题之间的关系，才能营造良好和谐的教学氛围，才能有效调动学生参加社会实践教学，才能保证实践教学工作的有序进行，也才可能实现思想政治理论课教育教学效果的最大化。回顾我校思想政治理论课实践教学的探索历程，我们主要关注了以下基本问题。

一、关于思想政治理论课实践教学的方式问题

高校思想政治理论课的实践教学因教学场域的不同分为课堂实践教学、校园实践教学和社会实践教学三种，三者各有优缺点。由于不需要考虑学生的人身安全隐患等问题，又"有利于学生之间、师生之间交流与沟通，有利于将实践

---

① 林建华.21世纪高校思想理论课教学改革研究[M].北京：知识产权出版社，2014：222.

② 马克思恩格斯选集(第1卷)[M].北京：人民出版社，2012：139.

获得的感性体验上升为理性思考,有利于知识系统化"[①],在思想政治理论课教师紧缺和教学资源紧张的情况下,课堂实践教学发挥了较好作用。但由于教学班级多、上课学生人数多,课堂实践教学形式简单、学生热情不高、思想政治理论课教师因授课任务重等原因,注定了课堂实践教学效果的局限性。校园实践教学是课堂理论实践教学的直接延伸,虽然采取了研究讨论、原著阅读、专题辩论、案例分析、学习竞赛活动、社团活动、校园文化等诸多方式,但这种教学方式缺乏社会实践性、理论还原性和生动活泼性。校外社会实践教学采取了社会调查、生产劳动、志愿服务、专业课实习、红色旅游、公益活动等诸多方式,能够最大限度地调动起学生对此类课程的学习兴趣,但学生安全、教学经费等问题是制约校外实践教学的最大障碍。尽管各有不同的实施要求和操作方法,如何实现高校思想政治理论课的课堂实践教学、校园实践教学与校外实践教学的三者统一,构建高校思想政治理论课实践育人的长效机制,"使大学生在'生活'中进行角色、亲历性学习与精神世界建构,才能激发大学生的情感共鸣和认同动机,从而推动大学生知—情—意—信—行的层层转化"[②],仍是学者们一致研究探索的问题。在参考了唐荣双、唐鹏的观点[③]的基础上,笔者认为在把课堂实践教学、校园实践教学与校外实践教学三者有效结合的同时,也应该有所侧重。

(一)积极利用课堂实践教学环节激励学生自主学习

虽然还是由老师在教室里完成教学,但课堂实践教学却有助于实现多个变化。一是学生由过去被动接受知识变成了课堂教学的积极参与者和实践者,这一变化不仅促进了学生心理、情感的变化,也可能会引发学生接受知识的态度和自我身份的变化,有助于增加学习兴趣从而激励自己更加努力学习。二是教师由传授知识的教书匠向培养学生全面素质的指导者的变化。作为对传统课堂教学的突破与创新,许多教师力求加强教学实践环节,针对学生思维的局限性,用理论讲授撞击学生的理论思维,通过激发学生的想象力、创造力和批判力,冲击其思维中的惰性、保守性和凝固性,推动学生的主体意识、反思态度和创造精神,锻炼和提高理论思维能力。三是课堂实践教学有利于培养学生的问

① 黄爱姝.高校思想政治理论课课堂实践教学应注意的几个问题[J].学校党建与思想教育,2015(13):51-52.

② 卢昌文,石红春.地域特色文化资源融入思想政治理论课教学的价值与实现[J].高教论坛 2019(2):38-42.

③ 唐荣双,唐鹏.高校思政课实施课堂教学实践、校内实践与校外实践相结合的必要性[J].中国校外教育,2011(16):26,35.

题能力。由于课堂实践教学强化了学生主动参与、积极思考，鼓励学生参与问题的提出，参与问题的讨论，参与问题的研究解决，有利于学生用谨慎的态度对待现有知识和现成观点，有利于提高学生提出问题、发现问题和解决问题的能力，也有利于增强学生的分析判断能力。四是有利于培养学生思维能力。尽管只是一种简单实践，但课堂实践教学也突破了传统的教学模式，给学生提供了讨论教师传授教材知识的真伪的机会，有助于培养学生的发散思维和创新思维能力，更有助于培养学生的自主性学习。

（二）积极借助校内实践教学拓展深化理论学习

作为课堂理论教学的扩展延伸，思想政治理论课校内实践教学，“就是按照思政课的教学目标和任务，在校园里面实施的不同于课堂理论教学的教学形式，从而让学生在活动参与、实践锻炼、亲身体验、环境熏陶中加深对马克思主义理论的认同”[①]。大学校园内既有博学多识的教师，也有丰富多样的图书资料，还有众多思维活跃随时随地可以切磋、交流、探讨、辩论的学习伙伴。这些丰富的校内资源既是“实现思想政治理论课实践教学最便利的资源，也是思想政治理论课实践教学质量的主要保证，它应该成为学校实践教学资源建设与整合利用的重点”[②]。借助这些资源开展的校内实践教学有助于拓展和深化课堂理论教学。尽管是一种间接的社会实践形式，但校内社会实践也可以帮助大学生加深对所学思想政治理论的理解认识，体验学习道德理论知识、学习法制理论知识的重要性、必要性、迫切性，感受到自身的知识和能力的不足，从而进一步激发学习的热情。学生论坛、师生共同研究等实践形式不仅拓展了学生的理论知识和社会视野，也有助于促进提高教师的科研能力和管理水平，丰富教师的教学能力和教学经验。

（三）充分利用校外实践教学增加感情

校外实践教学既是让学生把所理论与客观实际相结合的有效方式，也是加深学生民族情、国家情、增强服务社会、服务群众的责任感的有效方式。因为“别具一格地域特色文化资源，以真实的地方情境为支撑，能为教育主客体创设身临其境的‘现实感’与近在咫尺的‘亲和力’，这对思政课的吸引力与感染力、

---

① 郭超，汪一江．论高校思政课校内实践教学资源的系统整合[J]．江汉大学学报（社会科学版），2015(5)：109-112，127．

② 汪洪，叶芃，舒先林．论思想政治理论课实践教学资源整合利用的原则[J]．武汉工程大学学报，2008(6)：35-38．

针对性与实效性的提升具有重要价值。而对价值的审视与追问，是科学研究的原初动力”[①]。通过社会服务类、参观考察类、阅读欣赏类、实地调研类、微电影类等社会实践教学形式，让学生走进枣庄地区的特色农村、特色山地、特色城市区域、特色企业、特殊关爱群体场所、历史文化、历史遗迹、历史名人、当代名人、红色文化及红色场馆、民间文化等地方特色资源，帮助大学生理解马克思主义实现中国化的必要性与可能性，理解中国特色社会主义理论的科学性与实践性，理解中国特色社会主义事业的崇高性与艰巨性，才能引导广大青年学生“正确认识时代责任和历史使命，用中国梦激扬青春梦，为学生点亮理想的灯、照亮前行的路，激励学生自觉把各人的理想追求融入国家和民族的事业中，勇做走在时代前列的奋进者、开拓者；正确认识远大抱负和脚踏实地，珍惜韶华、脚踏实地，把远大抱负落实到实际行动中，让勤奋学习成为青春飞扬的动力，让增长本领成为青春搏击的能量”[②]。

二、关于实践教学资源选择与学生安全的关系问题

习近平总书记指出：“中华优秀传统文化是我们最深厚的文化软实力，也是中国特色社会主义植根的文化沃土。每个国家和民族的历史传统、文化积淀、基本国情不同，其发展道路必然有着自己的特色。一个国家的治理体系和治理能力是与这个国家的历史传承和文化传统密切相关的。”[③]所以，把活生生的社会现实与高校思想政治理论课教学相结合，把那些能够传承人类文明、启发人的思想和引领社会道德风尚的地方特色资源融入高校思想政治理论课的实践教学中，一定程度上发挥了地方特色资源的教育教学价值，实现了思想政治理论课教学的生动化、现实化、实践化，也促进了地方历史文化、地方历史遗迹、地方历史名人、地方当代名人、地方红色文化及红色场馆、地方民间文化等地方特色文化资源的特定价值的继承发扬，为弘扬中华传统文化进行了有益探索。为更好地服务于高校思想政治理论课实践教学，调动大学生学习的积极性和创造性，我们在选择地方特色资源时应坚持以下基本要求：

（一）要选择具有丰富教育内涵的地方特色资源

作为一个有效促进高校思想政治理论课实践教学的地方历史、人文、自然、

① 卢昌文，石红春．地域特色文化资源融入思想政治理论课教学的价值与实现[J]．高教论坛，2019(2)：38-42.

② 习近平．习近平谈治国理政(第2卷)[M]．北京：外文出版社，2017：378.

③ 习近平．历史是最好的老师[N]．人民日报(海外版)，2014-10-14(1).

教育和发展资源的集合体，尽管地方特色资源表现为“地方物质文化，如历史遗址、遗迹、村落建筑、名人故居、革命纪念地、档案馆、地方企业和民间资料等；地方精神、制度文化和思想文化，如地方民俗、地方文化品牌、地方企业文化等；地方现实发生的事件和有影响的人物事迹等”[①]诸多形式，但思想政治理论实践教学的思想性和教学时间的有限性，注定了我们必须对地方特色资源进行针对性选择，而不能把所有的地方特色资源都融入思想政治理论课的实践教学之中。一般而言，要选择那些既能引起学生兴趣又蕴含丰富教育价值的地方特色资源作为实践教学的对象，才能既受到大学生的欢迎，又取得显著教育效果。例如，在对枣庄地区特色山地资源的选择上，我们选择了山亭区的抱犊崮作为实践教学对象。抱犊崮不仅是“民国第一案”——“临城劫车案”的发生地，还是鲁南第一个农村党支部、第一支抗日武装、第一个县级红色抗日民主政权的诞生地，还是苏鲁支队、运河支队、鲁南支队等著名抗日武装的指挥机关所在地及大后方。抱犊崮附近的北庄镇双山涧村建有八路军抱犊崮抗日纪念园，是一处以红色革命历史教育培训、弘扬爱国主义精神、党的群众路线教育实践活动为主题的教育性纪念园。我们既考虑到了抱犊崮的观赏价值，更考虑其在中国近现代革命史上的特殊作用，才选择了抱犊崮作为实践教学基地，受到大学生们的一致好评。

（二）在选择社会实践教学资源时一定要结合大学生的兴趣

兴趣是打开知识大门的金钥匙。孔子说过：“知之者不如好之者，好之者不如乐之者。”爱因斯坦指出：“兴趣是最好的老师。”为培养和调动大学生学习思想政治理论课的兴趣，我们不仅改革了课程考核方式，使用了多媒体教学设备并借助了视频、录像和电影等资料提升课堂效果外，还特别在实践教学环节采取了教师引导、学生主导的教学方式，实现了把大学生的兴趣爱好与社会实践教学的有效结合。我们的基本做法体现在：一是在社会实践学提问题上，在带队教师指导下，由大学生实践小组经讨论后根据兴趣选择社会实践选题；二是在确定社会实践教学的地点问题上，由大学生实践小组根据他们的意愿确定社会实践教学地点；三是在答辩环节上，由大学生实践小组自己制作 PPT 答辩并自主决定答辩人。通过包含丰富多样影音、图像的多媒体教学手段实现教学内容的多样化、精彩化，增强学生的学习兴趣；通过调研农村、城市社区、地方特色

---

① 刘芳.“双融双通”视域下的地方特色资源在思政课教学中的运用[J].教育与职业，2014(36)：123-124.

企业、参观红色场馆、访问社会名人等社会实践活动，增强了教学的针对性和现实性，为解除学生心中的多样困惑提供了实践机遇，有助于学生全面理解“中国的今天是从中国的昨天和前天发展而来的。要治理好今天的中国，需要对我国历史和传统文化有深入了解，也需要对我国古代治国理政的探索和智慧进行积极总结”①的特殊含义，也促进了学生间的交往交流，加深了彼此间的友谊。

（三）一定要注意大学生社会实践教学安全问题

由于自身的社会经验不足、安全意识较薄弱、安全防范技能不强和法制意识淡薄等原因，且在参加社会实践过程中需要面对诸多的不确定性因素，大学生的社会实践教学安全一直是一个比较敏感的话题。“大学生社会实践安全，即大学生参加各种社会实践活动过程所涉及的交通、财产、投宿、野外、交友、疾病预防、滋扰防范、饮食等方面的安全。”②一般来说，大多数大学生的思想比较单纯，看待问题的角度比较单一，明辨是非的能力不强，容易上当受骗；在复杂的社会环境中，理性有限的他们遇到突发事件时往往容易冲动，可能会导致一些不良后果，甚至给其家庭和学校造成无法弥补的损失。学生安全大于天。大学生参加社会实践往往需要他们离开学校，深入到工厂企业、城市社区、农村田野、红色场馆等基层地方。为确保大学生社会实践安全，从学校层面而言，不仅要明确责任，形成相应管理机制，制定相应的安全防范措施，也要有计划、有针对性地对大学生进行安全防范教育，特别是要针对大学生在社会实践过程中可能面对的各种安全隐患，通过多种方式进行教育，提高大学生的防范意识和技能。大学生自身也应切实增强安全意识，提高安全防范技能，才能防患于未然。

三、关于思想政治理论课的网络实践教学问题

当今社会已进入网络化时代，把网络技术与思想政治理论课实践教学结合起来，创新思想政治理论课实践教学方式，实现网络实践教学已成为适应社会发展的必然选择和有效手段。“创新是一个民族进步的灵魂，是一个国家兴旺发达的不竭动力，也是中华民族最深沉的民族禀赋。”③作为现代网络技术和现代教学媒体设备在思想政治理论课领域的具体运用，“思想政治理

① 习近平．历史是最好的老师[N]．人民日报（海外版），2014-10-14(1).

② 陈爱民．大学生社会实践过程中的安全问题及应对措施[J]．梧州学院学报，2013(2)：89-92.

③ 习近平．习近平谈创新[N]．人民日报（海外版），2016-03-01(1).

论课网络实践教学，又被称为思想政治理论课虚拟实践教学，是借助计算机网络信息技术而产生的一种新的教学模式。思想政治理论课网络实践教学一般包括网上自主学习、网上师生互动、网上考核评价、网上问卷调查等教学内容和形式"①。这种教学方式通过运用互联网技术和现代设备，使思政教育集动态与静态，课堂内外、线上线下于一体，把实践教学的情境放置于立体复杂的虚拟"社会现实"中，打破了传统的相对固化隔离的功能性预设分区，不仅构建了与学生相互信赖、畅通交流的渠道，形成互动参与和良性反馈相结合的增进模式，也增强了学生在真实与虚拟切换参与的情绪体验，吸引了学生的注意力，提高了学习兴趣，拓宽了实践教学的空间场所，实现了实践教学对课外和校外的延伸，有助于缓解各高校普遍存在的实践教学经费不足的问题。当然，因为拥有"三最"（最快、最广、最直接）、"三无"（无法律、无国界、无法管制）和"四全"（全球性、全民性、全时段、全媒体）等诸多优点，互联网突破了传统意义上的意识形态管理体制，这就要求我们在进行网络实践教学时应注意以下基本问题。

（一）要注意发挥思想政治理论课网络实践教学的优越性

与常规的思想政治理论课实践教学相比较，互联网与思想政治理论课结合后，这类实践教学具有很多优越性，我们要注意发挥以下优越性。一是网络实践教学内容的开阔性。网络实践教学不仅向学生提供了与教材相关的学习内容，还提供了一个集工具软件、教学课件、教学图片、动画、文字、声音、视频等学习要素融为一体的海量信息库，这就使得原本枯燥的书本知识变得形象生动、立体多样起来，使该课程更具吸引力。二是网络实践教学过程的自主性。在传统的教学过程中，由于教师占有经验与信息较多，往往在教学中处于主体性地位，在教学活动的每个环节中具有掌控权。思想政治理论课网络实践教学改变了这种传统的师生关系，教师由学生知识的灌输者、管理者转变为迎接新挑战的学习者，由教学活动的主导者转变为学生学习过程中的引导者，而学生则由知识的被动接受者转变为掌握知识的探索者。丰富动态的教学内容、平等和谐的教学氛围，使学生逐渐成为教学活动的主体和自主学习的中心。三是网络实践教学形式的交互性。借助互联网和高科技设备搭建的网络互动平台，不仅实现了教学方式由传统的"老师被动地讲、学生被动地学"的单向静止教学方式向"师生互动交

① 韩影，卜运安，柳叶. 关于高校思想政治理论课网络实践教学模式的思考[J]. 理论观察，2016(5)：162-163.

流"双向互动的运动教学方式转变,也有效增强了课程的精彩度和感召力。

(二)要把教师的主导性和学生的主体性有效结合起来

尽管教师不像在传统教学中那么重要和突出,但在网络实践中依然离不开教师的指导帮助。教师既要培养学生掌握知识的能力,帮助学生获得信息、选择信息、处理信息,也要帮助和引导解决学生学习过程中出现的知识性、技术性、伦理道德等困惑以及情感、人际交往等方面的问题,教师的主导作用依然不可忽视。当然,我们也不能忽视学生的主体性作用。由于网络的开放性和知识的多样性、色彩性,教师的"二传手"角色被弱化了,如何帮助学生形成正确的学习态度、方法成了任课教师的最主要任务,教师更多地扮演着顾问、向导和导演的角色。"做好高校思想政治工作,要因事而化、因时而进、因势而新。"①思想政治理论课教师只有适应社会新形势的变化,有效掌握"利用 QQ、BBS、博客、微博、Email 或其他网络虚拟空间等媒介,体验、处理、制作和创新实践教学内容,实施网络虚拟实践,达到感性与理性认知相融通,完成教学目标的实践活动"②,才能有效调动学生的主观能动性,才能及时解除学生思想上的困惑、偏差和错误,才能更好地教育和引导学生立鸿鹄志,做奋斗者。

(三)要提升大学生的网络安全意识

尽管互联网技术改变了人们的行为方式和思维方式乃至社会结构,但由于各种信息良莠不齐,互联网也对大学生的思想观念、思维空间、价值取向、行为方式等方面产生了负面影响,"易于导致价值冲突的加剧和价值选择的困惑、影响他们的是非判断和行为选择、易于导致道德人格的缺失以及情感的冷漠,影响他们的身心健康"③。大学生上网行为的无序化不仅容易导致其价值观的多元化,也挑战了当今社会的主流价值观,增加了思想政治教育的风险难度。因此,思政课开展网络实践培养学生思想政治理论素质的同时,也应该建立网络信息管理的监控机制,强化网络安全管理,提高思想政治教育者的网络把关意识,提升学生处理信息、明辨是非以及免疫信息的能力,积极引导大学生以正确、积极、健康的思想,自觉抵制各种网上错误思潮,不在网上散布谣言,不在网上散布、发表有损学校的言论,不在网上侮辱或者诽谤他人,不散发垃圾邮件,

---

① 习近平.习近平谈治国理政(第2卷)[M].北京:外文出版社,2017:378.

② 庞超.新时代高校思想政治理论课网络实践教学体系的构建与完善研究[J].山西高等学校社会科学学报,2019(3):55-58.

③ 胡斌.论互联网对大学生的消极影响及应对[J].科技信息(学术研究),2007(30):63,65.

不制作和传播计算机病毒；对大学生开展上网心理健康教育，增强学生上网的法律意识、责任意识、政治意识、自律意识和安全意识，树立良好的网络道德，树立网络安全意识，加强自我保护，才能切实减少互联网的负面影响，当代大学生也才能健康顺利地成长。

四、关于思想政治理论课的微电影实践教学问题

微电影类实践教学法是一种通过在实践教学过程中创作、拍摄微电影，发挥微电影的美育功能，从而增强教学环节的吸引力和感染力，以达到提高教学效率和提升育人质量的教学方法。随着互联网技术和数字技术的快速发展，微博、微信、微电影等新媒体的不断出现，特别伴随着“00后”逐渐成为大学校园的主体，微电影实践教学已成为思想政治教育的崭新载体。由于“可以通过在银幕上、屏幕上塑造出的许多鲜明的艺术形象去感染人、陶冶人、教育人，引导广大青年学生追求特定的价值目标，树立人生理想等问题”①，微电影实践教学不仅符合年轻人的心理需求，也容易激发大学生的学习兴趣，使教育工作变得更加轻松自然，更有利于提高思想政治的教育效果。面对移动互联网技术的发展以及智能手机、平板电脑等便携式移动终端的普遍使用，微电影在思想政治教育的作用绝不容忽视。在“大众传媒及其媒介在思想政治教育中的作用，越来越引起世界各国的重视，作为政治社会化的非同寻常的手段，它在思想政治教育中将发挥越来越重要的作用”②的时代，为把德育与智育、体育、美育有机结合起来，寓教育于文化活动之中，我们必须借助并发挥高科技的优势，增强高校思想政治理论课教育教学工作的针对性和实效性。基于前期实践的基础，我认为在使用微电影实践教学时必须注意以下基本问题。

（一）要注意微电影实践教学的思想性

要让微电影成为高校思想政治教育的有力武器和有效载体，一方面要调动大学生的积极性和创造性，鼓励引导他们把诚信感恩、团结奉献、学风建设等作为教育主题，注意把发生在他们身边的优秀人物、感人事件拍摄为微电影，以实现启迪心灵、引人深思、催人奋进和弘扬民族精神的效果；另一方面，在拍摄微电影时，要防止内容的低俗化。我们必须始终坚持以社会主义核心价值观为指

---

① 姜思哲，付珊，赵杰. 影视文化对当代大学生思想政治教育的影响和对策[J]. 教书育人，2010(6)：86-87.

② 王瑞荪. 比较思想政治教育学[M]. 北京：高等教育出版社，2008：148.

导，对互联网上的微电影进行甄别筛选、分类整理，注重挖掘宣扬集体主义、爱国主义、优秀民族传统、创新创业创优的主旋律，要坚持主流价值观和健康的审美观，迎合大众主流品味，大力弘扬主旋律教育，一定要杜绝历史虚无主义，享乐主义以及触动道德底线的内容出现在微电影中。另外，微电影题材既要形式多样化，也要关注人民生活，更要聚焦社会热点，坚持走近大学生生活的基本准则，这不仅有利于微电影的健康发展，对于高校思想政治教育也有着非凡的教育意义。

（二）要注意不断提升微电影的制作水平和质量

一般而言，微电影的播放时间比较短，要在有限的时间内表达出特定的思想内涵，植根于本校的校园文化，紧紧抓住学生的关注点，善于挖掘、制作、播放具有较好创意并且富含思想性的微电影，才能吸引大学生的眼球，才能使人观后念念不忘，也才能提高自己的思想觉悟。这就要求在微电影教学组织上，“有针对性地对大学生进行成才教育，引导学生理性认识成才的文化环境和内在条件，认识到各个人生阶段的特点，激发学生的学习积极性，引导他们走立志成才的道路”[①]。这就要求学校举办提升教师信息素养和新媒体制作能力的培训班，使教师能够适应新型传播技术给思政课带来的革新。通过开设有关视频制作的公共课程，让学生在课堂上学习微电影制作的理论知识和操作技术；通过举办全校性的思政课微电影比赛、微电影展播活动等方式，利用校园网络和微信公众平台等渠道进行广泛传播，使思想政治理论课微电影成为校园文化传播的一种重要载体。在教学内容上，微电影的主题一定要有问题意识，要将这一问题用于分析现实生活并以视频形式展现出来。一定要充分挖掘本地区、本学校的文化资源，促进思想政治教育与自身办学特色的相结合，才能有效提升思政课教学的现实性和生动性。

（三）要注意搭建微电影交流和互动平台

让思想政治教育内容以多样形式展现在大学生面前是微电影发挥作用的基础，搭建微电影交流和互动平台则是发挥其殊教育作用的关键。我们认为以下三条思路可供尝试。一是探索建立互动交流的课堂教学模式。“教师做的是传播知识、传播思想、传播真理的工作，是塑造灵魂、塑造生命、塑造人的工

---

① 姜思哲，付珊，赵杰．影视文化对当代大学生思想政治教育的影响和对策[J]．教书育人，2010(6)：86-87.

作。"[①]微电影教学一定程度上摆脱了教室的束缚，学生可以在实践中感悟真知，老师与学生、学生与学生之间通过网络建立对话式的教学模式，面对问题大家共同参与解决。二是借助高校思政网站、党建网站等红色网站上的微电影，加强对主流微电影的宣传和推介，帮助大学生明确努力方向、树立奋斗目标，增强学习动力。三是发挥微电影短小精悍、易于传播的特点，利用食堂、体育场、电梯等设施中所设立的屏幕，不间断循环播放，有效利用大学生的碎片化时间。为加强学生的实践操作能力，为让学生毕业后快速融入社会，高校也应该建立专业的微电影工作室。

五、关于地方特色资源与知识点的对接问题

把思想政治理论课教材的知识点与地方特色资源有效对接起来，既是把枣庄的特色农村、特色山地、城市特色、特殊关爱群体场所等地方特色资源，把枣庄的历史遗迹、历史名人、当代名人、红色文化、红色场馆和民间文化等地方特色文化资源，有效融入实践教学环节的过程，是实现实践教学基地的本地化、教学资源的当地化和教学计划的系统化的过程，也是学习和借鉴历史为实现一个民族、一个国家的更好发展的过程。因为"历史，总是在一些特殊年份给人们以汲取智慧、继续前行的力量"[②]。"历史研究是一切社会科学的基础，承担着'究天人之际，通古今之变'的使命。世界的今天是从世界的昨天发展而来的。今天世界遇到的很多事情可以在历史上找到影子，历史上发生的很多事情也可以作为今天的镜鉴。重视历史、研究历史、借鉴历史，可以给人类带来很多了解昨天、把握今天、开创明天的智慧。"[③]"一个国家、一个民族要振兴，就必须在历史前进的逻辑中前进、在时代发展的潮流中发展。"[④]

为实现这一目的，自本部门决定推行思想政治理论课实践教学时，我们就开始关注这项工作。2014 年 11 月，山东省委高校工委招标课题"推进墨家文化融入高校思想政治理论课教育教学"的获批立项，最终把这项工作由设想变为了现实。经过不断努力，我们在这方面有了很大收获。以墨家文化为例，我们不仅找准了二者的对接点（参照 2018 版教材），还出版了《墨学精粹与思想政治教育》（张昌林等主编，江西人民出版社 2017 年版）的校本读物；

① 习近平. 全面贯彻落实党的教育方针努力把我国基础教育越办越好[N]. 人民日报，2016-09-10(1).
② 习近平. 出席博鳌亚洲论坛 2018 年年会开幕式并发表主旨演讲[N]. 人民日报，2018-04-11(1).
③ 习近平. 致第二十二届国际历史科学大会的贺信[N]. 人民日报，2015-08-24(1).
④ 习近平. 出席博鳌亚洲论坛 2018 年年会开幕式并发表主旨演讲[N]. 人民日报，2018-04-11(1).

既有序推进了思想政治理论课的实践教学工作，也了解了枣庄市地方特色资源的存在状况，为保护和开发这些资源掌握了第一手资料。根据《墨学精粹与思想政治教育》，墨家优秀文化与高校思想政治理论课相关知识点的对接如表 6-1 所列。

表 6-1　墨家优秀文化与高校思想政治理论课相关知识点的对接表

墨家思想	内容要点	现代价值	对应章节
唯物论	非命；时空；“宇”“久”；“力，刑之所以奋也”；“力，重之谓”；“宇，即域徒”；时空统一于物体运动	蕴含着朴素唯物主义思想	《原理》第一章第一节 世界多样性与物质统一性
辩证法	别同异，明是非；摹略万物之然，论求群言之比。以名举实，以辞抒意，以说出故。以类取，以类予	体现了辩证理论思维和辩证逻辑思想	《原理》第一章第二节 事务的连休发展
认识论	亲知、说知、闻知；闻、说、亲、久、名、实、合、为；三表或三法	具有经验主义和实证精神；重视对主体自身认识能力的分析和把握；强调理性认识的突出作用	《原理》第二章第一节 认识与实践
伦理道德思想	主张“兼相爱、交相利”，义利统一；对等互报，普遍相爱；反对“别相恶、交相贼”	提出社会和谐；强调社会公德、职业道德与家庭美德建设	《概论》第十一章第一节 全面建成小康社会；《基础》第五章 明大德 守公德 严私德
经济思想	只有“兼相爱、交相利”“利民”，才能除“三患”，达“三务”；“强本”“节用”“节葬”“非乐”	提出劳动创造财富、建立节约型社会思想；提出科学发展、可持续发展问题	《基础》第四章 践行社会主义核心价值观；《原理》第三章 人类社会及其发展规律；《概论》第九章 坚持和发展中国特色社会主义总任务
未来社会构想	形政治，万民和，国家富，财用足；百姓皆得暖衣饱食，便宁无忧	阐发了理想社会的基本特征	《基础》第一章第三节 在实现中国梦的实践中放飞青春梦想；《原理》第七章 共产主义是人类最崇高的社会理想

表 6-1(续)

墨家思想	内容要点	现代价值	对应章节
军事外交思想	非攻;兴利除害;积极防御思想、正义战争	对制定国际战略和外交政策具有启发意义	《基础》第三章 弘扬中国精神;《概论》第十二章 全面推进国防和军队现代化,第十三章 中国特色大国外交;《纲要》第六章 中华民族的抗日战争
科技思想	提出不少物理学概念和定理;给出一系列数学概念和命题	对科教兴国、人才强国战略有借鉴意义	《概论》第十章第三节 推动社会主义文化繁荣;《原理》第三章第二节 社会发展的动力的"科技在社会发展中的作用"知识点
政治思想	尚贤;尚同	提出了朴素的民主思想和平民社会主义思想	《概论》第十章第二节 发展社会主义民主政治,第四节 坚持在发展中改善民生
法治思想	天为法则,相爱相利;法与道德相辅相成	提出了立法原则和守法思想	《概论》第十一章第二节 全面依法治国;《基础》第六章 尊法学法守法用法

注:《基础》即《思想道德修养与法律基础》;《概论》即《毛泽东思想和中国特色社会主义理论体系概论》;《纲要》即《中国近现代史纲要》;《原理》即《马克思主义基本原理概论》。

当然,我们需要探讨研究的问题还有很多,如如何满足学生的求知欲与安全性的关系、如何处理实践教学的形式与提高大学生综合能力的关系等。总之,作为一项系统复杂的育人工程,尽管思想政治理论课实践教学因其课程的特殊性,教师责任重大,必须发挥主导作用,但这一教学活动还涉及教学经费、教学计划、实践教学成果的巩固等问题。"问题就是时代的口号,是它表现自己精神状态的最实际的呼声。"[①]推进思想政治理论课教学改革是高校思想政治教育工作者不断探索和研究的课题。我们只有树立问题意识,始终坚持理论性和实践性相统一,在教学实践中不断探索和寻找解决问题的方法路径,不断创新高校思想政治理论课实践教学的方式方法,并建立与社会发展相适应的互动体系,实现思想政治理论课实践教学的科技化、时代化,才能促进思想政治理论课教育教学质量的不断提高,为实现国家繁荣富强培养出更多的具有理想远大、

① 马克思恩格斯全集(第 40 卷)[M],北京:人民出版社,1982:289-290.

信念坚定的社会主义的建设者与接班人。

本章小结

特定的课程性质决定了思想政治理论课程的特殊使命，特定的时代又赋予了思想政治理论课以特殊的责任。林建华指出："高校思想政治理论课要对历史负责、对未来负责、对大学生负责，要重视培养大学生的祖国情怀、道德情怀、人文情怀、社会情怀。"[①]我们要承担起这份使命与责任，就必须正确认识高校思想政治理论课实践教学改革问题，妥善处理教学改革中的各种矛盾和关系问题，才能为高校思想政治理论课教育教学营造和谐良好的环境，也才能推动这项工作的有序进行。尽管解决这些矛盾的道路并不是一帆风顺的，甚至还有可能付出巨大代价，但我们必须把握当前社会的新变化、新挑战，适应当代大学生的新变化、新要求，"运用新媒体新技术使工作活起来，推动思想政治工作传统优势通信息技术高度融合，增强时代感和吸引力"[②]，综合运用灵活多样的教学方法，增强思政课教学的生动性、理论性和深刻性。

当然，社会发展无尽头，课程改革无止境。作为对大学生进行思想政治教育的主渠道、主阵地、主课堂，高校思想政治理论课教学改革是一个动态的、与时俱进的过程，是一项系统工程，需要我们以社会主义核心价值观为指导，努力把握课程的本质要求和发展方向，以高度的历史责任感和政治责任感推进高校思想政治理论课教育教学改革。我们必须"坚持在改革中加强，提升思想政治教育的亲和力和针对性，满足学生成长发展需求和期待，其他各门课都要守好一段渠，种好责任田，是各类课程与思想政治理论课同向同行，形成协同效应"[③]，才能为中国特色社会主义事业培养合格的建设者和可靠的接班人。

---

① 林建华. 21 世纪高校思想理论课教学改革研究[M]. 北京：知识产权出版社，2014：218.

② 习近平. 习近平谈治国理政(第 2 卷)[M]. 北京：外文出版社，2017：378.

③ 习近平. 习近平谈治国理政(第 2 卷)[M]. 北京：外文出版社，2017：378.

结　语

自从中国共产党成立以来，我们党就高度重视思想政治工作，并赋予其“生命线”的特殊地位。1932 年 7 月 21 日，中共中央在《给中区中央局及苏区闽赣两省委信》中明确提出了“政治工作在红军中有决定的意义”，“必须充实现有军队中的政治工作，实现中央政治工作条例，政治工作不是附带的，而是红军的生命线”。[①] 在之后的革命年代里，周恩来提出了“政治工作是红军的生命线”，“以革命主义为基础的革命政治工作是一切革命军队的生命线和灵魂”[②]的思想；谭政在《关于军队政治工作问题的报告》中提出了“政治工作是我们军队的生命线，无此则不是真正的革命军队”[③]的思想，毛泽东在修改这篇报告时又加上了“共产党领导的革命的政治工作是革命军队的生命线”的论述。新中国成立后，在进一步揭示了政治思想工作与社会主义经济工作的本质联系的基础上，毛泽东又提出了“政治工作是一切经济工作的生命线，在社会经济制度发生根本变革的时期，尤其是这样”[④]等重要思想。尽管 1966—1976 年，我国的各项事业都受到不同程度的冲击，但 1981 年 6 月召开的中共十一届六中全会通过的《关于建国以来党的若干历史问题的决议》，再次明确并强调了“思想政治工作是经济工作和其他一切工作的生命线”。

改革开放是我们党在新的历史条件下带领人民进行的新的伟大变革。自改革开放以来，我们党继承并进一步发展了这一思想。邓小平不仅反复强调加强思想政治工作的重要性，要求“两手抓，两手都要硬”，还提出了“改善党的领

① 中央档案馆，中共中央文献研究室. 中共中央文件选集(1932—1933)[M]. 北京：中央党校出版社，1985：269.

② 中共中央文献编辑委员会. 周恩来选集(上卷)[M]. 北京：人民出版社，1980：93.

③ 中共中央党校毛泽东思想研究室. 思想政治工作文献汇编[M]. 北京：中共中央党校出版社，1989：49.

④ 中共中央文献研究室. 毛泽东文集(第 6 卷)[M]. 北京：人民出版社，1999：449.

导，其中最主要的，就是加强思想政治工作”[①]的思想。特别在 1989 年 3 月 23 日，他进一步指出：“我们最近十年的发展是很好的。我们最大的失误是在教育方面，思想政治工作薄弱了，教育发展不够。我们经过冷静考虑，认为这方面的失误比通货膨胀等问题更大。最重要的一条是……应该保持艰苦奋斗的传统。坚持这个传统，才能抗住腐败现象。所以要加强对人民进行思想政治工作，提倡艰苦奋斗。这是中国从几十年的建设中得出的经验。”[②]党的十三届四中全会后，以江泽民同志为核心的党中央提出了“党的思想政治工作，是经济工作和其他一切工作的生命线，是团结全党和全国各族人民实现党和国家各项任务的中心环节，是我们党和社会主义国家的重要政治优势”[③]的思想。党的十六大后，面对前所未有的机遇和挑战，面对复杂的国内外形势，以胡锦涛为总书记的党中央从时代高度审视思想政治建设，提出了“意识形态领域历来是敌对势力同我们激烈争夺的重要阵地，如果这个阵地出了问题，就可能导致社会动乱甚至丧失政权”[④]的思想。

党的十八大以来，以习近平同志为核心的党中央既赋予了思想政治工作新内涵，也对高校思想政治工作提出了新要求。在 2016 年 12 月 7—8 日召开的全国高校思想政治工作会议上，习近平总书记指出：“思想政治工作从根本上说是做人的工作，必须围绕学生、关照学生、服务学生，不断提高学生思想水平、政治觉悟、道德品质、文化素养，让学生成为德才兼备、全面发展的人才”；“高校思想政治工作关系高校培养什么样的人、如何培养人以及为谁培养人这个根本问题。要坚持把立德树人作为中心环节，把思想政治工作贯穿教育教学全过程，实现全程育人、全方位育人，努力开创我国高等教育事业发展新局面。”习近平总书记指出了高校教师的作用：“教师是人类灵魂的工程师，承担着神圣使命。传道者自己首先要明道、信道。高校教师要坚持教育者先受教育，努力成为先进思想文化的传播者、党执政的坚定支持者，更好担起学生健康成长指导者和引路人的责任。”[⑤]在 2019 年 3 月 18 日召开的学校思想政治理论课教师座谈会上，习近平总书记又指出：“思政课作用不可替代，思政课教师队伍责任重大。”“办好思想政治理论课关键在

① 邓小平. 邓小平文选(第 2 卷)[M]. 北京：人民出版社，1994：365.

② 邓小平. 邓小平文选(第 3 卷)[M]. 北京：人民出版社，1993：290.

③ 江泽民. 江泽民文选(第 3 卷)[M]. 北京：人民出版社，2006：74.

④ 中共中央文献研究室. 十六大以来重要文献选编(中)[M]. 中央文献出版社，2011：318.

⑤ 习近平. 习近平谈治国理政(第 2 卷)[M]. 北京：外文出版社，2018：377、376、379.

教师，关键在发挥教师的积极性、主动性、创造性。”[①]他还对思想政治理论课教师提出了“三可（可信、可敬、可靠）、三为（乐为、敢为、有为）、六要（政治要强、情怀要深、思维要新、视野要广、自律要严、人格要正）、八统一（坚持政治性和学理性相统一、坚持价值性和知识性相统一、坚持建设性和批判性相统一、坚持理论性和实践性相统一、坚持统一性和多样性相统一、要坚持主导性和主体性相统一、坚持灌输性和启发性相统一、坚持显性教育和隐性教育相统一）”[②]的具体要求。这既为新时代下的思政课教学改革创新指明了方向，也为思政课教师提供了行动指南。

思想政治理论课教师在教育教学中发挥了主导作用。“所谓教师之主导作用，盖在善于引导启迪，俾学生自奋其力，自致其知，非谓教师滔滔讲说，学生默默聆听。”[③]正是由于思政课教师的无私奉献，才促进了思想政治教育教学水平的不断提高，才为学生点亮了理想的灯、照亮了前行的路，不断激励广大青年学生成为社会的奋进者、开拓者。当今社会的剧烈变化赋予了思想政治理论课更高的使命，即使思想政治理论课教师面临着严峻挑战，也把教师变成了学习者、引导者、研究者、设计者、合作者、辅导者。作为一个动态的社会变化过程，教师角色的转变是社会发展的要求，是教育改革的要求，也是促进学生身心和谐发展的要求。在“我们比历史上任何时期都更接近中华民族伟大复兴的目标，比历史上任何时期都更有信心、更有能力实现目标”[④]的阶段，思想政治理论课教师必须正确理解并积极承担多样社会角色，必须坚持“以教师为主导、以学生为主体”的导向，坚持继承与创新、统一性与灵活性相结合，坚持育人功能与知识功能相结合，必须聚焦社会现实，实现与时代同行、与国家同行、与社会同行和与广大青年同行，让马克思主义理论以灵活形式进教材、进课堂、进头脑，才能形成高校思政课教育教学的新合力，才能不辜负党和人民的期望，才能不辜负我们这个伟大时代，才能培养更多担当民族复兴大任的合格人才。

本书以地方特色资源为研究主题，以地方特色资源融入高校思想政治理论课的实践教学为研究目标，既是对枣庄学院探索思想政治理论课实践教学改革的分

---

① 习近平.用新时代中国特色社会主义思想铸魂育人 贯彻党的教育方针落实立德树人根本任务[N].人民日报，2019-03-19(1).

② 习近平.用新时代中国特色社会主义思想铸魂育人 贯彻党的教育方针落实立德树人根本任务[N].人民日报，2019-03-19(1).

③ 叶圣陶.叶圣陶语文教育论集[M]北京：教育科学出版社，2015：725.

④ 习近平.习近平谈治国理政[M].北京：外文出版社，2014：167.

析归纳，是对自己多年教学工作的感悟体会，对其他院校更好地开展思想政治理论课实践教学也具有指导意义。尽管对地方特色资源进行了广泛调研，对地方特色资源如何融入思想政治理论课实践教学发表了自己的看法，但对一些问题的研究还不够深入，还需要深入研究，如对地方特色资源重要性的理解和认识，就没能够两点论地看待问题。作为中华优秀传统文化的构成部分之一，地方特色资源是对当地先民的社会活动轨迹的记载，是古代劳动人民留给我们的宝贵精神财富。把地方特色资源与思想政治理论课实践教学结合起来，就是对优秀传统文化继承发展的一种实践探索方式，笔者系统研究了地方特色资源对思想政治理论课实践教学的积极作用。但作为对历史的一种记录和再现，地方特色资源中也有对思想政治理论课实践教学不利的消极因素。这些消极因素是什么，其消极影响表现在哪些方面，如何解决这些问题尚在研究当中，所以未提及。

本书也需要从以下四个方面进一步深入研究。一是如何实现教材知识点与实践教学的最佳结合。尽管在第四章对地方特色资源及其选题进行了精挑细选，但由于教材理论的系统性、发散性和知识点分布的跨章节性等原因，一些实践教学选题与实践地点之间的联系感觉不够准确。如何实现二者的精准对接一直困扰着我。二是如何有效实施微电影实践教学。随着微时代的到来，要通过微电影增强思政课实践教学的时代感和吸引力，就要让学生"清楚微电影和实践教学的契合点，搞清楚将微电影这种形式运用于实践教学不是为了考查制作技术，而是通过这种形式去体验社会、感悟社会，增强对社会的了解和对社会问题的认识，从而增强社会责任感和提高实践能力"①。但很多学生拍摄的微电影却不具备这样的社会效果。如何破解这一难题需要群策群力。三是如何把思政课实践教学与学生的兴趣爱好结合起来。在实践教学过程中，尽管采取了社会服务类、参观考察类、阅读欣赏类、实地调研类和微电影类等多种实践教学形式，也协调了课堂实践教学、校园实践教学和社会实践教学三者间的关系，但实践教学形式依然比较单一，不能有效调动学生的积极性。如何把培养学生的兴趣爱好与思想政治理论课实践教学结合起来，考验着每一位思政课教师。四是如何对实践教学进行有效考核。尽管我们制定了详细的考核细则，有的教师还引入了课堂答辩的考核方式，把学生集体评价与教师主观评价有效结合了起来。但由于这种评价方式主要参考了答辩小组的课件制作水平及答辩人的课堂表现，忽略了调

① 沙占华，柴素芳. 微电影教学：高校思想政治理论课实践教学的创新形式[J]. 思想理论教育导刊，2017(9)：130-132.

研报告的质量，受到了部分学生的质疑。如何解决这些问题，既关系到能否更好地调动大学生的积极性的问题，也关系到思想政治理论课实践教学的改革能否顺利进行。因此，我们必须重视思想政治理论课教学教学改革问题。

重视思想政治理论课教学教学改革既是该课程适应社会发展的内在要求，也是该课程与社会互动的基本体现。思想政治理论课既是一项教育教学工程，也是一项社会理论研究工程；既是一项不断继承发展的历史工程，也是一个不断尝试探索的实践工程。改进思想政治理论课教育教学就是不断实现理论研究与实践探索相统一的过程，就是不断发挥思政课教师作用的过程，就是完成我国的特定阶段任务的过程。如何适应社会发展需要和大学生成长的需要，把马克思主义理论及党和国家的方针政策及时有效的"灌输"给学生，是我们要面对并需要解决的问题。2019 年 12 月底以来，我国出现的新冠肺炎疫情又对我们提出了新挑战。面对疫情，全国人民众志成城。在中国共产党的坚强领导下，全国抗击新冠肺炎疫情取得重大战略成果，但在此过程中出现的一些新情况、新问题又给思想政治理论课教学提出了新要求、新考验。因为"灌输只是提出要用马克思主义理论和无产阶级的价值观念教育、引导学生的任务，关于完成这个任务的形式与方法，则完全可以随着时代的发展和对象的不同而不断创新"[①]。所以，我们必须不断闯关夺隘，才能始终勇往直前。当今社会的不断变化注定了思想政治理论课教学教育改革只有进行时，没有完成时。实际上，"高校思想政治理论课本身的活力和生命力就在于持续推进教学改革"[②]。

总之，尽管笔者对思想政治理论课实践教学的探索研究存在一些不足，书中对某些问题的理解也较肤浅，甚至可能引发一些质疑或争论，但是学术研究本是一个不断探索的实践过程，笔者将用自己的不懈努力继续去验证设想、去完善模式，对这些问题进行再思考和再研究。历史总是要前进的，历史从不等待一切犹豫者、观望者、懈怠者、软弱者。只有与历史同步伐、与时代共命运的人，才能赢得光明的未来，才能"在对历史的深入思考中做好现实工作、更好走向未来，不断交出坚持和发展中国特色社会主义的合格答卷"[③]，才能让青春成为中华民族生气勃发、高歌猛进的持久风景，才能让当代大学生成为驱动中华民族迈向伟大复兴的蓬勃力量。

---

① 罗承选.高校德育结构体系研究[M].徐州：中国矿业大学出版社，1994.16.

② 林建华.21 世纪高校思想理论课教学改革研究[M].北京：知识产权出版社，2014：222.

③ 习近平.在对历史的深入思考中更好走向未来 交出发展中国特色社会主义合格答卷[N].人民日报，2013-06-27(1).

参考文献

[1] 艾四林.思想政治理论课新体系与教师队伍建设研究[M].北京:清华大学出版社,2006.

[2] 艾四林.新时代如何办好思想政治理论课[M].北京:人民出版社,2019.

[3] 班杜拉.思想和行动的社会基础[M].林颖,等译.上海:华东师范大学出版社,2001.

[4] 鲍曼.被围困的社会[M].郇建立,译.南京:江苏人民出版社,2005.

[5] 毕红梅.全球化视野中的思想政治教育研究[M].北京:中国社会科学出版社,2006.

[6] 曹砚辉.高校思政课实践教学模式的探索[J].继续教育研究,2014(8):104-106.

[7] 陈洪涛.高校思想政治理论课评价论[M].北京:中国社会科学出版社,2011.

[8] 陈立思.当代世界的思想政治教育[M].北京:中国人民大学出版社,1999.

[9] 陈淑娟."大思政"视域下高校思政课实践教学模式探析[J].陕西教育(高教),2018(2):74,80.

[10] 陈应成.地方高校思想政治理论课实践教学路径探析:以教育供给侧结构性改革为视角[J].现代教育科学,2018(4):34-38.

[11] 戴锐,吴树烈.社会实践德育问题的探讨[J].中国教育学刊,2006(3):28-31.

[12] 董晓蕾.大学生思想政治教育方法的理论与实践研究[M].北京:北京师范大学出版社,2017.

[13] 杜德斯达.21世纪的大学[M].刘彤,屈书杰,刘向荣,译.北京:北京大学出版社,2005.

[14] 费尔克拉夫.话语与社会变迁[M].殷晓蓉,译.北京:华夏出版社,2003.

[15] 顾海良,佘双好.高校思想政治理论课程教学改革研究[M].武汉:武汉大

学出版社，2007.
[16] 顾海良. 高校思想政治理论课程体系的演化及其基本特点[J]. 教学与研究，2007(2)：5-11.
[17] 郭纯平. 我国高校思想政治理论课实践教学研究[M]. 广州：世界图书出版广东有限公司，2014.
[18] 郭凤志. 高校思想政治理论课教学方法创新体系构建的思考[J]. 思想理论教育导刊，2015(11)：103-107.
[19] 郭水兰. 实践教学的内涵与外延[J]. 广西社会科学，2004(10)：186-187.
[20] 韩延明，等. 改革视野中的大学教育[M]. 青岛：中国海洋大学出版社，2006.
[21] 何云庵. 大学生思想理论教育实效性研究[M]. 成都：四川大学出版社，2008.
[22] 胡心红. 思想政治教育有效性与方法论研究[M]. 北京：人民出版社，2019.
[23] 黄振宣. 高校思想政治理论课实践教学内涵的再思考[J]. 教育与职业，2010(17)161-163.
[24] 吉登斯. 现代性的后果[M]. 田禾，译. 南京：译林出版社，2011.
[25] 季开胜. 构建具有创新精神的思想政治理论教育教学模式[J]. 党史文苑，2010(8)：55-57.
[26] 加塞特. 大学的使命[M]. 徐小舟，陈军，译. 杭州：浙江教育出版社，2001.
[27] 姜波. 新时代提升高校思政课教学吸引力实效性路径[J]. 智库时代，2020(1)：150-151.
[28] 蒋红，陈娜. 高校思想政治理论课“实践导向型”双主体教学模式探析[J]. 思想教育研究，2013(2)：60-64.
[29] 金林南. 思想政治教育学科范式的哲学沉思[M]. 南京：江苏人民出版社，2013.
[30] 卡斯特. 网络社会的崛起[M]. 夏铸九，王志弘，等译. 北京：社会科学文献出版社，2006.
[31] 勒格朗. 今日道德教育[M]. 王晓辉，译. 北京：教育科学出版社，2009.
[32] 李冬俐. 关于高校思政课教学实效性与实践教学的几点思考[J]. 黑河学刊，2012(10)：106-107，109.
[33] 李芳. 高校思想政治理论课教学方法科学化研究[M]. 北京：中央编译局出版社，2018.

[34] 李建奇，龙献忠．关于强化新时期大学生社会实践活动德育功能的思考[J]．邵阳学院学报（社会科学版），2006，5(4)：114-116.
[35] 李颖．基于哲学解释学视角的思想政治教育接受研究[M]．杭州：浙江大学出版社，2013.
[36] 林建华．21 世纪高校思想政治理论课教学改革研究[M]．北京：知识产权出版社，2014.
[37] 刘建华．高校思想政治理论课价值引领的实践教学探索[J]．北京教育·高教，2019(11)：81-85.
[38] 刘建军．寻找思想政治教育的独特视角[M]．北京：中国人民大学出版社，2016.
[39] 刘社欣，等．高校思想政治理论课实践育人模式创新研究[M]．广州：世界图书出版广东有限公司，2013.
[40] 刘薇．高校思想政治理论课“网络—课堂—实践”一体化教学体系构建研究[M]．北京：中国纺织出版社，2019.
[41] 柳礼泉，陈方芳．研究性学习：思想政治理论课实践教学的新形式[J]．思想理论教育导刊，2015(12)：82-86.
[42] 鲁洁．德育现代化实践研究[M]．南京：江苏教育出版社，2003.
[43] 罗国杰．马克思主义思想政治教育理论基础[M]．北京：高等教育出版社，2002.
[44] 骆郁廷．当代大学生思想政治教育[M]．北京：中国人民大学出版社，2010.
[45] 骆郁廷．高校思想政治理论课建设的规律性初探[J]．思想理论教育导刊，2007(3)：61-65.
[46] 孟彩云．高校政治理论课实践教学方法探微[J]．安阳师范学院学报，2004(6)：85-87.
[47] 牛变秀．思想政治理论课教学吸引力提升策略探究[J]．思想理论教育导刊，2011(4)：72-74.
[48] 蒲鸿志，韦静月．新时代高校思想政治理论课实践教学创新路径[J]．大学教育，2018(10)：119-122.
[49] 钱结海．高校思政课实践教学顶层设计的基本路径[J]．文山学院学报，2012，25(4)：108-110.
[50] 乔湘平，万信．高校思想政治理论课共享实践教学的困境及其应对[J]．学校党建与思想教育，2019(9)：67-69.

[51] 邱柏生.高校思想政治教育的生态分析[M].上海:上海人民出版社,2009.
[52] 沙利文-特雷纳.信息高速公路透视[M].程时端,等译.北京:科学技术文献出版社,1995.
[53] 沈壮海.思想政治教育有效性研究[M].武汉:武汉大学出版社,2001.
[54] 石书臣.现代思想政治教育主导性研究[M].上海:学林出版社,2004.
[55] 石云霞."两课"教学法研究[M].武汉:武汉大学出版社,2002.
[56] 宋成剑.思想政治理论课教学趣味论[M].天津:南开大学出版社,2013.
[57] 宋尚桂,王希标,等.大学通识教育的理论与模式[M].青岛:中国海洋大学出版社,2007.
[58] 苏令银.主体间性思想政治教育研究[M].上海:上海三联书店,2012.
[59] 苏玉波.思想政治理论课教学中两支队伍协同的内涵、机理与方法探究[J].学术论坛,2018(4):161-167.
[60] 孙璐.思想政治理论课整合实践教学资源的原则与途径[J].大学教育,2017(1):115-116.
[61] 孙其昂,等.思想政治教育现代转型研究[M].北京:学习出版社,2015.
[62] 田建国.战略视野中的高等教育[M].青岛:中国海洋大学出版社,2006.
[63] 万林艳.中国特色社会主义理论与实践专题研究[M].北京:北京师范大学出版社,2012.
[64] 王方根.思想政治理论课实践教学实效性的实践探索与理论思考[J].黑河学刊,2014(9):71-72.
[65] 王能东.高校思想政治理论课教学论[M].北京:人民日报出版社,2017.
[66] 王小云,王辉.大学生社会实践概论[M].北京:中国经济出版社,2005.
[67] 王越芬,汪海波,周苏娅."两课"教育理论与实践[M].哈尔滨:东北林业大学出版社,2005.
[68] 魏玉梅.将实践教学引入"两课"教学[J].江苏高教,2006(2):86-88.
[69] 吴文新.高校思想政治理论课实践教学的特质及路径探讨[J].山东科技大学学报(社会科学版),2009,11(5):82-86.
[70] 谢晗.情景剧教学法在高校思想政治理论课实践教学中的运用研究[J].当代教育实践与教学研究,2019(17):194-195.
[71] 熊建生.思想政治教育内容结构论[M].北京:中国社会科学出版社,2012.
[72] 徐家林.长效机制建设:高校"思政课"社会实践教学的可持续性和常态化探讨[J].湖北社会科学,2013(12):201-203.

[73] 徐进功. 思想政治理论课"三位一体"教学改革的实践探索[J]. 学校党建与思想教育，2019(13)：64-66.
[74] 薛伟芳. 高校思想政治理论课分层实践教学模式探究[J]. 当代教育理论与实践，2016，8(12)：87-89.
[75] 雅斯贝斯. 时代的精神状况[M]. 王德峰，译. 上海：上海译文出版社，1997.
[76] 闫艳. 交往视域中的思想政治教育[M]. 北京：人民出版社，2011.
[77] 颜加珍. 关于高校思想政治理论课实践教学的若干思考[J]. 思想理论教育导刊，2011(2)：68-70.
[78] 杨呈胜. 高校思想政治理论课程实践教学资源利用及其制度建设研究[J]. 扬州大学学报(高教研究版)，2018，22(3)：104-107.
[79] 杨威. 论思想政治理论课的学习体验及其优化路径[J]. 马克思主义与现实，2019(6)：192-198.
[80] 杨向容，孙波. 社会实践是新时期高校德育工作的重要途径[J]. 青岛海洋大学学报(社会科学版)，1995(4)：89-90.
[81] 杨业华. 当代中国大学生核心价值观研究[M]. 北京：人民出版社，2011.
[82] 杨增岽. 高校思想政治理论课实践教学的困境及突破[J]. 思想理论教育导刊，2016(10)：100-103.
[83] 宇文利. 现代思想政治教育课程论[M]. 北京：北京大学出版社，2012.
[84] 曾令超. 高校思想政治理论课实践教学探究[J]. 思想理论教育导刊，2009(10)：67-70.
[85] 张国镛. 思想政治理论课实践教学的基本涵义和基本方式[J]. 江南大学学报(人文社会科学版)，2004(6)：75-76.
[86] 张红霞，葛连山. 高校思想政治理论课实践教学常态化论析[J]. 思想政治教育研究，2017，33(6)：41-45.
[87] 张加才. 思想政治理论课综合性模块化实践教学模式研究[J]. 思想教育研究，2016(11)：73-76.
[88] 张君，刘洁，龙兵. 师生团队调研：高校思想政治理论课实践教学的有效形式[J]. 思想理论教育导刊，2017(6)：98-101.
[89] 张彦. 新时代高校思想政治理论课实践教学的三大追问[J]. 思想政治教育研究，2019，35(3)：55-59.
[90] 张耀灿，陈万柏. 思想政治教育学原理[M]. 北京：高等教育出版社，2001.
[91] 张耀灿，等. 思想政治教育学前沿[M]. 北京：人民出版社，2006.

[92] 张耀灿，徐志远. 现代思想政治教育载体论[M]. 武汉：湖北人民出版社，2003.
[93] 章小朝. 高校思想政治理论课社会实践方法论研究[M]. 北京：中国文史出版社，2007.
[94] 赵飞，刘社欣，黄华，等. 大学生思想道德水平评价的理论与实践[M]. 北京：学苑出版社，2013.
[95] 郑永廷. 思想政治教育方法论[M]. 北京：高等教育出版社，2010.
[96] 中华人民共和国教育部，中共中央文献研究室. 毛泽东邓小平江泽民论教育[M]. 北京：人民教育出版社，2002.
[97] 周海燕. 高校思想政治理论课教师角色研究[M]. 北京：人民出版社，2017.
[98] 周蕊，王海成. 高校思想政治理论课实践教学的课程化及实现途径[J]. 高教学刊，2019(1)：159-161，164.
[99] 周向军. 高校思想政治理论课教学方法探索[M]. 济南：山东大学出版社，2012.

后　记

本书是2015年度山东省本科高校教学改革研究项目“地方特色资源融入高校思想政治理论课的实践教学问题研究”(项目批准号2015M216)的最终研究成果,也是枣庄学院推进马克思主义理论工程的建设成果。

2004年1月中共中央、国务院下发的《关于进一步加强和改进大学生思想政治教育的意见》(中发〔2004〕16号),2005年3月中宣部、教育部下发的《关于进一步加强和改进高等学校思想政治理论课的意见》(教社政〔2005〕9号),为我国高校探索思想政治理论实践教学规划了蓝图。2012年1月,教育部制定的《教育部等部门关于进一步加强高校实践育人工作的若干意见》(教思政〔2012〕1号)为各高校进行思政论课实践教学指明了方向。伴随着一系列政策的出台实施,包括枣庄学院在内的全国各高校开始了思想政治理论课实践教学的探索之路,如何独辟蹊径,构建适合本校需要的思想政治理论课实践教学模式成为我国高校亟待破解的难题。多年从事高校思想政治教育教学的经历使我深有感触,只有立足当地客观实际,把当地的特色资源有效融入思政课的实践教学之中,实现实践教学资源的本地化和特色化,创建具有本校特色的思想政治理论课实践教学模式,才能使思想政治教育课“体现时代性,把握规律性,富于创造性,增强实效性”,才能把思想政治理论课建设成为大学生真心喜爱、终身受益的优秀课程。正是基于这样的思考认识,我以“地方特色资源融入高校思想政治理论课的实践教学问题研究”为题申报了2015年度山东省本科高校教学改革研究项目并获批立项。

归纳梳理地方特色资源并找到其有效融入思想政治理论课实践教学环节的基本形式是实现课题研究突破的关键。自课题立项以来,在对枣庄及周边地区进行广泛调研的基础上,我对地方特色资源问题进行了认真研究,并查阅了大量的资料。在掌握了大量第一手资料的基础上,又请教了一些专家学者,经过与课题组成员的反复讨论,最终确定了本书的写作大纲和主要章节要点。2016年12月,习近平总书记在全国高校思想政治工作会议上发表重要讲话,深刻回答了事关高等教育事业发展和高校思想政治工作的一系列重大问题，是指导做好新形势下高校思想政治工作的纲领性文献。2019年3月，习近平总书记在学校思想政治理论课教师座谈会上的重要讲话，明确指出了办好思想政治理论课，最根本的是要全面贯彻党的教育方针，解决好培养什么人、怎样培养人、为谁培养人的根本问题。这些讲话精神给予我重要启发。在写作过程中，我始终立足于枣庄地区的特色资源实际，以服务于高校思想政治理论课实践教学为目的，以有效提升思想政治理论课实践教学的时效性和实用性为目标，既把自己指导实践教学的认识感受与大学生的切身感受密切结合起来，也把教材内容与社会现实相结合、把理论灌输与教育学生相结合、把政策宣讲与传授知识相结合，实现了教育理论研究与教学实际需要的结合。经过近两年的不懈努力，终于将本研究专著呈现在了读者面前。

本书的顺利出版，是与枣庄学院马克思主义学院领导和其他同事的关心支持分不开的。感谢枣庄学院党委宣传部部长张昌林教授，正是在张部长的不断引导、鼓励、支持和帮助下，我才在教学、科研等方面有了可喜收获。特别感谢《高校思想政治理论课分类实践教程》研编团队的其他成员，他们是张昌林、段圣玉、陈炜晗、屈会涛、宋丽惠和谢金萍。编写教材的特殊经历给予我很多启发和体会，各位同事给予的无私帮助更使我感激不尽。感谢刘新全博士，感谢支持本课题研究的所有人。正是由于他们的关心支持，我才有了前进的动力。我将以此为契机，争取在教学科研方面为学校的发展做出更大贡献。

在本书的写作过程中，我参考了大量国内外的有关文献，它们给予了我宝贵启迪和深刻思考。尽管我已尽可能把这些文献及其作者标注在了书中相应位置，但也会有遗漏之处，在此恳请谅解，并致以最真诚的谢意。本书是对本人多年从事思想政治理论课教育教学工作感悟的归纳总结，书中肯定会存在一些不足，恳请各位专家学者批评指正。

李东清

2020年3月